U0629731

BLUE BOOK

智 库 成 果 出 版 与 传 播 平 台

低碳发展蓝皮书

BLUE BOOK OF LOW-CARBON DEVELOPMENT

中国碳标签发展报告（2021~2022）

ANNUAL REPORT ON THE DEVELOPMENT OF CHINESE CARBON LABEL (2021-2022)

主　编／黄建忠　赵忠秀　李　鹏

社会科学文献出版社
SOCIAL SCIENCES ACADEMIC PRESS（CHINA）

图书在版编目（CIP）数据

中国碳标签发展报告 . 2021~2022 / 黄建忠，赵忠
秀，李鹏主编 . -- 北京：社会科学文献出版社，
2022. 12
　（低碳发展蓝皮书）
　ISBN 978-7-5228-0943-4

　Ⅰ . ①中… 　Ⅱ . ①黄… ②赵… ③李… 　Ⅲ . ①低碳经
济-经济发展-研究报告-中国-2021-2022 　Ⅳ .
①F124. 5

中国版本图书馆 CIP 数据核字（2022）第 198483 号

低碳发展蓝皮书

中国碳标签发展报告（2021~2022）

主　　编／黄建忠　赵忠秀　李　鹏

出 版 人／王利民
组稿编辑／恽　薇
责任编辑／冯咏梅
责任印制／王京美

出　　版／社会科学文献出版社·经济与管理分社（010）59367226
　　　　　地址：北京市北三环中路甲 29 号院华龙大厦　邮编：100029
　　　　　网址：www. ssap. com. cn
发　　行／社会科学文献出版社（010）59367028
印　　装／天津千鹤文化传播有限公司

规　　格／开　本：787mm×1092mm　1/16
　　　　　印　张：22.25　字　数：333 千字
版　　次／2022 年 12 月第 1 版　2022 年 12 月第 1 次印刷
书　　号／ISBN 978-7-5228-0943-4
定　　价／168.00 元

读者服务电话：4008918866

《中国碳标签发展报告（2021~2022）》
编 委 会

主　　编　黄建忠　赵忠秀　李　鹏

副 主 编　邬彩霞　王璟珉

编　　委　（按姓氏拼音排序）

陈　威　程　钰　丁明宝　董启伟　董雅红

方　媛　冯希利　耿玉蛟　何　青　蒋丽萍

靳　露　刘　贺　谭　宇　王晓瑞　王宇飞

吴兆堂　杨立国　杨兆福　俞　弦　袁永娜

朱良旗

支 持 单 位　中国碳标签产业创新联盟

广东省碳标签产业研究院

中国国际低碳学院

碳中和大数据研究院

你好碳标签科技（深圳）有限公司

邦得科技控股集团有限公司

天津旭然科技有限公司

四川中碳鑫旺达科技集团有限公司

北京低碳循环教育咨询有限公司

中国碳足迹碳标签公共服务平台

主要编撰者简介

黄建忠　中国电子节能技术协会理事长、高级工程师。先后担任电子工业部经济运行司副处长，信息产业部经济运行司处长，工业和信息化部节能与综合利用司处长、副巡视员。兼任中国绿色建材产业发展联盟副理事长。先后主持电子产品市场建设与发展、电子军工企业改革与脱困、电子产品市场分析与预测、电子产品限制使用有害物质、工业固体废物与再生资源综合利用、节能与综合利用标准化等多项工作。

赵忠秀　山东财经大学校长，中国碳标签产业创新联盟理事长，经济学博士、教授、博士生导师。享受国务院政府特殊津贴专家。国际贸易学国家重点学科带头人、国家级教学团队带头人。现任教育部高等学校经济与贸易类专业教学指导委员会主任委员，全国国际商务专业学位研究生教育指导委员会委员兼秘书长，金砖国家智库合作中方理事会副理事长，商务部经贸政策咨询委员会委员，第三届广东省政府决策咨询顾问委员会顾问委员，德国艾哈德基金会国际科学家委员会委员。

李　鹏　国务院研究室中国政策专家库成员，中国电子节能技术协会执行秘书长，碳中和大数据研究院院长，中国低碳经济发展促进会秘书长，中国碳标签产业创新联盟秘书长，山东财经大学客座教授。"国际可持续发展百科全书"丛书编委，中国国际低碳科技博览会组委会秘书长。长期致力于低碳经济发展方面的研究与推广应用工作，主持完成生态环境部"我国电子产品开展低碳产品认证及其效果研究""中国生物质固体成型燃料产业化发展研究"等多个课题。参与制定碳足迹、碳标签等相关低碳领域标准，参与"十二五"国家重点图书"国际可持续发展百科全书"丛书编著。

邬彩霞　中国电子节能技术协会低碳经济专业委员会副秘书长，经济学博士，山东财经大学教授、硕士生导师，清华大学政府和社会资本合作（PPP）研究中心主任助理，国家发展改革委定向邀请入库 PPP 专家，联合国贸易便利化与电子业务中心（UN/CEFACT）专家，山东省软科学研究计划项目评审专家。长期专注于低碳经济、环境与贸易政策等领域的研究，在《管理世界》《中国人口·资源与环境》《光明日报》等报刊上发表学术论文 27 篇，出版专著 2 部、合著 1 部，主持并完成教育部等省部级课题 20 余项。研究成果获国家发展改革委中青年干部优秀论文奖、山东省社会科学优秀成果奖三等奖。

王璟珉　工学博士、经济学博士后，山东财经大学教授、硕士生导师，主要研究领域为低碳经济与责任战略。兼任山东节能协会常务理事、山东省生态文明研究会理事、《中国人口·资源与环境》等期刊盲评专家。在《中国工业经济》《财贸经济》《中国人口·资源与环境》等 CSSCI 来源期刊上发表论文 20 余篇，其中 2 篇被中国人民大学复印报刊资料全文转载。主持国家级课题 1 项、省部级课题 4 项，参与国家级和省部级课题 8 项、横向课题 7 项，参与山东省和济南市"十二五"节能规划的编写工作。荣获第五届"山东省社会科学学科新秀"等称号。

本书推荐

中国作为制造业大国，对碳标签机制的研究不仅能够为实现中国制造业低碳转型提供依据，而且能够为提升中国产品在出口贸易中的国际公平性提供依据。本书通过梳理国际现行碳标签与我国碳标签制度发展状况，分析国际低碳贸易对策，以科学性为核心准则提出我国构建碳标签体系的政策建议。本书的出版对促进低碳产业发展、实现"双碳"目标具有重要意义。

中国科学院院士 韩布兴

碳中和建设是全社会的目标，发展碳标签则是碳中和建设的先驱布局。本书既是"双碳"工作在 2020~2021 年的耀眼成绩单，也是加强统筹、助力"双碳"目标实现的规划书，能够让读者深化认知、坚定决心，再接再厉构建完善的碳标签体系，谋求碳中和建设可持续，实现低碳与经济双赢。

中国工程院院士 马 军

专家推荐

中国工程院	侯立安	院士
中国科学院上海高等研究院	魏 伟	副院长
重庆市质量和标准化研究院	舒蜀波	院长

冠军推荐

跆拳道奥运冠军 陈 中
乒乓球世界冠军 牛剑锋

摘　要

《中国碳标签发展报告（2021~2022）》由中国电子节能技术协会低碳经济专业委员会（中国低碳经济发展促进会）组织编撰，是研究碳标签制度的阶段性成果。本报告归纳、总结和梳理了2018~2022年我国碳标签制度的发展现状，并对其进行了全方位、多层次、宽领域的理论探索和案例剖析。本报告共分为总报告、行业篇、调查篇、评价篇、国际借鉴篇、案例篇和附录七个部分。

报告指出，国外已经有相对成熟的碳标签制度，并在多个行业中开展了产品碳标签认证工作。近年来，低碳经济在给世界经济发展带来机遇与新动力的同时，也产生了新的绿色贸易壁垒。中国碳标签制度于2018年开始研究探索，与一些发达国家相比发展较为缓慢，国家层面尚未形成一套成熟的碳标签体系，企业层面未认识到碳标签评价的重要性，消费者也未形成购买碳标签产品的意识。目前，中国碳标签已应用于电器电子、机械设备、建筑材料、农副产品、化工、纺织、固废等多个领域，并且众多产品已出口国际市场，销量同比增幅巨大。

报告总结了碳标签制度的实行对我国经济社会的巨大影响。第一，对企业的影响。对于企业而言，"双碳"目标下的转型是一道必答题。许多企业将不可避免地面临转型所带来的短期阵痛，企业需要设法消除减排过程中增加的成本，增强科技创新能力，并且从中找到新机遇。第二，对消费者的影响。碳标签可以对消费者起到一定的指示作用，帮助其在购买过程中降低搜寻成本，为消费者的购买决策提供必要信息。第三，对国际贸易的影响。一

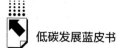

方面，随着国际范围碳标签制度的确立及发展，出口产品成本增加、竞争力降低，在目标市场丧失竞争优势。另一方面，发达国家在实行碳标签制度中具有绝对的话语权，如果强制实行碳标签制度，要求出口到发达国家的产品贴有碳标签，并为此制定十分严格的碳足迹核算标准和认证标准，将会对多数发展中国家的大量产品出口造成极大的冲击，同时碳标签制度也会发展成为一种新型的贸易壁垒，并由此产生贸易争端。

报告建议，中国需要建立统一规范的碳标签制度。第一，统一中国碳标签管理部门和支撑机构，避免"碳标签"乱象丛生；第二，统一中国碳标签标识，形成"国内"互认，进而实现"国际"互认；第三，统一"碳足迹""碳标签"标准技术规范的制定，研制国家标准或国际标准；第四，统一中国碳标签、碳排放因子数据库，确保碳足迹核算值的准确性。

关键词： 碳标签　碳足迹　低碳发展　国际贸易

目 录 ↖ゝ

目 录

皮书数据库阅读 **使用指南**

总 报 告

General Report

B.1

企业"绿色通行证"：
2021年全球碳标签发展报告

黄建忠　赵忠秀　李　鹏*

摘　要： 碳标签是把商品在生产、消费和处理整个生命周期中所产生的温
室气体排放量（碳足迹）在产品标签上用量化的指数标示出来，
以标签的形式告知消费者产品碳信息，有助于缓解气候变化，减
少温室气体的排放，推广低碳排放技术。本报告详细梳理了碳标
签的产生、全球碳标签的发展历程，阐述了中国碳标签发展历
程、现状与展望以及中国碳标签发展的先行主体，总结了碳标签
对市场与不同生产部门、国际贸易、社会以及自然环境的影响。

关键词： 碳标签　碳足迹　低碳发展　国际贸易

---

* 黄建忠，中国电子节能技术协会理事长、高级工程师，被誉为"中国 RoHS 之父"；赵忠秀，
经济学博士，山东财经大学教授、博士生导师，研究方向为国际贸易、产业经济、全球价值
链；李鹏，中国电子节能技术协会执行秘书长，研究方向为低碳经济、工业系统节能等。

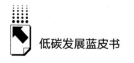

一　全球碳标签发展历程

（一）碳标签的产生

18 世纪末至 19 世纪初，起源于欧洲的工业革命实现了手工生产向动力机器生产的重大转变，给人类社会带来了众多先进技术与重要发展。与此同时，高能耗、高排放的生产方式也引发了一系列长期的环境问题：地球化石资源被急剧消耗，自然环境、生态系统被严重破坏，大气中的温室气体浓度骤增。其中，最为显著的问题就是温室气体排放骤增导致的气候变化与全球变暖，以二氧化碳为主要成分的温室气体具有较好的吸热隔热功能与极高的辐射强迫值，大气中温室气体浓度过高时会形成一层无形的"薄膜"，阻挡一部分太阳辐射到地球上的热量向大气层外空间散发，导致地球表面升温，即产生温室效应。此外，温室气体在大气层中的滞留期较长，短时间内难以消除，因而可导致大气长期暖化。

温室气体对人类并非完全有害，它们产生的效应使地表温度可以维持在适宜人类生存的 15℃左右，完全去除大气中的温室气体会导致地表温度下降到约-18℃。然而，工业革命以来化石燃料的燃烧骤增、工业活动增加、土地使用方式改变、森林砍伐增多等人为因素导致大气中温室气体浓度骤增，随之而来的变暖现象也越发明显。相比工业革命开始前，大气中二氧化碳的年均浓度已由 1700 年的 280ppm 显著增加至 2019 年的 410ppm，同比增长 46%[①]，致使 1880~2020 年全球平均气温上升约 1.5℃。气候变化也导致了全球降水模式改变、极端天气增加、冰川融化、海洋酸化、生态系统破坏、荒漠化加剧等一系列问题，给人类的生存与地球的可持续发展带来了极大威胁。截至目前，辐射强迫分析、统计模型分析、同位素测定等多种气候研究分析已经证实，尽管自然因素也影响着气候变化，但人类活动排放的大量温室气体仍是导致气候急剧变化的主要因素。

---

① 数据来自美国国家环境保护局（USEPA）。

科研单位采用 CMIP5 气候模型分别模拟了人为因素与自然因素结合作用时以及仅自然因素作用时产生的温升效应，并将其分别与三组全球平均温度变化观测数据进行比较。研究表明，1980 年之后的观测数据与单一自然因素的气候模拟不符，但与人为因素结合自然因素的气候模拟高度吻合。因此，Kossin 等得出，自 1951 年开始的全球平均气温骤增"极有可能"超过一半是由人类活动造成的（高置信度），且人为因素"可能"导致了 1951～2010 年 93%～123% 的大气暖化，"可能"已造成该时间段 0.6℃～0.8℃ 的全球温升。①

在全球环保意识逐渐提升的背景下，商家意识到这种环保热度可被利用转化为特定产品，从而赢得更广阔的市场与消费者的青睐。适用于某些产品的各类环境声明纷纷开始涌现。全球环境标志网络（Global Ecolabelling Network，GEN）认为，这些环境声明主要以标签的形式出现，包含"可循环""生态友好""低能耗""再生材质"等种类。生态标签（Ecolabelling）就是其中的一个类型，它是被全球广泛采用的一种自愿的环境性能认证与标签方法，标明了某一特定类别内经证明对环境有利的产品或服务，向消费者提供产品的相对环境质量信息。它的主要目的是鼓励公众注重对环境、生态系统的保护和资源能源的有效利用，促进环境友好型的创新与管理模式，提高消费者对环境问题的关注度从而选择更环保的消费行为与生活方式。全世界首个生态标签是德国于 1977 年开始采用的"蓝色天使"标志，随后多个国家、组织先后开始使用生态标签，自 1998 年以来涉及的行业、产品种类逐渐发展扩大。

随着人类对气候变化的关注度逐渐提高，并意识到以二氧化碳为主的温室气体需要人为干预降低其排放量，从而缓解温室效应导致的一系列地球生态问题，"碳标签"这一概念应运而生。碳标签是由生态标签演变而来的另一种认证与标识制度，只聚焦温室气体及其产生的效应，是对人为活动直接或间接产生的温室气体进行量化及评估，并以标签的形式告知消费者产品的碳信息，形成集数据和管理于一体的综合指标评价体系。产品碳标签则是对

---

① Kossin, J. P., Hall, T., Knutson, T., Kunkel, K. E., Trapp, R. J., Waliser, D. E., Wehner, M. F., "2017: Extreme Storms", In "Climate Science Special Report: Fourth National Climate Assessment", 2017.

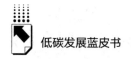

产品全生命周期（或全生命周期的某个/某些关键阶段）产生的温室气体进行量化及评估，并以标签的形式告知消费者产品的碳信息，进而提高消费者对碳排放的认知和保护环境的意识。碳标签是生态标签的延伸和具体化。

由于生态标签是向消费者传递产品从生产到废弃全生命周期的环境特征信息的标识，生态标签可以涵盖影响环境或单一个体的全部属性特征，如有机产品和能效等。如果许多消费者能轻松可靠地识别出那些对生态环境无害的产品，他们愿意为此支付更高的价格，因为消费者可能会理解价格溢价是如何起作用的。人们设计了各种生态标签，向消费者展示商品在它整个生命周期中对于环境的影响和属性，这个周期包括生产阶段、消费阶段、废弃阶段。生态标签也可以应用于诸如旅游住宿之类的服务业，它们有助于使消费模式更加具有可持续性。

但是，对生态标签的认知也不总是一个直接的过程，它在三个阶段中逐渐完成。第一，我们需要知晓和理解要改变哪些可持续的日常行为习惯；第二，我们需要有强大的意志去改变习惯；第三，我们必须能够真正做出这些改变。生态标签通过降低消费者和生产者之间的信息不对称来发挥作用。这种不对称的发生是由于消费者无法直接轻松地识别出商品的环境属性，而生产者仅仅大力宣传产品是对环境有益的。为了降低这种不对称，生态标签有助于生产者和消费者进行充分、可信、有效的沟通。

生态标签有三重目标：通过提供可信的、可验证的信息使得消费者对于产品做出知情选择，以此来支持对环境更为有益的消费模式；提高企业、政府或其他机构提供的产品或服务的环境标准；使有标产品比无标产品更具竞争优势。[①]

OECD 将这些标签分为三类。一类标签是将特定商品和同级别其他商品的环境特征进行对比，用一个特殊标志来标明该商品级别最高。这些标签通常由基于独立专家评测的第三方所颁发，可自愿使用这些标签。尽管所有的环境标签都经常被称作生态标签，但是一类标签是唯一被官方承认的标签。

---

① Gallastegui, G., "The Use of Eco-labels: A Review of the Literature", *European Environment*, 2002.

著名的例子如蓝色天使（德国）、北欧天鹅（北欧地区）、欧盟生态标签（欧盟其他国家）、NF 环境标志（法国）。二类标签是生产者所做的关于产品环境属性的单方说明，如"不含 CFC 成分""有机""碳中和"。相关文献表明，二类标签不需要第三方认证，但现在，大部分贴有这类标签的产品都确实依赖于某些支持它们声明的权威机构。大多数国家通过完善立法来规范这类标签，防止欺诈。三类标签用预先调整的指数来提供产品的量化信息，这些标签同样基于独立的第三方认证，它们被称作"自我环境声明"，由国际标准化组织的 ISO 14025 进行规范。

一类和二类标签被人们笼统称为"生态标签"或"环境标签"。其他的标签类型涵盖了额外的环境属性，如公平贸易。表 1 为世界各地部分生态标识示例，是最具相关性的生态标识的典型例子。人们可以在生态标签指数网站（www.ecolabelindex.com/ecolabels）找到完整列表，它涵盖了 199 个国家或地区的 25 个工业领域的 456 个生态标签。

表 1　世界各地部分生态标识示例

国家或地区	计划项目	开始年份	类型
澳大利亚	环境选择	1991	因企业反对，1993 年废弃
加拿大	环境选择	1988	政府发起
中国	绿色证书	1994	政府发起
奥地利	亨德华沙印章	1991	政府发起
法国	NF 环境标志	1992	政府发起
德国	蓝色天使	1978	政府发起
荷兰	生态标签	1992	政府发起
挪威	优良环境选择	1991	政府发起
北欧地区	北欧天鹅	1991	政府发起
瑞典	优良环境选择	1988	政府发起
欧盟其他国家	欧盟生态标签	1992	大多数国家计划服从欧盟领导
印度	生态标志	1991	政府发起
日本	生态标签	1989	政府发起
新西兰	环境选择	1992	政府发起
新加坡	绿色标签	1992	政府发起
韩国	生态标志	1992	政府发起
美国	绿色标签	1989	私人发起
美国	SCS 证书	1989	私人发起

资料来源：根据公开资料整理。

生态标签另外需要考虑的因素还应包括生物指标，这里所说的生物指标是地球的生态系统，在追求环境可持续性的过程中，研究人员寻找能提出生态变化预警的指标，尤其是那些可能导致破坏生态系统连锁反应的生态变化。目前人们已经确定了一些关于基因和物种水平的指标，但更具挑战性的是能够识别特定脆弱生态系统的指标，监测这种生态系统的稳定性可以反映环境压力，譬如全球气候变化的预测。

（二）碳标签全球发展历程

自英国于 2007 年推出全球第一个碳减量标签（Carbon Reduction Label）之后，碳标签在发达国家如雨后春笋般涌现，如 2008 年欧盟的二氧化碳之星（CO_2 Star）、德国的产品碳足迹（Product Carbon Footprint）、法国的碳指数标签（Group Casino Indice Carbon），以及日本的碳足迹标签（Carbon Footprint Label）等，我国于 2018 年建立碳标签制度（见表 2）。

表 2　世界各国政府出台的碳标签概况

国家	年份	标志名称	标志	意义
德国	2008	产品碳足迹		不单是能源消耗标志，更是说明产品主要的环保特性
瑞士	2008	Climatop Label 标志		由瑞士最大的连锁超市公司 Migros 推出，该标志表明产品比同类产品的碳效率高 20%
加拿大	2010	食品生命周期温室气体排放的低碳产品认证标志		加拿大 Conscious Brand 咨询公司和 Zerofootprint 非营利组织开发的主要评估食品的生命周期温室气体排放的低碳产品认证，展示产品的碳排放量

国家	年份	标志名称	标志	意义
美国	2009	气候意识标志	CLIMATE CONSCIOUS PLATINUM	使用生命周期分析方法,低碳产品认证除了展示产品的碳排放量外,还划分为铜、银、白金三个级别并在标志中展示出来
日本	2009	碳足迹标签	123g CO₂	由日本经济产业省负责管理,第三方机构负责查验评价。碳足迹标志详细标识了产品生命周期中每一阶段的碳排放量,主要应用在食品、饮料、电器、日用品等十余种产品中
韩国	2011	温室气体排放标志和低碳标志	CO₂ 100g CO₂ 100g	韩国碳足迹标志计划中设计了两种类型的低碳产品认证。其一为"温室气体排放"标志,显示产品的碳足迹;其二为"低碳"标志,对获得"温室气体排放"标志的产品达到国家有关碳足迹的最低消减目标时,授予"低碳"标志
英国	2007	碳减量标签	100g CO2	英国低碳产品认证项目的名称是碳减量标签。环境部与碳信托和英国标准协会(BSI)联合制定了计算产品碳排放量的PAS 2050草案标准,于2008年10月由英国标准协会发布,2011年9月完成修订
中国	2018	碳标签	0000Kg CO₂ TM 碳标签 Carbon Label	中国碳标签由中国电子节能技术协会建立,《碳标签标识》标准由中国电子节能技术协会于2019年发布

资料来源：根据公开资料整理。

随着全球应对气候变化意识的逐步提高，国内低碳产品评价与认证市场需求迅速增加，一些认证机构、社会团体组织已陆续开展低碳产品评价与认证工作，如中国电子节能技术协会低碳经济专业委员会——中国低碳经济发展促进会（以下简称"中国低碳委"）。为应对气候变化，世界各地在推行低碳产品认证项目的同时，相继发布适用于本国或地区的低碳产品认证技术标准等规范。日本、德国、美国加利福尼亚州等都对国际标准化组织（ISO）的碳足迹标准制定工作保持密切关注，并在不同时期制订了在本国或地区开展低碳产品认证的计划和方案，研究和探索适用于各自的低碳产品认证方法。

碳标签制度对国际贸易有着直接的影响，在全球倡导低碳节能的背景下，极易被贸易保护主义者滥用为新型绿色贸易壁垒。英国是最早建立碳标签制度的国家，2007年英国环境部建议企业在生产商品的过程中加注碳标签，且这一举措得到以英国最大的零售商乐购为代表的企业与公众的支持和积极响应。次年，英国标准协会联合其他机构共同颁布《PAS 2050：2008商品和服务在生命周期内的温室气体排放评价规范》，该标准成为国际标准化组织制定碳足迹认证国际标准的重要依据，并已经被包括法国在内的多个国家采用。截至2021年，我国在低碳标准建设上参考了英国标准协会及国际标准化组织发布的一系列标准，在当前气候变化剧烈的背景下，对准确快速地制定低碳发展标准规划具有较为重要的参考价值。

碳标签制度的形成对我国行业领头企业的低碳发展具有一定的推动作用。2013年我国以部门规章形式发布了低碳产品认证制度，基于自愿认证原则，该制度旨在控制中国的温室气体排放，改变以往以控制生产端排放为主要控制措施的局面。目前，该制度以目录管理的方式实施，将评价标准成熟、符合产品行业管理的产品纳入目录中。已发布两批低碳产品认证目录，包括建筑陶瓷砖（板）、平板玻璃、轮胎、通用硅酸盐水泥、铝合金建筑型材、中小型三相异步电动机、纺织面料7种产品。基于碳足迹应用以及国家低碳产品认证目录，截至目前，通过中国质量认证中心（CQC）颁发了500多张低碳产品认证证书，遍布北京、广东、上海、重庆、云南、内蒙古、山东、河南、河北、贵州、湖北、福建、江苏、安徽、新疆等省区市的共计200多家企业。2015年，原国家质量监督检验检疫总局和国家发展和改革委员会联合发布

《节能低碳产品认证管理办法》，同时将《低碳产品认证管理暂行办法》废止。《国务院办公厅关于建立统一的绿色产品标准、认证、标识体系的意见》（国办发〔2016〕86 号）的主要目标为：按照统一目录、统一标准、统一评价、统一标识的方针，将现有环保、节能、节水、循环、低碳、再生、有机等产品整合为绿色产品，到 2020 年，初步建立系统科学、开放融合、指标先进、权威统一的绿色产品标准、认证、标识体系，健全法律法规和配套政策，实现一类产品、一个标准、一个清单、一次认证、一个标识的体系整合目标。绿色产品评价范围逐步覆盖生态环境影响大、消费需求旺、产业关联性强、社会关注度高、国际贸易量大的产品领域及类别，绿色产品市场认可度和国际影响力不断扩大，绿色产品市场份额和质量效益大幅提升，绿色产品供给与需求失衡现状有效扭转，消费者的获得感显著增强。2019 年 5 月国家市场监督管理总局发布了《绿色产品标识使用管理办法》的公告，又将绿色认证分为绿色产品认证、绿色属性认证和其他绿色属性合格评定活动。其中绿色属性就包含低碳属性。绿色产品或者绿色属性标识只有达到国家标准才可以标注相应的绿色标识，这种标识便于识别和理解，但是无法让消费者进一步比较绿色标识产品之间绿色属性的优劣。另外，国内学术界近几年对生态标签——碳标签展开的理论研究和预测分析也取得了一定的成果。

（三）碳标签国内外研究进展

国外已经有相对成熟的碳标签制度，并在多个行业产品中开展了产品碳标签认证工作。近年来，低碳经济在给世界经济发展带来机遇与新动力的同时，也产生了新的绿色贸易壁垒。如英国率先在国内推行碳标签制度，随后10 余个国家纷纷效仿。碳标签制度认证在技术、资金需求和标准规则方面的高要求，导致未实行该制度的国家贸易阻力加大，抬高了其对外贸易的门槛。如何应对这种新型的关税及非关税贸易壁垒，成为发展中国家重点关注的问题。

一些国家实施碳标签制度的做法及碳标签制度的产生与产品碳足迹的核算密切相关。产品碳足迹指人类社会活动或在产品和服务的生产、提供和消耗过程中排放的二氧化碳和其他温室气体的总量，即通常所说的碳排放量或碳耗。产品碳排放对环境的影响实际上是随着其碳排放的程度或者说是与其碳足迹数值呈正相关关系的。但对如何测算碳足迹的具体数值起初并没有一个明确的计量标准。碳标签制度是将产品整个生命周期中的碳足迹用量化的标准予以统计，并在商品上加注标签，是碳足迹核算制度化、量化及标准化的一种新型环境标识制度。碳标签制度设立的初衷是应对全球气候变暖、推行低碳经济，其推广依赖于商品生产者与消费者对环保事业的高度社会责任感。生产商自愿负担碳标签制度运行过程中对单位产品温室气体排放量的核算成本，消费者也要负担部分碳足迹核算中的成本转嫁。这一制度在转变消费者消费模式的同时，也加大了企业的国际贸易竞争压力。

英国是产品碳标签制度的创始国。2007 年英国环境部建议企业在生产商品的过程中加注碳标签，这项举措得到了以英国最大的零售商乐购为代表的英国企业与公众的积极响应，此后涉及诸多行业的 150 余家企业都在碳基金会登记注册。英国开创了碳标签制度的先河，将碳足迹计量的标准予以具体化，并为该制度在国际上的推行提供了基础的评价标准。

美国碳标签制度的推行是自下而上的，先是由一些大的企业倡导推行，然后由州政府出台相关碳标签政策。2008 年，碳基金公司推出美国第一个"零碳标签"；2009 年，以吉百利为首的多家知名公司开始在产品中引入碳标签标识；2010 年，全球最大的零售商沃尔玛要求 10 余万家供应商必须对其所供应的产品完成碳标签认证。加利福尼亚州通过了"2009 年碳标签法令"，要求该州制定有关的碳标签认证制度，以规范该州销售的产品在生产过程中的碳足迹核算。这样，在州政府层面初步形成了碳标签制度，联邦政府层面拟将以此为蓝本推行全国性的碳标签认证制度。美国作为世界经济巨头，其经济贸易政策往往是国际经济贸易政策的前站，势必通过本国在WTO 等国际经济贸易组织中的领导地位强势推行这种制度。

日本是亚洲率先鼓励本国企业自愿对其产品进行碳标签认证并公开碳足迹信息的国家。2008 年日本发布了《建设低碳社会行动计划》，提出碳标签认证项目的实施计划，并在日本经济产业省的主导下组建了"碳足迹系统国际标准化国内委员会"，研究应对国际标准化组织可能制定的国际碳足迹核算标准的相关措施。同年，日本初步设立了碳标签认证制度与相关规范。2011年，日本首次在农产品中推行碳标签认证制度，并要求所有的农产品必须加注碳标签。日本是亚洲第一个对碳标签制度予以高度关注的国家，在碳标签制度还未在国际范围内明确的情况下，就开始着手准备应对措施，以期在将来取得更大的碳标签产品的市场份额。

通过对上述国家实施碳标签制度的分析不难看出，碳标签制度从原来的企业自愿认证及自愿使用，开始向实行严格评价标准和强制性的国家质量标识转化，并且向国际统一的碳标签认证制度转化的趋势十分明显。

研究表明，按照当前石油的开采速度计算，全球石油、天然气与煤炭储量可分别供应40年、65年和162年。① 当今世界经济发展正面临资源枯竭、环境恶化等问题，为实现人类的可持续发展，低碳经济是必经之路。目前，碳标签作为一种能够反映产品在其生命周期过程中碳排放的标识，已被英国、法国等国家的企业加注在其产品上。中国作为世界上最大的发展中国家，出口的劳动密集型产品具有较大的价格优势，然而发达国家为了保护自身利益，有动机设置更为严苛的碳标签制度来限制劳动密集型产品的出口，这就会形成绿色国际贸易壁垒，导致我国的国际贸易受到影响。② 由于发展中国家科技水平较为落后且经济实力不足，发展中国家建立碳标签制度往往会耗费更多的时间；同时发展碳标签制度容易导致成本增加，往往会流失原有占优势的国际市场，这将进一步限制发展中国家的国际贸易，使之进入恶性循环。我国作为世界上最大的发展中国家和出口规模最大的国家，当碳标签制度普及时，我国出口的产品将很容易受到其他国家的限制，从而影响我国的国际贸易。因此，我国建立完善的碳标签体系已迫在眉睫。③

2018年中国低碳委从电器电子产品行业开始碳标签评价工作的探索，

① 方行明、何春丽、张蓓：《世界能源演进路径与中国能源结构的转型》，《政治经济学评论》2019年第2期。
② 申娜：《碳标签制度对中国国际贸易的影响与对策研究》，《生态经济》2019年第5期。
③ 殷可欣：《碳标签制度对中国国际贸易的影响和对策》，《商场现代化》2020年第7期。

提出了较为完整的一整套碳足迹认证和碳标签评价的碳标签制度构想。几年来，中国低碳委在现有国际标准和已经出台的国家相关标准的基础上制定了一系列相关团体标准，努力推动并逐步完善中国的碳标签体系。国际上，以碳标签为绿色贸易壁垒的碳关税的相关制度也在趋于完善。

二 中国碳标签发展历程、现状与展望

（一）中国碳标签相关政策演进

1. 政策探索期

科学研究表明，过量的碳排放会导致温室效应、气候变暖等环境问题。为应对气候变化带来的挑战，我国早在 2009 年就提出增加森林碳汇，有效控制温室气体排放的目标。[①] 随后，2011 年 3 月 16 日《中华人民共和国国民经济和社会发展第十二个五年规划纲要》发布，指出要积极应对全球气候变化，控制温室气体的排放，大力推进产业的节能降耗，加强资源利用，并明确提出了要探索建立低碳产品标准、标识和认证制度，建立温室气体排放核算制度。

2. 深化发展期

2013 年 2 月 18 日，国家发展和改革委员会与国家认证认可监督管理委员会共同发布了《低碳产品认证管理暂行办法》，规定了低碳产品认证的注意事项与要求，并发布了低碳产品认证标志的式样（见图 1），为后期低碳产品的推广以及碳标签制度的建立奠定了坚实的基础。[②] 2014 年 9 月，国家发展和改革委员会发布的《国家应对气候变化规划（2014～2020 年）》提出要进一步控制温室气体的排放，推动制造行业产业升级，创新创造低碳产

---

① 张雄智、王岩、魏辉煌、王钰乔、赵鑫、张海林：《产品碳标签制度的发展现状及我国应对策略》，《山西农业科学》2017 年第 10 期。
② 《国家发展改革委 国家认监委关于印发〈低碳产品认证管理暂行办法〉的通知》，中央人民政府网站，2013 年 3 月 19 日，http://www.gov.cn/zwgk/2013-03/19/content_2357591.htm。

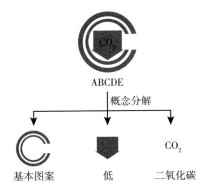

图1　低碳产品认证标志

资料来源：《低碳产品认证管理暂行办法》。

品，打造绿色低碳品牌。[①] 2015 年 6 月 30 日，在国家气候战略中心发布的《强化应对气候变化行动——中国国家自主贡献》一文中首次提到要于 2030 年前后实现二氧化碳排放量达到峰值。2016 年 12 月 20 日，国务院发布《"十三五"节能减排综合工作方案》，指出全国单位国内生产总值能耗在"十二五"时期降低了 18.4%，完成节能减排预定目标。该方案还指出要推进碳排放权交易，建立用能权有偿使用制度，并开展用能权交易市场，建立绿色标识认证体系，大力推行环保产品认证，完善建筑及建材的绿色标识认证制度，积极推动能源体系的绿色认证。[②] 2019 年 11 月 27 日，生态环境部发布了《中国应对气候变化的政策与行动 2019 年度报告》，指出要不断深化试点碳市场建设。[③] 这一系列政策的提出为加快碳标签工作的有序推进提供了强大的制度保障（见表3）。

[①]《国务院印发〈关于国家应对气候变化规划（2014~2020 年）的批复〉》，中央人民政府网站，2014 年 9 月 19 日，http：//www.gov.cn/xinwen/2014-09/19/content_2753014.htm。

[②]《国务院印发〈"十三五"节能减排综合工作方案〉》，中央人民政府网站，2017 年 1 月 5 日，http：//www.gov.cn/xinwen/2017-01/05/content_5156868.htm。

[③]《〈中国应对气候变化的政策与行动 2019 年度报告〉发布》，自然资源部网站，2019 年 11 月 28 日，http：//www.mnr.gov.cn/dt/hy/201911/t20191128_2484593.html。

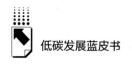

表 3　应对气候变化相关政府文件

发布时间	文件名称	相关内容
2011 年 3 月	《中华人民共和国国民经济和社会发展第十二个五年规划纲要》	提出探索建立低碳产品标准、标识和认证制度
2013 年 2 月	《低碳产品认证管理暂行办法》	发布了低碳产品认证标志的式样
2014 年 9 月	《国家应对气候变化规划（2014～2020年）》	推动制造行业产业升级，创新创造低碳产品，打造绿色低碳品牌
2015 年 6 月	《强化应对气候变化行动——中国国家自主贡献》	首次提到碳达峰相关概念
2016 年 12 月	《"十三五"节能减排综合工作方案》	指出应该推进碳排放权交易，建立用能权有偿使用制度
2019 年 11 月	《中国应对气候变化的政策与行动2019 年度报告》	不断深化试点碳市场建设
2021 年 3 月	《政府工作报告——2021 年 3 月 5 日在第十三届全国人民代表大会第四次会议上》	加强污染防治和生态建设，扎实做好碳达峰、碳中和的各项工作

资料来源：根据公开资料整理。

3.加速发展期

习近平主席在 2020 年 9 月第七十五届联合国大会一般性辩论上首次提出我国要在 2030 年前实现碳达峰、2060 年前实现碳中和的目标（"双碳"目标），并在随后的多次重大工作会议和对外问答过程中加以强调。2021 年 3 月 5 日，李克强总理在第十三届全国人民代表大会第四次会议上指出 2021 年要加强污染防治和生态建设，扎实做好碳达峰、碳中和的各项工作①，为应对气候变化这一全球性挑战贡献出中国力量。"双碳"目标的全面推进，助力碳标签工作有序开展。

（二）中国碳标签行业发展概况

1.碳标签行业发展背景

我国于 2018 年正式开始推动碳标签体系建设，由中国低碳委主导，联

---

① 《政府工作报告——2021 年 3 月 5 日在第十三届全国人民代表大会第四次会议上》，中央人民政府网站，2021 年 3 月 5 日，www. gov. cn/guowuyuan/2021zfgzbg. htm。

合政、产、学、研各界力量，率先在电器电子行业开展试点，制定电器电子产品碳标签评价系列标准，构建碳标签评价服务体系。

2019 年 8 月，我国《碳标签标识》（T/DZJN 004—2019）团体标准正式发布，规定了碳标签样式（见图 2），可显示碳排放数值和评价等级。共分为三个星级：一星级为碳披露产品，二星级为减碳产品，三星级为低碳产品。

以圆形标志为基础及绿叶组成的图案代表保护或无限

搭配CO_2化学符号，以及在标志中标示产品碳足迹数字

碳足迹标签上标示的碳足迹数值，代表该产品生命周期各阶段产生的温室气体排放量，换算为CO_2排放量总和

0000Kg
CO₂
碳标签
Carbon Label
TM

图 2　我国碳标签样式

资料来源：《碳标签标识》（T/DZJN 004—2019）。

2019 年 6 月 5 日，经中国电子节能技术协会和中国质量认证中心联合认证，湖州明朔光电科技有限公司的石墨烯散热 LED 模组产品获得我国首张"产品碳标签评价证书"。自此，企业纷纷开展碳标签评价工作，已有电器电子、农产品、日用品、能源化工、建筑材料等众多行业的多个产品获得了"产品碳标签评价证书"。中国低碳委提出，要在 2025 年之前完成 100 类产品或服务的碳标签评价标准的制定。①

2019 年 8 月，中国碳标签产业创新联盟成立。2020 年 6 月，全国低碳技术交易综合服务平台——"低碳城"上线。2020 年 12 月，中国碳标签评价服务信息平台上线。2021 年 4 月，碳中和大数据研究院成立。2022 年 3

① 胡文娟：《碳标签是企业的下一个全球"绿色通行证"》，《可持续发展经济导刊》2021 年第 4 期。

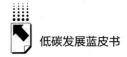

月，碳标签评价管理办公室成立。碳标签机构体系朝着专业化、结构化、科技化、便捷化的方向不断发展。

2018年11月，《电器电子产品碳足迹评价通则》（T/DZJN 001—2018）团体标准发布，开启我国碳标签评价标准体系的篇章，随后陆续发布一系列电器电子产品碳标签评价团体标准，并逐渐开始涉及多个行业。2021年8月《行业统一推行的产品碳标签自愿性评价实施规则（暂行）》发布，在为全行业碳标签评价提供指导原则的同时，不断加强各行业具体实施细则的制定和修订工作。2022年1月，中国电子节能技术协会发布第一批碳达峰碳中和专项团体标准制定计划，共启动18项标准的制定工作，包含公共交通、数据中心、职业技能、冰箱、电缆、智能机器人、碳积分等多个行业的产品和服务碳标签类型。①

2. 中国碳标签依据标准及方法

目前中国的碳标签根据标的物主要分为企业碳标签和产品碳标签。

企业碳标签是指对企业经营期间由生产经营活动直接或间接产生的温室气体排放量进行评估，将估算的结果以标签的形式表示出来，量化企业的碳信息。2022年1月，中国电子节能技术协会发布《企业碳标签评价通则》（T/DZJN 75—2022），为企业碳标签评价提供了依据。

产品碳标签是将产品原料开采、运输、生产加工、使用、回收利用、处理处置等生命周期阶段的碳足迹核算结果用标签的形式表现出来。产品碳足迹核算是产品碳标签评价的基础。目前，主流的碳足迹核算方法是生命周期评价法（Life Cycle Assessment，LCA）。通常，生命周期评价包括四个步骤：①确定研究目的与范围；②建立生命周期评价清单；③根据清单对所研究产品的环境影响进行量化评估；④对影响评价结果进行解释，形成建议。② 其中，在确定核算边界时，主要包括两种边界："从摇篮到大门"和"从摇篮

---

① 《关于下达中国电子节能技术协会2022年第一批碳达峰碳中和专项团体标准制定计划的通知》，中国电子节能技术协会低碳经济专业委员会网站，2022年5月7日，http://www.clca.vip/a/xinwenzhongxin/ditanweidongtai/1585.html。
② 《环境管理生命周期评价要求与指南》（GB/T 24044—2008）。

到坟墓"。"摇篮"是指产品诞生，"大门"是指产品制成出厂，"坟墓"是指产品最终废弃并被处理处置。"从摇篮到大门"是主要关注产品从原材料开采到制成出厂的生命周期阶段，忽视产品的使用、废弃阶段；"从摇篮到坟墓"则是产品从原材料开采到最终废弃处置阶段的全生命周期都要考虑。一般来说，如果是生产中间产品，采用"从摇篮到大门"为核算边界；如果是生产最终成品，直接销售给消费者，则采用"从摇篮到坟墓"为核算边界。目前，中国碳标签评价依据的标准可以分为碳足迹核算标准和碳标签评价标准。碳足迹核算标准主要是以国际通用标准为大前提，实施具体行业评价时，参考国内领头行业协会制定的团体标准。国际通用标准主要有《PAS 2050：2008 商品和服务在生命周期内的温室气体排放评价规范》（以下简称"PAS 2050"）、《温室气体核算体系：产品寿命周期核算与报告标准》（以下简称《产品标准》）和《ISO 14067：2018 温室气体——产品碳足迹——量化要求与指南》（以下简称"ISO 14067"）。

PAS 2050 由英国标准协会于 2008 年 10 月 29 日发布，是全球首个针对产品碳足迹的核算标准。该标准由英国环境、食品和乡村事务部以及英国碳信托两个组织联合发起，主要用来对产品和服务在其整个生命周期过程中所产生的温室气体排放进行核算与评估。[1]

《产品标准》是一项面向消费者的标准，由世界资源研究所和世界可持续发展工商理事会联合制定，于 2011 年 10 月正式发布。该标准是根据《ISO 14044：2006 环境管理——生命周期评价——要求与指南》（以下简称"ISO 14044"）制定的，用于核算以及评估产品生命周期碳排放。《产品标准》旨在帮助企业或组织针对产品设计、制造、销售以及消费使用等环节制定相应的减排策略。

ISO 14067 由国际标准化组织根据 PAS 2050 发展而来，于 2013 年发布正式版本。它为产品碳足迹的核算和评价提供了基本的要求和指导，是在国

---

[1] 李楠：《产品碳足迹标准对比及其供应链上的影响研究》，北京林业大学硕士学位论文，2019。

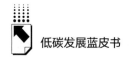

际上得到广泛认可的一项用于计算产品碳足迹的标准。在 ISO 14067 中，产品碳足迹的定义为：基于生命周期法评估得到的一个产品体系中对温室气体排放和清除的总和，以二氧化碳当量表示其结果。

中国碳标签评价标准主要包括《电器电子产品碳足迹评价通则》（T/DZJN 001—2018）、电器电子产品碳足迹评价系列标准、《碳标签标识》（T/DZJN 004—2019）、《行业统一推行的产品碳标签自愿性评价实施规则》、《企业碳标签评价通则》（T/DZJN 75—2022）等。

《碳标签标识》（T/DZJN 004—2019）由中国电子节能技术协会于 2019年 8 月正式发布，规定了我国碳标签标识的样式、标准基本原则与一般要求。该标准于 2022 年 3 月再次修订并重新发布。

《电器电子产品碳足迹评价通则》由中国电子节能技术协会于 2018 年11 月正式发布，是我国电器电子行业第一项正式的碳标签评价团体标准，为电器电子产品碳标签评价工作提供了规范性指导，同时对其他行业碳标签标准制定提供了参考。之后，电器电子行业接连发布 4 项产品碳标签评价标准，分别是《电器电子产品碳足迹评价　第 1 部分：LED 道路照明产品》（T/DZJN 002—2018）、《电器电子产品碳足迹评价　第 2 部分：电视机》（T/DZJN 001—2019）、《电器电子产品碳足迹评价　第 3 部分：微型计算机》（T/DZJN 002—2019）和《电器电子产品碳足迹评价　第 4 部分：移动通信手持机》（T/DZJN 003—2019）。

各行业具体适用的碳标签评价标准还在不断制定完善中，尚未正式发布，但碳标签在不同行业的评价工作开展需要一个指导原则。《行业统一推行的产品碳标签自愿性评价实施规则（暂行）》自 2021 年 9 月 1 日起施行，为碳标签评价工作在不同行业的开展提供了统一指导原则。

2022 年 1 月 20 日，《企业碳标签评价通则》（T/DZJN 75—2022）发布。不同于产品碳标签，该标准立足企业整体，通过综合评估其低碳性能与潜力，授予企业碳标签，从宏观调动企业低碳建设，树立低碳形象。该标准是我国首个企业碳标签评价标准。

3. 中国碳标签行业实践

（1）电器电子行业

我国碳标签制度率先在电器电子行业开展试点。因此，碳标签在电器电子行业的推行现状和成效对于在全国范围内普及碳标签具有重要指导意义。

2019 年 6 月 5 日，中国电子节能技术协会和中国质量认证中心共同为湖州明朔光电科技有限公司的石墨烯散热 LED 模组产品颁发我国首张"产品碳标签评价证书"。该灯管模组产品运用了石墨烯材料，石墨烯为低碳材料，通过石墨烯复合材料散热技术，使灯管在原材料、制造、运输、使用和废气治理等环节，形成全生命周期低碳优势，减少了 2/3 的原材料使用，节能率高达 70% 左右。将模组运用于路灯上时，相比传统高压钠灯，石墨烯路灯至少可增加 5 年使用寿命、节省 894 千瓦时电。

2021 年 7 月 17 日，TCL 王牌电器（惠州）有限公司获得国内首张电器产品的"产品碳标签评价证书"，之后相继共有 10 款电视机产品贴上碳标签。TCL 将环保理念融入产品开发的全周期，积极研发采用节能降耗技术，建造绿色工厂，打造低碳绿色生产园区，是中国电视机行业低碳实践的领跑者。

2021 年 12 月，雅迪电动车核心车型冠能 2 代 E8 获得产品碳足迹证书。雅迪集团通过技术创新，打造绿色产品，同时为了倡导绿色出行方式，将每年的"717 绿色骑行节"打造成为品牌专属 IP，为民众购车提供亿元低碳补贴；建立"再造池"联盟，回收处理废旧铅酸电池。据了解，后续雅迪还将推进更多车型的碳标签认证工作，实现碳链条全覆盖。

除以上企业外，安徽朗越能源股份有限公司、江苏开元太阳能照明有限公司、江苏博亚照明电器有限公司、上海易永光电科技有限公司等众多公司的电器电子产品获得了"产品碳标签评价证书"，电器电子行业碳标签评价工作展现了蓬勃的生命力。

（2）农副产品行业

农业因为使用肥料等而成为碳排放大户，但是多数农副产品兼具碳汇性质，综合评估农副产品的低碳性能是发挥固碳优势、改进高排放模式的关

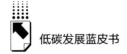

键，碳标签就是很好的实践。

2021 年 7 月，我国农副产品领域贴上了首个碳标签——杭州市临安区太湖源镇的"天目水果笋"因其优良的固碳性能而获得了农产品碳标签。该产品在生产过程中，通过减少化肥使用量、提高肥料利用率、运用先进技术等，提高了竹笋的单位生产力；在后续的加工环节，采用诸如将去掉的笋根、笋叶用于生物堆肥等方法，减少碳排放。碳标签显示，"天目水果笋"碳排放值为 $-45.53\text{gCO}_2\text{e/kg}$，按照现有单位产量，每亩"天目水果笋"每年可固碳 237.97kg。

2022 年 1 月，正大蛋业（山东）有限公司的鸡蛋获得"产品碳标签评价证书"。年产量 8 亿只的鸡蛋，贴上碳标签，走进千家万户，在绿色品牌印象深入人心和推广低碳绿色理念方面取得双赢。

（3）日化行业

广州市生态环境局开展碳标签体系研究及试点示范项目，作为日化产品生产先进企业，广州市蓝月亮实业有限公司（以下简称"蓝月亮"）旗下卫诺香氛洁厕液、宝宝专用洗衣液等多款产品获得了碳标签。蓝月亮秉持"源头预防、全程控制"的环境管理体系方针，在各个环节始终坚持工厂集约化、原料无害化、生产清洁化、废物资源化和能源低碳化，使得产业链上下游更加绿色环保。同时，蓝月亮一直全力推广浓缩产品，因为浓缩产品具有仓储面积小、运输成本低、包装废弃物更少、碳排放量更少等诸多环保价值。

（4）机械设备行业

2021 年 9 月，鹏鹚环保股份有限公司（以下简称"鹏鹚环保"）研发的装配式污水处理系统获得"产品碳标签评价证书"，该证书也是中国污水处理行业首张产品碳标签证书。鹏鹚环保一直专注于环保水处理，在"双碳"建设大背景下，投资 1 亿元，利用工业互联网系统打造智能生产线，实现设备生产由传统"建造"向数字化"智造"转型。获得认证的产品，就是通过该条生产线实现设计、加工、装配等全过程的智能化控制和生产。

2021 年 9 月，三川智慧科技股份有限公司生产的无磁 NB-IoT 物联网水表获得"产品碳标签评价证书"，同时也是水务、仪表行业的首个碳标签产品。

2021年10月，江苏泰源环保科技股份有限公司生产研发的TIMP智能模块化装配式集成污水处理系统获得了"产品碳标签评价证书"。该产品实现了原材料的减量与产品回收减排，在同等规模污水处理单元下的碳足迹仅为传统混凝土污水处理单元碳足迹的24.6%，取得75.4%的碳减排，实现了污水处理单元的卓越减排效果。

2021年12月，上饶中材机械有限公司的熟料输送机产品获得了"产品碳标签评价证书"。该产品有针对性地升级生产技术，改造生产工艺，优化供应结构，实现了产品使用过程的节能、降耗、减排等目标。

截至2022年3月，海天塑机集团旗下已经有9个系列注塑机产品申请并获得"产品碳标签评价证书"。同时，海天塑机集团参加了《橡胶塑料注射成型机碳标签评价技术规范》标准编制，进一步完善了碳标签标准体系。

（5）能源化工行业

2021年9月，景德镇市焦化能源有限公司的焦炭获得"产品碳标签评价证书"。2019年该公司的焦炭产品总产量为1807555.801吨，其从原材料供应到存储至公司仓库的生命周期碳足迹被正式披露为5733313.61tCO$_2$e，但是1kg焦炭产品的碳足迹为3.1722kgCO$_2$e。作为能源化工这一高能耗行业首家获得"产品碳标签评价证书"的企业，该公司展现了高度的节能环保意识，将引领能源化工行业进行能源产业结构转型，实现低碳发展。

2021年10月，江西赣锋锂业股份有限公司的单水氢氧化锂产品获得"产品碳标签评价证书"，成为国内首个获得碳标签的锂企业。通过本次评价，锂行业首次完成了覆盖氢氧化锂全生产流程的碳足迹核查。

（6）纺织行业

2021年6月，中国纺织工业联合会启动了"中国时尚品牌气候创新碳中和加速计划"，筛选一批中国纺织服装行业竞争力500强企业，优先支持30家重点品牌企业和60家重点制造企业开展如生命周期测评、制订气候行

动计划等一系列气候创新行动。爱慕儿童、太平鸟及伊芙丽三家企业已经发布了旗下部分产品的碳足迹测评，但主要限于"从摇篮到大门"，并没有覆盖消费端、回收处置过程。

（7）建筑行业

全世界大于1/3的温室气体排放来自建筑行业，建筑行业碳减排量巨大。2022年2月，邦得科技控股集团有限公司（以下简称"邦得"）的低碳多功能涂层系统金属板 BD-MFCSM 获得"产品碳标签评价证书"。该证书同时也是中国建筑行业首张碳标签。该产品采用环保蜂窝结构设计，兼顾性能优良与环境友好。邦得十分重视绿色低碳理念，加大技术研发投入，招募低碳领域专家，并建设七大内循环产业，为建筑建材行业的碳达峰碳中和建设树立了标杆。

（8）固废行业

固废的综合利用是我国构建绿色低碳循环经济体系的重要组成部分。2022年3月，泉州隆欣工艺品有限责任公司的固废环保材料获得"产品碳标签评价证书"。该材料大量运用固体废弃物作为原材料，不仅减少了资源能源的消耗，而且搅拌混合过程的碳排放量也降低了很多。因为良好的环境性能，运用该材料制作的花盆在欧洲、日本市场上获得了广泛认可。

（三）中国碳标签行业发展的先行主体

中国低碳委是我国碳标签制度的先行者，于2018年率先推出碳标签制度，联合政、产、学、研各界力量，探索碳标签的评价标准制定、机构建设、实施应用、人才培训、贸易促进和国际合作互认工作。迄今为止，在中国低碳委的推动下，我国碳标签认证体系结构初建，各行业具体标准制定工作正在有序开展；形成以低碳经济发展促进会、中国碳标签产业创新联盟、碳标签评价管理办公室等机构为主导，若干高校、企业、政府机构参与的碳标签机构网络；经中国低碳委授权的碳标签评价机构遍布全国各地，提供碳标签评价服务；若干人才接受碳排放人才管理培训，成为开展低碳工作的中坚力量；若干外贸企业获得"产品碳标签评价证书"，产品低碳性能获得国际贸易伙伴认可；碳标签的国际互认工作积极开展。中国低碳委专注于我国碳标签的本土化、体系化、创新化之路，以充分发挥碳标签经济效益和环境效益双赢优势为目标，为我国实现"双碳"目标贡献智慧和力量。

1. 搭建全面标准体系框架，制定严谨适用规范

中国低碳委首先在电器电子行业开展试点，牵头制定《电器电子产品碳足迹评价通则》和 LED 道路照明产品、电视机、微型计算机、移动通信手持机等一系列具体的电器电子产品碳标签评价系列标准，并发布《行业统一推行的产品碳标签自愿性评价实施规则（暂行）》，为电器电子行业搭建了完整的碳标签评价体系，同时将碳标签标准体系辐射至全行业。中国电子节能技术协会还发布了《企业碳标签评价通则》，同步开展产品和企业碳标签工作，发挥宏观与微观协调共促作用，创新了碳标签体系。中国低碳委根据客观需要，设计标准方向，联合行业内权威专家、标准化专家、科研院校队伍及行业龙头企业共同编制标准，历经多次标准研讨，最终成稿，从而保证了标准的统一协调、具体适用和规范严谨。

2. 横向拓宽参评行业，纵向完善评价体系

碳标签评价制度以电器电子行业为试点全面展开，因此多数参评企业分布于电器电子行业，如 TCL 王牌电器（惠州）有限公司等。但在国家"双碳"战略目标发布、国际贸易碳壁垒预期、行业协会拓展合作以及社会低碳意识增强的背景下，参与碳标签认证并获得证书的行业来源增加，行业广度横向拓宽，目前已涉及的领域有能源、建筑、食品、工艺品、纺织、机械等，代表性企业有海天塑机集团有限公司、邦得科技控股集团有限公司、正大蛋业（山东）有限公司等。

为满足日益增长的碳标签评价需求，中国低碳委通过不断征集碳标签授权评价机构，依据严格的准入标准进行授权，并以定期开展低碳人才培训和工作审核的方式，在全国范围内不断完善碳标签评价体系，确保碳标签评价工作高质足量开展。

3. 服务国家战略需求，探索产品低碳认证科学路径

2021 年 6 月，中国低碳委承担了生态环境部应对气候变化司委托的课题"我国电子产品开展低碳产品认证及其效果研究"。课题成果包括编制产品碳足迹核查指南，课题的研究报告对现有以及相近可用的认证规则、认证标准、认证队伍的建设与管理、认证信息平台建设等提出了可行的增效建议。课题成果充分说明了碳标签在电器电子行业的实践及其效果验证，对其他行业企业及产品推行碳标签制度起到了一定的启示作用，也充分证明了碳标签作为一套有效的低碳推行机制在企业节能减碳中发挥的重要作用，成为落实碳达峰碳中和目标的一项有效措施。

4. 立足"双碳"目标需求，积极培养低碳人才

"双碳"建设人才缺口巨大，中国低碳委在这方面做出了积极尝试。2020 年 11 月，中国低碳委联合国内外高校、机构，成立中国国际低碳学院，打造碳达峰碳中和高级人才培养基地。2021 年，中国低碳委开始开展碳排放管理人才"碳标签评价师"（碳排放管理师）和"双碳"标准管理人才"碳标签标准化研究员/碳足迹标准化研究员"系列培训课程，围绕低碳最新动态，及时输送低碳专业人才。2021 年 12 月，协会与北京学校共建成立全国首个青少年低碳教育基地（低碳学校），探索低碳发展与义务教育相结合的途径。

5. 完善碳标签管理机构，构建高效生态网络

中国低碳委结合碳标签管理需要，依次发起成立了中国碳标签产业创新联盟、碳标签评价管理办公室，明晰权责，保证碳标签管理体系的统筹高效。

2019 年 8 月，由中国电子节能技术协会、中国低碳经济发展促进会、工业和信息化部中小企业发展促进中心以及包括联想集团、远大科技集团、英利集团等在内的众多能源环境企业共同发起的"中国碳标签产业创新联盟"成立。联盟通过有效的联合机制，搭建集市场整合、技术推广、标准制定、应用示范、资金支持、服务保障于一体的绿色低碳发展服务平台，推动碳标签在不同产业的实践创新，为碳标签制度的全面建设与落地提供了良好的基础。

2022 年 3 月，碳标签评价管理办公室成立。办公室集顶层设计、标准制定、评价认证、教育培训于一体，形成了"一站式"碳标签服务评价体系，并开发了"中国碳标签评价服务信息平台"，实现了评价管理信息化流程，使参与评价的企业、评价机构能够实时清楚地了解评价所依据的标准、评价的流程、评价所处阶段等。

6. 紧跟数字经济大潮，创新数字低碳平台

把握数字经济风口，运用数字技术，可以有效提高碳标签工作效率。中国低碳委成立了全国低碳技术交易综合服务平台、中国碳标签评价服务信息平台和碳中和大数据研究院，在数字低碳方面做出了积极尝试。

（1）全国低碳技术交易综合服务平台

2020年6月，全国低碳技术交易综合服务平台上线，被称为"低碳城"。该平台是一个以企业为中心的综合服务平台，协调解决企业市场及技术实际需求，畅通产业链、资金链循环，维护产业链稳定。"低碳城"会聚行政管理部门领导、经济学家、社会活动家和两院院士出任高级顾问和学术委员会成员，收录经过规范评估的，由政府、高校、科研机构、企业和社会团体研发的技术、政策、产品和管理研究成果，资源丰富。

（2）中国碳标签评价服务信息平台

2020年12月，中国碳标签评价服务信息平台正式上线。平台包含快捷办理碳标签相关业务、实时跟踪碳标签评价进度、掌握碳标签评价标准制定资讯等功能。对于服务评价机构，可以实现企业和机构点对点自主高效完成碳标签评价。对于公众和个人，可以学习掌握碳标签科普知识，了解最新低碳政策计划。同时，为获得碳标签评价师或碳排放管理师资格的学员提供兼职就业渠道，学员可登录中国碳标签评价服务信息平台承接相关业务。

（3）碳中和大数据研究院

2021年4月，碳中和大数据研究院（以下简称"研究院"）在北京成立。

研究院整合政府机构、科研教学机构和企业市场三方面资源，充分利用大数据等新一代信息技术，以政、产、学、研相结合的模式着力构建国内一流的碳中和创新平台和智慧联盟。研究院以加强顶层设计、线路实施为重

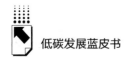

点，建设服务于国内各行业及全社会碳中和大数据云平台，构建统一的碳中和数据资源体系，建立碳中和数据共享开放平台，打造碳中和管理决策服务模式，建立健全碳中和指标体系和评价体系，培育智能化碳中和调查评价监测应用新业态，为"双碳"目标的实现提供大数据服务支撑。

（四）中国碳标签推行发展潜力

1. 应对绿色贸易壁垒

众多发达国家的碳减排进度领先，为防止"碳泄漏"，打压发展中国家外贸出口，纷纷提出"碳关税"方案。例如，美国于 2009 年通过了《美国清洁能源与安全法案》，该法案授权美国对来自拒绝节能减排国家出口的钢铁、化工等高碳排放产品征收碳关税。[①] 2021 年 7 月 14 日，欧盟提出设立"碳边境调节机制"，该机制将对来自碳排放管理较为宽松国家的高碳排放产品征税，并计划于 2023 年起逐步引入碳关税。中国作为劳动密集型产品出口国家，单位产品碳排放量高于发达国家。一旦碳关税开始实施，中国将面临外贸限制。考虑到碳标签是核算碳关税税基的依据，发展碳标签、核算碳足迹是应对绿色贸易壁垒的紧迫选择。我国就曾面临因碳标签而贸易受限的情况。2011 年日本曾面向所有农产品实行碳标签制度，同年中国向日本出口香菇的数量就减少 3.9%，次年减少 13.5%。

碳标签有助于拓宽国外市场，贴上碳标签的产品会更受国外贸易伙伴的青睐。广东杰誉照明有限公司曾凭借碳标签打开了欧美市场的大门。湖州明朔光电科技有限公司的产品在获得碳标签后，也远销国外。

面对碳标签的必要性和外贸优势，我国已经开始行动。比如 2021 年 12 月，浙江省人民政府印发《关于加快建立健全绿色低碳循环发展经济体系的实施意见》，明确提出要在外贸企业中推广碳标签制度，积极应对欧盟"碳边境调节机制"等绿色贸易规则。

---

① 李楠：《产品碳足迹标准对比及其供应链上的影响研究》，北京林业大学硕士学位论文，2019。

2. 深化政府绿色采购

2021年3月5日，国务院总理李克强在《政府工作报告》中提出，要加大政府绿色采购力度，扩大绿色产品采购范围，积极引进实施碳标签制度，引导消费者购买低能耗及高能效产品。2022年2月，浙江省人民政府发布《关于完整准确全面贯彻新发展理念做好碳达峰碳中和工作的实施意见》，明确指出要制定绿色项目招商引资清单、制定发布绿色技术推广目录、提高绿色产品在政府采购中的比例，支持企业开展"碳标签"实践。2022年3月，全国两会上有代表提议要完善碳标签制度，深化政府碳中和采购制度。可见，政府采购正逐渐将绿色作为必要标准，碳标签则成为绿色性能的重要参考，企业进行碳标签评价认证有利于其产品被纳入政府采购目录。

3. 刺激消费者低碳消费

Wong等研究了香港消费者对标有碳标签的饮料产品的接受程度，结果显示消费者愿意多支付5%的费用来购买碳标签产品。[1] 中国电子节能技术协会执行秘书长李鹏在接受采访时指出，我国消费者对碳标签的认知度虽然不高，但对碳标签的认证机构和认证过程的信任程度较高，即生产企业通过认证机构向消费者传递低碳产品的认证过程后，消费者对碳标签产品有了较高的认可度。[2] Xu和Lin对中国4个一线城市进行了调研，研究发现85.97%的受访者愿意接受碳标签电子产品带来的溢价。[3] 可见，碳标签的理念得到了众多消费者的认可，消费者甚至愿意为此支付一定程度的溢价，这为碳标签广泛运用提供了信心与支持。

---

[1] Wong, E. Y. C., Chan, F. F. Y., So, S., "Consumer Perceptions on Product Carbon Footprints and Carbon Labels of Beverage Merchandise in Hong Kong", *Journal of Cleaner Production*, 2020, 242 (1).

[2] 胡文娟：《碳标签是企业的下一个全球"绿色通行证"》，《可持续发展经济导刊》2021年第4期。

[3] Xu, M., Lin, B., "Leveraging Carbon Label to Achieve Low-carbon Economy: Evidence from a Survey in Chinese First-tier Cities", *Journal of Environmental Management*, 2021, 286 (5).

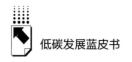

（五）中国碳标签发展的国际合作潜力

国外碳标签制度实施时间较早，相较于中国更为完善。加强碳标签国际合作交流，既有利于完善我国的碳标签制度，也有利于碳标签国际互认，从而提升我国获得碳标签产品的国际认可度，拓宽国际市场，让中国参与到国际碳标签制度建设中，代表发展中国家发声，使碳标签制度更公平、更适用。2019 年，我国开启粤港澳"碳标签"互认机制，率先开展绿色贸易互认，若机制探索成功，会逐渐延伸到其他与粤港澳贸易往来密切、低碳发展合作密切的地区。目前，中国低碳委也正在与日韩接洽碳标签互认事宜。

三 碳标签对我国经济社会的影响分析

（一）对市场与不同生产部门的影响

1. 重新建立产品的市场竞争力标准

影响产品竞争力的因素很多，只要企业能够在几个方面甚至一个方面建立优势，就可以在市场上占据不可忽视的地位。一般来讲，一个产品是否具有市场竞争力，一方面体现在市场地位上，受市场中竞争对手、营销方法、企业规模、经济实力等因素影响；另一方面体现在市场销售情况上，其影响因素包括产品的生命周期、技术因素、价格和质量等。然而随着低碳经济的发展，从 2007 年英国率先实行碳标签制度开始，到沃尔玛要求其供应商进行碳足迹核算、加贴碳标签标识，越来越多的国家和企业实行碳标签制度，碳标签逐步成为一项新的衡量产品竞争力的标准。

碳标签标注了产品整个生命周期的碳排放量，处于不同时期的产品，其碳排放量不同，表现出的竞争力自然也不同，伴随绿色经济的迅速发展和人们低碳意识的不断提高，市场中的购买者也越来越注重产品所产生的碳排放量信息。从产品竞争力的角度来说，在其他因素相同的条件下，碳排放量越低，对于注重低碳消费的购买者来说，在众多产品中其竞争力越强。以农业为例，中国出口的大部分农产品是高碳排放产品，进口的是发达国家碳排放量更低的油料等农产品，一旦对碳标签做出强制性技术要求，就会削弱中国的低价优势，碳标签将成为新的贸易壁垒。

在碳标签背景下，一些高耗能、高排放、高污染的企业将面临淘汰。在这种压力下，要想通过降低产品的碳排放量来提高产品竞争力，必须做到以下几点。首先，要从企业的可持续发展整体战略出发，以碳标签为契机，以企业整体性创新驱动转型为重要支撑点，促进生产加工模式的转变，积极发展低碳型环境友好模式，提高企业竞争力。其次，要把企业的竞争优势转变到高新技术上来，改进生产技术及设备，推广固碳减排技术，依靠高新技术，减少产品加工、运输等过程的能耗，有效改变高碳行为生产方式，向绿色、环保的新型模式发展。最后，企业要继续在碳标签制度的推行中加快低碳生产转型的步伐，制定适应中国流通发展特点的碳标签体系，除了向消费者宣传推广碳标签相关知识外，还要强调碳减排承诺、碳标签量化结果的真实性与认证机构的公正性，使消费者更容易信任和接纳碳标签产品。

2. 引导能源部门的布局方向

化石能源占比过高是全球面临的普遍问题，而全球的能源低碳化转型将给中国的能源布局带来前所未有的机遇。改革开放 40 多年来，我国GDP 实现了由 1978 年的 3645 亿元到 2020 年的 1013567 亿元的飞速发展，2020 年我国能源消费总量达到 49.8 亿吨标准煤，其中煤炭占比为56.8%。[①] BP 公司发布的《世界能源统计年鉴 2020》数据显示，2019 年全球一次能源消费总量排在前三位的依次是中国、美国和印度，分别占全球一次能源总消费量的 24.3%、16.2% 和 5.8%，其中中国一次能源消费结构中煤炭资源占 57.64%。面对全球能源结构发展的新变化，"30·60 目标"的提出将给中国能源市场和能源贸易带来深远的影响。碳标签的实施要求我国对能源结构进行重新布局，采用环保型的生产方法和技术提高能源利用率，实现能源的低碳、清洁、绿色、可持续，构筑 21 世纪中国能

---

① 数据来源于国家统计局。

源安全体系。

在能源结构方面，世界能源格局正逐步走向能源结构多元化，新能源比重逐步上升。在我国以煤炭为主的能源消费结构下，要想由传统生产模式向高质量发展转变，需在行业内部推动能源消费结构向清洁低碳化转型，在重点消耗能源的产业领域提高清洁低碳化能源的使用比例，加快培育发展新能源，积极开展水能、核能、风能、太阳能、生物质能等非化石能源的开发利用，尽快提高新能源占比，推进能源清洁化、低碳化。可再生能源更多依靠技术，其成本的快速下降有望在全球掀起新一轮的高度电气化浪潮，因此未来能源利用将不再是资源争夺，而是技术竞争。

在能源效率方面，能源开发利用的科技创新日新月异，依靠智能化、信息化、数字化、网络化发展，大力发展低碳技术，提升绿色低碳发展水平，合理开发、科学利用传统化石能源，发展油气资源开发等先进技术，通过研发和推广清洁能源技术，提升煤炭的清洁高效利用率，从源头减少碳的使用，控制碳排放，降低单位产品综合耗能和单位产品碳排放量，实现能源低碳化发展，构建清洁高效低碳能源布局。

3. 推动产品绿色价值链的形成

绿色价值链是以价值链理论和绿色制造理论为基础，从产品设计、原材料采购、产品制造、产品营销和物流、产品消费直至回收再生的动态闭环流程。碳标签将产品在整个生命周期内的碳足迹以标签的形式附于产品上，将在生产、运输、销售等各个环节直接和间接产生的温室气体排放量用量化的数字标示出来，以简单有效的形式反映出产品在动态闭环流程中的排放信息，推动产品价值链与绿色生产相结合，兼顾利润目标和生态责任目标，拓展和延伸价值链的绿色尺度，使整个绿色产业链过程以最小的环境代价来实现资源利用率最大化目标。

抓住绿色价值链发展主要环节，提升低碳排放数据透明度。在整个价值链的增值过程中，可以分为既相互独立又相互联系的多个价值活动，其中每一项价值活动都蕴藏绿色创新发展潜力。低碳时代下建立完整的碳标签制度，实施良好的碳标签认证规范，加强产品生命周期绿色管理和节能环保、清洁生产、清洁能源等领域统计监测，健全相关制度，强化统计信息共享，以此控制从原材料采购到回收处理各个环节的碳排放，完善绿色标准、绿色认证体系和统计监测制度，使各生产过程的温室气体排放透明化，从源头控制好产品的碳排放，节能减排统计与报告系统化，为节能减排的监测提供便利，实现绿色开发设计、绿色生产、绿色加工、绿色运输和绿色营销，尽可能减少碳排放。

推动可持续发展绿色价值链，构建企业绿色竞争优势。针对当前绿色价值链运行较为分散、整体绿色融合程度偏低等问题，通过发挥碳标签带动效应，实施更有效的绿色认证方式，将绿色价值链进一步纵向延伸或横向拓展，形成紧密的产品绿色价值链运行体系，提升产品质量、品牌形象及绿色价值，发掘产品独特的低碳竞争优势，提高产品绿色认可度，减少进出口贸易摩擦。将绿色价值链的理念融入企业，采用节能减排技术，减少企业碳排放量，提高企业绿色价值链管理水平，构建科学合理的绿色价值链运行及企业绿色竞争力评价体系，持续激发企业绿色创新动力，从而产生更好的经济效益、生态效益和社会效益，实现绿色价值最大化，进一步增强企业核心竞争力。

4. 引发消费市场的变革

"低碳消费"是伴随"低碳经济"的发展而提出的，早在20世纪70年代就已经有了关于能源消费的低碳研究。广义层面的低碳消费囊括了低碳生活消费与低碳生产消费两大方面，是一种以文明、科学、健康为前提的新的消费方式。党的十九大报告强调要建立健全绿色生产和绿色消费的相关法律制度，引导全民形成绿色低碳的生活习惯，与其他低碳减排措施相比，碳标签将产品碳足迹进行量化标识，不仅可以为消费者购买碳标签产品提供引导，还可以通过消费者对产品碳排放的评价从而督促企业的生产方式低碳化，推动企业努力降低温室气体排放，从企业和消费者两方共同推进碳减排。

对于消费者而言，碳标签不是一般的产品标签，而是碳排放技术水平的具体体现，碳标签可以通过在产品或服务上标识相关碳排放信息，

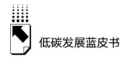

以达到引导消费者进行低碳消费的目的。购买碳标签产品在一定程度上属于一种低碳消费行为，消费者对标注碳标签产品的选择受性别、职业、低碳态度、消费能力等个体因素的影响，同时也受产品属性、技术规范、碳标签认证机构以及认证方式等外在因素的影响。对低碳消费较为敏感的购买者来说，碳标签可以给予消费者一定指示作用，帮助其在购买过程中降低搜寻成本，为消费者的购买决策提供必要信息。对低碳消费不够敏感的购买者来说，碳标签不仅可以为低碳消费进行宣传推介，还可以在产品质量、价格等其他因素相同时，为购买者提供一项新的决策标准，进而有助于提升社会整体的低碳消费意识和引导消费者的低碳消费行为。

对于企业而言，以低碳消费作为直接驱动力，引导企业进行绿色低碳转型升级。大力推行碳标签制度，提高居民低碳意识，鼓励公众参与低碳活动，加大政府绿色采购力度，加强对企业和居民采购绿色产品的引导，严厉打击虚标绿色产品行为，对生产企业形成倒逼机制，影响企业生产行为。碳标签制度一方面有助于引导企业考察不同类型碳标签产品，参照消费者购买意愿的差异性，使企业在碳标签情境下采取差异化营销策略；另一方面有助于企业更清晰地了解自身碳排放情况以及在产业链中的竞争地位，从而推动企业自主节能减排，实现产能升级改造。

（二）对国际贸易的影响

1. 对产品国际竞争力造成冲击

中国在加入世界贸易组织之后，商品进出口贸易发展势头迅猛，贸易对外依存度不断提升，大量依靠海外市场分销商品。2020 年中国国内生产总值为 101.60 万亿元，进出口总额达到 32.16 万亿元，同比增长 1.9%，是全球外贸唯一正增长的主要经济体。其中，出口 17.93 万亿元，同比增长 4%；进口 14.23 万亿元，微降 0.7%；贸易顺差 3.7 万亿元，增长 27.4%。[①] 这

---

① 数据来源于海关总署。

意味着，我国外贸全球第一大国的地位得到进一步巩固。

但随着国际范围碳标签制度的确立及发展，我国外贸的优势地位受到了极大影响，出口产品成本增加，竞争力降低，在目标市场丧失竞争优势，主要存在以下几方面的原因。

其一，碳标签制度的实行加快了碳关税等政策的制定，我国诸多行业如服装、农产品、钢铁、化工等行业的产品将会成为征收对象，这将导致我国出口产品成本的直接增加。

其二，为了能够达到发达国家制定的低碳产品标准，我国的出口企业要增加支付认证、鉴定、包装、广告等额外成本来满足出口条件，并且还需要较长时间对政策进行适应性调整，而这间接导致了我国出口产品成本的增加，使原本具有价格优势的产品失去市场竞争力。

其三，企业内部对产品进行碳足迹研究、测定以及生产条件升级的成本不断增加，使产品成本增加，从而对产品的国际竞争力造成冲击。

其四，长期以来我国的产品出口都以劳动密集型产业为主，其产品出口的主要优势在于商品价格较低，因此众多国家选择从中国进口产品或者在中国建立生产基地出口到境外。但随着境外各国碳标签体系的建立，出口商品需要进行碳标签认证，而我国一些工厂加工技术落后，生产的大多是高能耗的产品，以至于认证无法通过，短期内难以将技术提升到碳标签所要求的水平，使得我国产品的低成本优势无法发挥，造成出口市场份额的下降。

其五，发达国家和地区实行碳标签制度后，我国的许多高碳企业无法承受较高的成本压力，因此可能会选择退出进口国市场，转而投向国内市场，从而造成大规模的高碳回流现象，使国内供求失衡。大量的高碳产品集中在国内，阻碍了我国产业结构优化升级的步伐，降低了我国产品在国际市场中的整体竞争力。

2. 引导出口企业创新升级

首先，碳标签引导出口企业创新升级，提高能源利用率。碳标签规则需要出口企业在进行碳标签认证时满足境外国家的要求，这要求企业具备一定的先进技术水平，因此碳标签可以倒逼出口企业进行内部技术创新，进而提

高能效利用效率，降低能源资源尤其是煤炭资源的消耗，促进我国经济发展方式向绿色高质量转型，这在一定程度上能有效提升我国在全球价值链中的位置。

其次，碳标签引导企业创新升级，促进绿色产业的发展。迈克尔·波特在动态分析理论中曾经提出一个观点，即政府的环境规制会反向激励企业的自我改造。他认为，政府恰当设计的环境规制可以激发被规制企业创新，产生效率收益，相对于不受规制的企业，这可能会导致绝对竞争优势；相对于规制标准较低的国外竞争者而言，环境规制通过刺激创新可对本国企业的国际市场地位产生正面影响。这就是著名的"波特假说"。随着碳标签制度的确立，企业逐步树立低碳竞争意识，加大对技术创新的投入力度，发展低碳经济，生产低能耗的产品，实现在碳标签制度实行的情况下转危为机，在新的绿色产业浪潮中占据优势地位。

最后，碳标签引导企业创新升级，加速企业调整出口战略。随着碳标签制度的不断发展成熟，国外的相应政策也会随之发生变化，这也要求企业及时了解国外在碳标签方面的相关政策变化并做出生产调整，积极应对来自国际相同产品的竞争压力。另外，碳标签制度的建立也促进企业实行多元化出口战略，当我国的贸易政策发生变化时，出口企业要及时对出口情况进行判断，选择更具优势的出口国市场，选择更有利的出口环境，培养新的贸易伙伴。

我国出口企业除了通过改进技术、进行技术创新来满足碳标签标准外，还可以拓展我国出口产业的方式，将眼光直接投向跨国经营，因为在海外进行投资可以使企业绕开一系列的认证检验，降低产品成本，提高我国产品的出口竞争力。我国出口企业可以选择以合资、独资等方式对国外进行直接投资或者间接投资，把产品的生产等环节放在本来要出口到的国家市场，绕开这些国家的贸易壁垒，同时还能省去运输成本和碳足迹核算成本，甚至还能享受与东道国企业相同的便利和部分政策优惠。

3. 改变各国之间的比较优势和竞争优势

碳标签制度实行后，发达国家和地区大多凭借其雄厚的资本实力和强大的技术优势制定苛刻的环保标准，提高了发展中国家产品出口的门槛，这就迫使很多发展中国家的出口产品和出口企业考虑退出国际市场，导致该产品的比较优势转移到其他国家，使发展中国家对该产品的出口竞争优势逐步丧失，最终发达国家将逐渐取代发展中国家的出口产品，致使发展中国家在国际市场的份额不断被吞噬。

碳标签制度的实施改变了各国之间的比较优势和竞争优势，具体体现在以下两个方面。

一方面，发展中国家以劳动密集型产品的出口为主，大多是能耗较高的产品，在境外，各国相继启动碳标签制度后，这些高能耗产品也需逐步纳入碳标签认证产品行列。这就给发展中国家的出口带来了极大的影响，企业在商品出口时将会面临两个艰难抉择：其一是有大量资本支撑的企业可以通过增加资金投入的方式加强对低碳技术的研发，减少生产过程中的能耗，更多使用清洁能源，以此来淘汰一部分高能耗产品，维持我国产品在国际市场上的份额，改变我国出口商品的比较优势；其二是没有大量资金的企业将会面临倒闭的风险，资金大量投入可能会导致资金断裂，因此也存在较大的风险。

另一方面，碳标签的重要作用在于将环境成本内部化，然后反映到产品的价格中去。消费者不断增强的环保意识会驱使他们购买带有碳标签的环保产品，企业为获得更大的利润，会投入更多成本减少产品碳排放，以获得更多消费者的青睐，产品的价格自然会有所上升。虽然这可能在短期内会造成企业利润的下滑，但从长期来看，这是不断提升我国出口商品竞争优势的重要途径之一。

4. 优化国际贸易商品结构

碳标签制度的确立有利于优化国际贸易商品结构，完成从劳动密集型产品向资本和技术密集型产品过渡。我国是发展中国家，拥有廉价的劳动力，且在国际分工体系中处于相对低端的位置，因此众多发达国家都选择在中国投资建厂，产品的生产和运输过程增加了我国温室气体的排放量，决定了我国外贸出口商品具有较高碳足迹的特点，使我国在国际市场上丧失竞争

优势。

因此，碳标签制度的实施将迫使国内企业发展低能耗产业，不断进行低碳技术创新，优化国际贸易中的商品结构。

我国拥有众多人口，强大的人口优势决定了我国劳动密集型产业所具有的先天优势，使得加工贸易迅速崛起。但是劳动密集型产业生产的商品多数具有高能耗的特点，碳标签制度的实行导致我国出口产品的低成本优势逐步丧失，进而导致高能耗产品在我国出口贸易中的比重不断下降，但这同时也为其他产业的发展提供了一定的契机。发达国家和地区在实行碳标签制度后，一方面，将迫使我国的高碳产业进行技术改进、节能减排，实现产业内的优化升级；另一方面，我国也会加快旅游业等第三产业的发展，绕开碳标签的贸易壁垒，从"加工贸易"走向"服务贸易"，促进我国出口贸易方式的转变，优化国际贸易商品结构。

5. 引发贸易保护主义

发达国家在实行碳标签制度中具有绝对的话语权。如果强制实行碳标签制度，会要求出口到发达国家的产品贴有碳标签，并为此制定十分严格的碳足迹核算标准和认证标准，这将对多数发展中国家的大量产品出口造成极大的冲击，同时碳标签制度也会发展成为一种新型的贸易壁垒，可能会由此产生诸多的贸易争端，引发许多国家实行贸易保护主义。

其一，没有统一的认证标准和争端协商机制。目前，世界的碳标签尚处在发展的初级阶段，各个国家都有自己的认定标准，缺少统一的认证标准，当不同国家或地区针对碳标签发生争端时，没有完善的争端协商解决机制，这些都会导致贸易摩擦愈演愈烈，致使发展中国家所面临的出口环境越来越恶劣。

其二，限制了自由贸易的发展。各国或地区在价格竞争条件的催化下，有动机设置较为严苛的碳标签认定标准。一方面，发展中国家的出口多以劳动密集型产品为主，这符合价格竞争的特点，因此发达国家大概率会设置严苛的碳标签认定标准，以此来限制发展中国家劳动密集型产品的出口。另一方面，发展中国家的工业发展起步相对较晚，发展速度慢且工业化程度低，其出口结构主要集中在食品、玩具、纺织品等产品上，而发达国家的碳标签所涉及的范围通常涵盖了这些产品。这种有针对性的进口限制明显不利于国家间自由贸易的发展。

其三，形成新型的绿色贸易壁垒。低碳运动对中国高能耗、低附加值的外向型企业造成的外部压力已经显现，"碳标签"极有可能成为下一阶段企业出口的隐形贸易壁垒。即使一些中国企业已经意识到低碳升级的必要性，但它们缺乏相关经验和技术去识别运营过程中存在的环境风险和管理短板，也无法量化节能减排方面的成效，其产品和举措未能受到监管部门和国外买家的认可，因而中国企业在进出口贸易中可能会受到较大影响。

（三）对社会的影响

碳标签是国际上提出的生态标签的一个方面，是促进可持续生产与消费的一个基本手段，它创造了一个对企业节能减排进行经济回报的市场机制，也推动了消费方式的深刻变革，充分发挥民众绿色治理的主体功能，促使人才培养模式的改革创新。但在其推进过程中，也会产生一定的弊端，从而影响企业和社会的发展。法律和行政强制性手段有其自身的局限性，既不能保证社会生产的生态效益与经济效益相协调，也无法保障环境效益，而市场机制本身也难以保证环境效益的最大化。

1. 推动消费方式的深刻变革

碳标签制度的确立在很大程度上影响了居民的消费理念，推动消费方式发生深刻变革。首先，碳标签制度的实施将会涉及较为广泛的产品，涵盖行业范围较广，目前主要涉及居民生活的重要领域，如食品、服装、日用品、电信、服务等，且有继续扩展的趋势。其次，即使碳标签目前只涉及个别领域，但随着生产专业化程度的加深和劳动分工水平的不断提高，各个行业的联系也更加紧密，成为一个休戚相关的整体，所以会产生"以点带面"的连锁反应，影响产品上下游产业的发展，涉及范围也将更为宽泛，从各方面影响居民的消费观念完成从选取高能耗产品到低碳清洁产品的转换，人们越来越重视产品中的碳足迹含量，追求低碳生活，进而推动消费方式的深刻

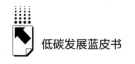

变革。

同时，碳标签制度的制定对消费者购买低碳产品的意愿和行为也会产生重要的影响。一般情况下，消费者的认知会影响其消费偏好和意愿，进而影响其购买行为。在政府确定碳标签制度后，会对高碳产品进行限制，迫使企业和消费者增强环保意识；企业会不断革新技术，生产低碳产品，更多的消费者也会逐步认识到低碳产品的优势，这都将使消费者的购买意愿和偏好发生变化，转向低碳产品，推动绿色经济的快速发展。

2. 发挥民众绿色治理主体功能

碳标签制度的确立将吸引全社会的生产者在生产领域和消费者在消费环节都能够参与到我国绿色经济发展的过程中，充分发挥民众绿色治理的主体功能，在应对气候变化过程中完成我国企业实现绿色生产、国家实现绿色经济的目标。这主要体现在：通过对产品授予碳标签标识，为消费者提供产品碳排放量的相关信息，帮助其在消费过程中进行比较，从而选择低碳产品，向社会推进以顾客为导向的低碳产品采购和消费模式，以消费者为导向进行绿色治理。

某种意义上，碳标签制度的实行能够在一定程度上弥补或修正市场为消费者提供产品信息方面出现的缺陷和失误，引导消费者在信息充分的条件下做出购买决策，充分发挥消费者在绿色治理中的主体功能。

就我国经济发展现状而言，消费会通过流通反作用于生产，消费者更多地进行低碳消费将会倒逼企业开发低碳产品，以降低生产过程中的能耗，以公众的消费选择引导和鼓励企业生产低碳产品和实现技术转变，有助于我国加快向低碳生产模式和低碳经济转变。

3. 促进人才培养模式改革创新

碳标签制度的制定需要大量相关的高技术人才，这要求改革创新人才培养模式，形成全链条式的创新创业教育模式，鼓励高校培养更多的碳标签领域相关人才，提升企业的技术创新能力，为做好碳达峰碳中和工作提供科技支撑和人才保障。

加强碳标签制度相关人才的培养，完善我国现有的碳标签制度，有利于充分展现大国担当，为诸多国家的生态治理和技术创新贡献中国力量、中国经验，更好地满足我国人民日益增长的绿色环境需求。

4. 加剧社会贫富差距

位于上游供应链的制造业正面临碳标签趋势的影响和压力，一些供应商被告知需要进行碳核算，提供企业或某一产品的物耗、能耗等数据。在这一过程中，商品的技术投入加大、碳标签的专业核算都会使产品成本大幅增加，消费水平较高的阶层越来越追求安全有保障的产品，这将使社会贫富差距进一步扩大，使社会发展更不均衡。

（四）对自然环境的影响

1. 缓解气候变化

近年来，特大暴雨、台风、森林大火等自然灾害频发，全球气候变暖已经成为生态系统面临的最严峻问题之一。2019年《WMO全球气候状况声明》显示，气候变化和极端天气事件不断影响人类社会经济发展、健康、人口移徙、粮食安全及陆地和海洋生态系统等方面，2015~2019年是有记录以来最热的5年，气候变化导致海洋生态系统破坏严重、热浪致千人非正常死亡、严重蝗灾威胁粮食安全等一系列气候灾难，将近2200万人成为"气候难民"。

我国在经济高速发展过程中付出了生态破坏和环境污染的惨痛代价，这也是全世界国家与地区迅速发展时面临的共同问题。面对严峻的气候变化问题，各国或地区纷纷采取一系列低碳减排措施。碳标签制度作为一种新型的环境管理工具，核算产品生命周期中的碳排放量，对推动企业技术创新、引导公众低碳消费、提升所有相关行业和消费者的环保意识、促进全社会绿色可持续发展都有积极影响，从而推动我国更有效地应对气候变暖等环境问题。

2. 减少温室气体排放

温室气体的大量排放不仅导致海平面上升，而且破坏了当前的生物链、食物链，导致各类自然灾害频发。科学研究表明，温室气体排放量的增加是

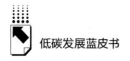

引发气候变化的重要原因，缓解极端天气造成的巨大威胁，减少温室气体的排放成为当下不容回避且亟须解决的环境问题之一。

在减少温室气体排放的措施上，碳标签制度成为政府颁布法律和对企业强制约束的补充。鼓励企业进行碳标签认证，并对企业碳足迹认证提供绿色生产补贴，不仅可以调动企业减排的积极性，从企业生产源头控制碳排放，降低单位产品整体碳排放量，提高碳排放监测水平，实现经济效益与生态效益的统一，而且可以提升消费者对低碳消费的参与度和对碳标签的认知度，鼓励和倡导低碳生活方式，充分调动社会各界力量多角度减少温室气体排放，有效缓解气候变化。与此同时，碳标签制度有利于提升我国在国际温室气体减排中的话语权，推动多边框架下新气候应对方案的拟订，形成共建共享的绿色经济发展新格局，从而减少各国之间的摩擦。

行 业 篇
Industry Reports

B.2

2020~2021年电器电子行业
碳标签发展报告

袁永娜　邬彩霞　刘贺　谭宇*

摘　要： 我国电子产品市场规模与发展潜力巨大，是当今创新最活跃、带动性最强、渗透性最广的领域。以电子产品为代表的低碳认证，是推动实现2030年前碳达峰和2060年前碳中和目标的重要抓手。本报告详细梳理了我国电子产品的发展状况与碳排放特点，阐述了电子产品实行低碳认证的重要性，对其他主要国家或地区的电子产品低碳认证的发展历程、覆盖范围以及碳足迹认证标准等方面进行了系统总结，针对今后电子产品碳标签的发展提出建立统一的电子产品碳排放因子库和电子产品碳标

---

*　袁永娜，博士，中国科学院大学公共政策与管理学院副教授、硕士生导师，研究方向为自然资源管理与可持续发展；邬彩霞，经济学博士，山东财经大学教授、硕士生导师，研究方向为低碳经济、环境与贸易政策等；刘贺，中国电子节能技术协会低碳经济专业委员会标准化工程师，研究方向为低碳、电子商务、信息分类编码等领域标准体系建设；谭宇，中国科学院大学公共政策与管理学院硕士研究生，研究方向为自然资源管理与可持续发展。

签行业标准的建议。

关键词： 电器电子产品　碳足迹　全生命周期　低碳产品认证

一　电器电子行业发展概况与碳排放特点

（一）电器电子行业在国民经济发展中的地位

电子信息产业集合了与电子信息产品相关的设备生产、硬件制造、系统集成、软件开发以及应用服务等作业过程，是我国国民经济战略性、基础性和先导性支柱产业，也是创新最活跃、带动性最强、渗透性最广的领域。

我国电子信息产业萌芽于20世纪20年代，主要生产军用无线电收发报机等军用电子产品。新中国成立后，我国的电子信息产业经过几十年的发展，已经具备了一定的独立创新与开发能力，成为初具规模、门类齐全的生产部门。至2008年，电子信息产业所提供的产品均达到了较高技术水平，其中不少达到世界先进水平。根据《中国电子信息产业统计年鉴2020》，我国2005~2019年规模以上电子信息制造业的主营业务收入基本呈现上升的趋势，从2005年的31010亿元提高到2019年的134020亿元（见图1）。这表明我国电子信息产业快速崛起，产业规模呈现快速扩张的态势，并逐渐成为支撑我国经济发展和社会进步的重要支柱之一。

从产业分类的角度来看，电子信息产业包括电子信息制造业和软件与信息技术服务业，其中电子信息制造业是研制和生产电子设备及各种电子元件、器件、仪器、仪表的工业，约占电子信息产业70%的比重。2019年中国电子信息制造业按行业分类的营业收入中，通信设备制造业占电子信息制造业营业收入的29.3%，电子器件制造业和电子元件及专用材料制造业分别占比17.0%和13.7%，电子计算机制造业占比15.1%（见图2）。随着我国5G技术在世界范围内取得优势，云上销售、远程办公、网上教育等的兴

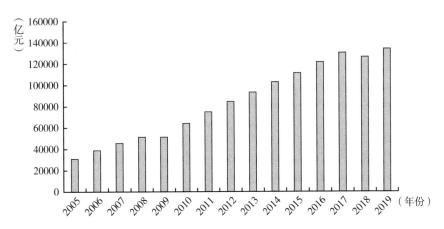

图1　2005~2019年规模以上电子信息制造业主营业务收入

资料来源：相关年份《中国电子信息产业统计年鉴》。

起，人们的学习、工作和生活获得保障的同时，通信业务也获得了新的发展，未来我国通信设备的需求将进一步提高，我国电子产品制造业中通信设备的比重将进一步扩大。

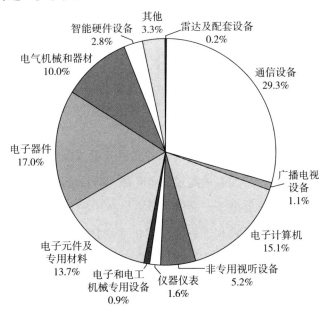

图2　2019年电子信息制造业营业收入占比

资料来源：《中国电子信息产业统计年鉴2020》。

从消费端看,随着我国经济的发展和人民收入水平的提高,居民的消费能力显著增强,对家电、电话、计算机等电器电子产品的需求快速增加,加上我国工业体系的逐渐完善,研发与生产能力大幅提升,电子产品产量大幅度增加。在我国供给端和需求端都大幅度增加的影响下,电器电子产品市场迅速扩大,我国2014～2020年各类主要电器电子产品[洗衣机、电冰箱(柜)、微波炉、彩色电视机、空调、热水器、排油烟机、移动电话、计算机]平均每百户保有量情况如表1所示。

表1　2014～2020年我国主要电器电子产品平均每百户保有量

单位:台

类别	2014年	2015年	2016年	2017年	2018年	2019年	2020年
洗衣机	83.7	86.4	89.8	91.7	93.8	96.0	96.7
电冰箱(柜)	85.5	89.0	93.5	95.3	98.8	100.9	101.8
微波炉	36.0	36.9	38.4	40	39.2	40.1	41.0
彩色电视机	119.2	119.9	120.8	122.2	119.3	120.6	120.8
空调	75.2	81.5	90.9	96.1	109.3	115.6	117.7
热水器	67.7	71.2	76.2	78.6	85.0	86.9	90.4
排油烟机	44.3	45.7	48.6	51.0	56.4	59.3	60.9
移动电话	215.9	224.8	235.4	240.0	249.1	253.2	253.8
计算机	53.0	55.5	57.5	58.7	53.4	53.2	54.2

资料来源:相关年份《中国电子信息产业统计年鉴》。

表1显示,各类主要家电的平均每百户保有量均保持稳定增加的态势,而移动电话的平均每百户保有量超过了200部,并且增速高于电器产品,这说明现阶段中国各类电器电子产品的普及率很高,基本实现了电器电子产品走进家家户户。同时可以发现,彩色电视机平均每百户的保有量在2018年出现了下降,可能是此类一户一机性质的家用电器已经接近饱和,未来市场主要在于更新需求,可以预测未来洗衣机和电冰箱等家用电器的平均每百户保有量增长速度会下降并逐渐达到稳定。而随着5G技术的快速发展,未来移动电话以及计算机作为一户多机性质的电子产品,其平均拥有量还会有大

幅度提升，这表明无论是传统家用电器的更新换代还是新兴电子产品的迅速增加，我国的电器电子产品市场仍然会有巨大发展潜力和空间。

（二）电子产品消费的特点与发展趋势

1. 微型化

随着电子产品越来越频繁地出现在日常生活中，消费者对其也提出了更高的要求。为了便于携带，更轻薄、更小巧的电子产品成为人们优先选择的对象，因而微型化成为电子产品的发展趋势。

缩小芯片体积是电子行业促进电子产品微型化的重要方法，但是随着集成化的发展，芯片的规模不断扩大，因而只有在芯片制造中，不断提高封装技术，合理控制封装大小和封装密度，提高封装空间的利用率，提高电性能和稳定性，才能在保证电子产品性能的前提下控制芯片的体积。例如，宇阳科技通过运用新型封端技术，进行了封端植入板、输送板工装和工艺的创新，攻克外电极封端难关，于 2021 年推出了行业最小尺寸的 008004（0.25mm×0.125mm×0.125mm）超微型片式多层陶瓷电容器（MLCC）产品。[①] 与现有 01005 尺寸（0.4mm×0.2mm×0.2mm）相比较，该产品贴装占有面积比率减少了大约 40%，主要用于 IC 内埋、SIP 封装、智能穿戴及移动设备升级等。东芝电子元件及存储装置株式会社于 2022 年推出其面向 20V 电源线路的新款"TCK42xG 系列"MOSFET 栅极驱动 IC 中的首款产品——"TCK421G"。TCK421G 采用 WCSP6G 封装，是行业最小的封装之一，便于 TCK421G 在可穿戴设备和智能手机等小型设备上实现高密度贴装，从而缩小上述设备的尺寸。

2. 低耗节能化

随着电子产品深入现代工作与生活中，消费者对电子产品越来越依赖，特别需要便携式的电子产品如计算机、手机等具备超长待机的功能，因而对

---

① 《顺应小型化趋势，宇阳科技重磅推出 008004 超微型 MLCC》，宇阳科技，2021 年 12 月 8 日，https://www.szeyang.com/cn/NewsInfo.aspx? Id=1211582。

电子产品又提出了尽可能降低能耗的要求。电子产品低耗节能的发展趋势不仅符合消费者自身利益，还有利于节约环境资源。比如豪威集团 2022 年发布的新一代高效同步降压转换器 WD1020/WD1021 具有超低的 360nA 静态电流，在低至 10uA 的轻载下仍能提供高效率，全负载范围内效率最高可达 97%。通过先进的峰值电流控制架构，WD1020/WD1021 在宽泛的负载范围内仍具有优秀的动态响应能力，可有效延长电池供电产品的续航时间。[①]

3. 跨界融合化

随着电子技术的不断进步和消费者的多元化需求，跨界融合成为电子产品发展的趋势，比如手机不仅具备最基本的通信功能，还具备摄像、音乐播放、视频播放与分享等娱乐功能，办公软件、线上会议、上班打卡等办公功能，掌上支付、导航、线上购物等生活辅助功能。电子产品的跨界融合对芯片的集成度、封装技术、电路运行提出了更高的要求，电子制造企业正在攻破重重难关，满足消费者对电子产品的多功能和多样化的需求。

4. 环保绿色化

在经济快速发展的同时，人类生活、生产建设活动也造成自然环境日益恶化，环境保护问题成为全球关注的焦点，近些年我国也在逐步推进绿色发展之路。电子产品在生产和使用阶段消耗大量资源、产生大量污染，如今越来越多的消费者意识到其对环境的不利影响，开始追求电子产品的环保绿色化，电子产业正在加大对环保型科技的研发投入力度，致力于不断推出一系列环保型产品，并以此为卖点吸引消费者。例如华为公司秉持"让科技与自然共生"的理念，为客户提供创新领先的绿色产品与解决方案，助力全社会减少碳排放。2020 年，华为把光猫和路由器产品合二为一，发布了具有开创性的华为星光智能光猫系列产品，三级节能措施结合智能休眠机制使每台智能光猫每天的耗电量可低至 0.37 度，2020 年该系列产品已服务全球4000 多万家庭用户，节省了 15 亿多度电，相当于累计减少二氧化碳排放超

---

① 《豪威集团发布新一代超低静态电流高效同步降压转换器 WD1020/WD1021》，电子产品世界网站，2022 年 2 月 14 日，http://www.eepw.com.cn/article/202202/431285.htm。

73 万吨，约等于种植 3000 多万棵树；华为在 P 系列、Mate 系列手机和华为手表等终端产品中采用生物基塑料，相比传统塑料可减少约 62.6% 的二氧化碳排放量，截至 2020 年底，相当于减少二氧化碳排放约 6238 吨；华为 PowerStar 的部署可额外节省网络能耗约 10%，日均单站节能可达 3.5 度，全网 5G 每年节能可达 1000 万度，相当于减少二氧化碳排放 4750 吨；华为 30 千瓦 HiCharger 直流快充模块助力上海虹桥机场 T2 航站楼出租车充电场站提升充电效率，相当于每年减少二氧化碳排放约 3300 吨。

（三）电子产品行业特征与碳排放的特点

1. 电子产品行业特征

（1）产品和服务多样化

消费者对电子产品的偏好存在差异化和多元化，加之电子行业市场竞争激烈，业内企业为了赢得更多的市场份额，不断推出各有特色的产品来迎合消费者的不同需求，比如提高产品性能、延长待机时间、改善产品外观、缩小便携式电子产品的体积、提高产品质量等；同时提供一些贴心完善的特色服务来吸引新老顾客，比如提供保修甚至换新服务、免费咨询服务、送货上门服务等，从而使电子产品行业的产品和服务呈纷繁、多样的特点。

（2）产品生命周期缩短，更新换代速度快

在信息共享时代，消费者对电子产品的了解渠道增多，消费偏好更新得越来越快，电子行业市场竞争加剧，市场所带来的机遇转瞬即逝，这些因素促使电子行业企业无不竭尽心力地提高自己的创新能力和技术水平，缩短产品的决策、研发与生产时间，不断地推出新产品来满足客户的需要，因而电子产品的生命周期越来越短，这也为低碳认证和产品贴签带来一定的挑战。当前电子行业特别是智能手机行业中，很多品牌每年都会发布新产品，新一代刚刚推向市场，下一代甚至下两代都已经在项目实施中了，比如华为每年上半年发布 P 系列、下半年发布 Mate 系列产品；小米每年都会发布一款旗舰机，还会推出一些其他型号的手机；三星每年都会推出三款旗舰手机；苹果自从 2012 发布了苹果 5 系列之后，每年都会发布一个新的系列等。

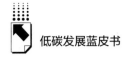

（3）产品同质化

高科技研究需要高投入，这对于电子行业制造企业来说相当困难，所以高科技研究一般只存在于具备一定研发实力的研发机构当中，由这些研发机构将高科技转化为产品方案供应到市场中，而一般较为成熟的技术已经在行业内得到广泛普及和推广，这样的局面使得电子行业竞争越发激烈，电子产品同质化严重。

（4）提前生产模式

一般来说，先接单后生产是电子产品企业常用的生产模式，这一模式不容易产生生产过量或原材料堆积的问题。但是，随着电子产品的生命周期缩短，电子行业制造企业为了加快产品更新速度从而提高市场竞争力，会在接单之前提前生产一些产品零部件。提前生产似乎成为业内流行的生产模式。

2. 电子产品碳排放的特点

我国电子产品市场规模与发展潜力巨大。为了减轻全球变暖的影响，政府、公益组织和民众应促使电子产品制造业控制其碳排放。这就要求电子产品制造业在产品被销售或使用前评估其碳足迹，通过开展碳足迹评价，企业不仅可以发现自身的碳排放情况，还能发现其上下游的碳排放情况，便于企业了解其产品对环境的影响。电子产品碳足迹是指电子产品原材料获取和加工、生产、运输、使用以及回收处理过程中直接与间接产生的碳排放总量。电子产品的生命周期如图3所示。

由于电子产品拥有完整的生产路径和框架，其碳排放特点也就与传统产品存在很大的不同。首先，完整的电子产品包括产品的外壳、相关数字和模拟组件的印刷电路板以及电池等组件，为了制造这些相关组件，就必须开采和加工各种矿物，所有采矿和材料加工步骤都会导致温室气体的排放。原材料的提取或回收以及材料加工步骤可能不直接属于电子产品制造商的控制范围（属于部件或组件供应商的加工排放范围），但在碳足迹核查中，电子产品企业通常有责任确定材料提取和加工活动产生的排放，并将其纳入产品的碳足迹分析。其次，一旦原材料被提取和加工，电子产品需要进行有序的制造与组装，这些过程将消耗大量的电力，而生产电力造

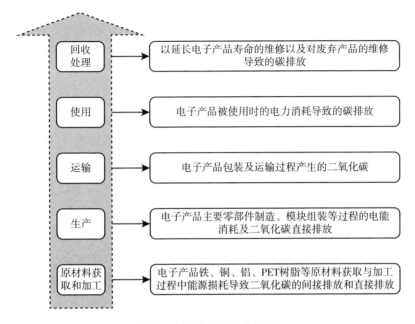

图3　电子产品的生命周期

资料来源：中国电子技术协会：《我国电子产品开展低碳产品认证及其效果研究报告》，2021年6月。

成的温室气体的排放是导致全球变暖的主要原因之一。随后，电子产品需要包装和运输进入市场，被消费者所消费，交通运输通过消耗不可再生能源（如汽油和柴油）也会增加温室气体排放。同时包装中使用的材料，如纸张、塑料和铝，都需要生产能源，并可能造成浪费。最后，除了包装和运输，电子产品在使用过程中所消耗的电力也是通过消耗自然资源产生的，并且此类产品使用阶段产生的温室气体排放量是不可忽视的，对于电子产品来说90%左右的碳排放来自使用阶段的电能消耗，在其使用阶段开机、待机甚至关机时都会有电力的损耗，进而导致大量的能源消耗，产生碳排放。因此，"从摇篮到大门"的生命周期方法缺乏"从摇篮到坟墓"情景中碳排放估算的完整性，特别是对于电子产品，在产品离开企业后，仍产生大量的碳排放。

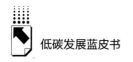

（四）电子产品进行低碳认证的重要性

1.电子产品低碳认证是实现碳达峰、碳中和目标的有效手段

在电子产品原材料获取和加工、生产、运输、使用以及回收处理的过程中会产生大量的温室气体，这都会导致全球变暖。随着电子产品的广泛运用和消费者环保意识的提高，如果在电子产品的生产制造过程中对其产生的二氧化碳排放进行认证，为产品贴上"碳标签"，可以方便消费者选择更加低碳的电子产品，反过来也会激励生产企业提高技术水平和创新能力，研发和生产更加低碳环保的产品，进而促进整个行业的绿色低碳生产，更好地实现我国2030年前碳达峰、2060年前碳中和的发展目标。

2.产品绿色低碳化是中国电子产业发展的有效路径之一

首先，中国作为电子信息产品制造大国，电子产业发展仍然存在一系列"卡脖子"难题，在这种背景下，绿色发展是我国电子产业健康发展的重要途径。当前，对电子产品进行低碳认证，实现电子产品的低碳化发展是中国电子产业绿色发展的有效路径之一。其次，电子产业除了面临技术困境，未来还可能面临国际贸易难题，因为众多发达国家相继实施了电子产品低碳认证，在不久的将来，碳标签可能会成为全球性的产品标识，进而成为国际贸易中又一新型壁垒，中国的电子行业只有通过低碳认证，实现电子产品的低碳化生产，才能紧跟全球绿色低碳发展的主流，在国际贸易中占据主动位置。

3.电子产品低碳认证对电子行业及其消费端减碳具有重要作用

随着我国低碳技术开发与应用的推进，电子行业已进入能源结构调整阶段，电子产品生产阶段的碳排放量正逐年下降。然而对电子产品的碳核算显示出，大部分电子产品的生产与废弃阶段碳排放量仅占总生命周期的不到20%，而使用过程中能源消耗核算的碳排放量达到了80%以上。

以家用电器电视机行业为例，低碳电视比市场上普通电视的能耗要少50%以上，低碳电视碳足迹为普通电视的60%。通过以现行《电器电子产

品碳足迹评价 第2部分：电视机》为流程核算分析，每台低碳电视的全生命周期碳足迹为479～995kgCO$_2$e，平均年排放量为47.9～99.5kgCO$_2$e。从电视机市场保有量来估算，中国约有4.3亿户家庭，每百户的电视机保有量约为100台，如果市场现保有的电视均为低碳电视，那么市场中保有的电视年均碳排放量为20.597～42.785MtCO$_2$e，相比市场中电视均为普通电视的年均碳排放34.328～71.308MtCO$_2$e减少了13.731～28.523MtCO$_2$e。如果完成电视机产业的低碳认证，完成低碳电视对普通电视的完全取代，可减少约35%的电视行业碳排放量。根据国家能源局的能源大数据显示，2020年城乡居民生活用电量为10950亿千瓦时，同比增长6.9%，折合成碳排放量为668Mt CO$_2$e，约占全国碳排放量的6%。如果可以完成电视机产品行业的低碳产品认证并加以推广，那么可实现的减排量将达到233.8MtCO$_2$e。

对电器电子产品进行碳足迹核算和认证可以帮助企业了解目前其产品的碳排放量，并协助企业对生产技术进行革新从而减少排放。电器电子产品低碳认证能够体现企业的社会责任感，不仅有助于提升产品的价值，也能提升用户的信任，收获更多消费者的青睐；电器电子产品低碳认证也意味着与国际市场的接轨，成为走向国际化的关键一步；电器电子产品低碳认证本身附加的增值服务，会全方位帮助企业实现绿色转型。获得碳标签认证的产品有机会得到政府主管部门推荐的政策支持，也可获得品牌建设、市场拓展、产品营销等各方面的服务支持，都是电器电子行业减碳降碳的动力源泉。

二　国外电子产品碳标签发展概况

随着国际社会对环境与污染情况的关注，英国首先推行碳标签制度，越来越多的国家和地区开始实行相应的碳标签制度，其中主要发达国家和地区的碳标签制度情况如表2所示。

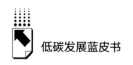

表2　主要发达国家和地区碳标签制度

国家	标签	年份	机构	覆盖范围	标准
英国	碳减量标签（Carbon Reduction Label）	2007	Carbon Trust	B2B、B2C 的所有产品与服务	PAS 2050
日本	碳足迹产品体系	2009	经济产业省	食品、家用电器、日化用品等行业	TSQ0010
韩国	碳足迹标签	2009	环境部	已涉及约145种产品（包含多种电子产品）	ISO 14040、ISO 14064、ISO 14025、PAS 2050、环境声明标准、GHG议定书等规范
德国	产品碳足迹	2009	多部门联合	电话、床单、洗发水、包装纸箱、冷冻食品等	ISO 14040/44，PAS 2050
美国	食品碳标签	2009	Carbon Label California	保健品和经过认证的有机食品等食品行业	EIO-LCA
	无碳认证标签	2007	Carbon Fund	服装、糖果、罐装饮料、烤箱以及组合地板等	Carbon Fund 基于 LCA 自行推出的碳足迹协议
	气候意识标签	2007	Climate Conservancy	无特定产品	生命周期评价方法
	Timberland 绿色指数	2007	Timberland	公司全部户外产品	生命周期评价方法

资料来源：根据公开资料整理。

（一）英国

英国碳标签制度所涵盖的产品已经高达2500多种，涉及 B2B、B2C 的所有产品与服务，比如家用电器灯具、吸尘器等。① 英国对所有电子产品的碳足迹计算主要采用 PAS 2050 标准，PAS 2050 将电子产品的系统边界分为五个阶段：预生产阶段、生产阶段、分销阶段、使用阶段以及处理阶段。预

---

① 黄逊青：《家用电器低碳化技术——展望篇》，《电器》2013年第1期。

生产阶段碳足迹核算涉及所有原材料和辅助材料消耗、能源消耗和包装生产的材料和能源消耗；生产阶段的碳足迹核算考虑原材料和辅助材料从其生产现场到产品生产现场的运输、原材料和辅助材料输入（不包括温室气体排放估算）以及生产产品、废物和副产品的能源消耗；分销阶段的核算范围为最坏情况下的产品运输和仓库（特别是冷库）的储存能耗；使用阶段碳足迹核算范围包含在使用寿命内产生的能源消耗；处理阶段的碳足迹核算涉及产品处理和构成产品的各物料处理所产生的能耗。通过界定各个系统边界，明确哪些予以列入碳足迹核算范围，哪些不列入该范围，进而收集各个阶段的消耗数据，计算、汇总各个阶段电子产品的碳足迹。此外，碳足迹的排除标准为温室气体排放贡献率小于等于5%的部分。

（二）日本

日本的电子产品碳标签认证遵循产品种类规则（PCR），日本也是将电子产品的整个生命周期分为五个阶段：原材料获取阶段、生产阶段、分配阶段、使用维护阶段、处置回收阶段。比如一台富士施乐 B9136 打印机在整个生命周期中的碳排放量为 $13000kgCO_2e$，其中，使用维护阶段碳排放量占总量的 81%，原材料获取阶段占 15%。此外，碳足迹的排除标准与英国一样，即排除温室气体排放贡献率小于等于5%的部分。[①]

与英国使用的 PAS 2050 标准的区别在于：将原材料和辅助材料从其生产现场到产品生产现场的运输划分到了原材料获取阶段而非生产阶段；使用阶段的碳足迹核算范围包含按产品用途计算的投入，包括产品、能源消耗、水消耗等以及按产品用途计算的产出等；处置回收阶段增加了废弃处置中的运输消耗。

（三）韩国

韩国碳标签目前涉及约145种产品，包含电器电子类，系统边界的划分也是分为预生产阶段、生产阶段、分销阶段、使用阶段、处理阶段这五个阶

---

① CR－DG02－20014＿Registration Information＿eng＿PrimeLink B9136, CFP Program, 2020, https：//www.cfp-japan.jp/english/list/pdf/CR-DG02-20014-A_ENG.pdf.

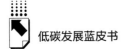

段，但每个阶段的具体范围有细微差别，比如使用阶段的碳足迹核算范围为生命周期内的能源消耗。同时，为了便于数据收集，其排除标准为只收集所有对产品投入的原料和辅助物质的总量对比累积质量贡献度上位 95% 的物质的数据。由于最基本的产品全过程的系统边界、数据收集范围以及排放系数和处理阶段等界定不同，英国、日本、韩国对于电子产品碳排放量的计算结果往往存在差异。[①]

（四）德国

德国碳标签制度覆盖的产品包括电话、床单、洗发水、包装纸箱、运动背袋、冷冻食品等，其中电话等电子产品的碳足迹测量方法以 ISO 14040/44 为基础，同时参考 PAS 2050。

（五）美国

美国碳标签制度主要是由非营利组织和制造商推动，其碳标签分为四种：食品碳标签、无碳认证标签、气候意识标签、Timberland 绿色指数。家用电器等多种电器电子产品主要采用无碳认证标签，该标签没有具体的温室气体排放数值，只用于表明公司在产品生产过程中承诺不会产生温室气体排放，通过确定产品的碳足迹，尽可能地减少碳排放量，并通过第三方验证的碳减排项目来抵消剩余排放量。

（六）其他国家和地区

除了上述国家，还有许多国家和地区将电子产品进行了碳标签评价，截至目前已知的国家和地区有瑞士、西班牙、加拿大、瑞典、欧盟、新加坡、泰国、智利、澳大利亚、新西兰和奥地利等，由此可以看出，碳标签制度的实行不仅仅局限在发达国家中，更多的发展中国家也在积极布局。

---

① Gao, T., Liu, Q., et al., "A Comparative Study of Carbon Footprint and Assessment Standards", *International Journal of Low Carbon Technologies*, 2014.

三 我国电器电子产品碳标签发展概况

（一）我国电器电子产品碳标签与低碳认证相关规则

目前，我国已有行业协会和社会团体机构开展了相关方面的探索，其中最具代表性的为中国低碳委发起的电器电子产品碳足迹评价认证体系，已形成了较为成熟的管理体系，搭建了管理平台，并出台了管理层面的《行业统一推行的电器电子产品碳标签自愿性评价实施规则》、技术层面的《电器电子产品碳足迹评价通则》和其他电器电子产品的碳足迹认证规范。

在管理文件《行业统一推行的电器电子产品碳标签自愿性评价实施规则》中，中国电子节能技术协会对开展电器电子产品碳标签评价的评价机构管理、评价流程、评价实施步骤、证书的保持和变更、标志的使用等都做了明确的说明和要求，并授权部分认证机构开展电器电子产品的碳足迹评价。中国电子节能技术协会制定了《电器电子产品碳足迹评价通则》及电器电子产品碳足迹评价系列标准（见表3）。

表3 中国电子节能技术协会已发布的标准

序号	标准编号	标准名称	实施日期
1	T/DZJN001—2018	《电器电子产品碳足迹评价通则》	2018 年 11 月 16 日
2	T/DJN002—2018	《电器电子产品碳足迹评价 第 1 部分：LED 道路照明产品》	2018 年 11 月 16 日
3	T/DZJN001—2019	《电器电子产品碳足迹评价 第 2 部分：电视机》	2019 年 8 月 11 日
4	T/DJN002—2019	《电器电子产品碳足迹评价 第 3 部分：微型计算机》	2019 年 8 月 11 日
5	T/DJN003—2019	《电器电子产品碳足迹评价 第 4 部分：移动通信手持机》	2019 年 8 月 11 日
6	T/DJN004—2019	《碳标签标识》	2019 年 8 月 11 日

资料来源：根据公开资料整理。

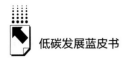

　　该标准体系采用"1+N"的方式搭建，其中"1"代表《电器电子产品碳足迹评价通则》（以下简称《通则》），对电器电子产品在开展碳标签评价过程中的一些基本通用原则做了统一的规范，例如全球变暖潜能值、评价所使用的基本理论原则（全生命周期理论）、系统边界确立、数据收集范围、数据取舍原则、抽样要求、计算方法等；"N"则对应不同种类电器电子产品的碳标签评价，在不同产品的评价标准中，根据产品特性，在《通则》统一规范的前提下，对不同产品碳足迹过程中的碳标签数值计算、标签登记确认、工艺选取等做了规定。PAS 2050是大多数国家和地区所采用的标准，该标准为不同产品的碳足迹评价提供了完整的指导性流程和数据处理方法。表4比较的是PAS 2050和《电器电子产品碳足评价通则》。

表4　《电器电子产品碳足迹评价通则》与PAS 2050之比较

项目		电器电子产品碳足迹评价通则	PAS 2050
理论依据		全生命周期理论	全生命周期理论
边界设立		从"摇篮到坟墓"（产品整个生命周期） 从"摇篮到大门"（从原材料获取到产品离开生产企业） 从生产阶段到使用阶段 生产阶段 使用阶段	B2C（产品整个生命周期） B2B（产品到达某个组织之前所有上游排放和该组织内与产品生产相关的排放）
数据收集		活动数据（初级数据） 排放因子（国家或行业发布数值）	活动数据（初级数据） 排放因子（国家或行业发布数值）
取舍阈值		5%	1%
数据质量要求	时间跨度	优先考虑最近年份的数据和收集数据的最短时间期限，如果为生产不到1年的新产品，平均数据应从产品生产初始开始收集	与被评价产品生产一致的时间范围内的数据优先取用
	地理范围	优先考虑产品所在地域所取得的具体数据	与被评价产品一致的地理范围的数据被优先取用
	技术覆盖面	优先考虑针对电器电子产品某项具体技术所取得的具体数据	与生产被评价产品所用技术相关的数据被优先取用

续表

项目		电器电子产品碳足迹评价通则	PAS 2050
数据质量要求	准确性	优先考虑最准确的数据	最准确的数据应被优先取用
	精确性	优先选择更精确(即具有最小统计方差)的数据	有最小统计学方差的数据应该被优先取用
	完整性	需要做出定性评价	需评估测量数据百分率或数据代表的受关注程度
	一致性	需要做出定性评价	在分析的各部分是否使用统一原则进行数据筛选
	可再现性	需要做出定性评价	当另外一个机构采用相同的方法和数据是否能得出相同的结果
抽样要求		根据具体产品的产品种类规则或产品碳足迹—产品种类规则,提出具体抽样要求	
计算方法		活动数据×排放因子×全球变暖潜能值(GWP)	活动数据×排放因子×全球变暖潜能值(GWP)
评价等级		碳足迹披露、减碳披露、低碳披露	
评价流程		准备→实施→报告→应用	
有效期		计划外变化导致碳足迹增加10%,且持续3个月以上计划内变化导致碳足迹增加5%,且持续3个月以上	计划外变化导致碳足迹增加10%,且持续3个月以上计划内变化导致碳足迹增加5%,且持续3个月以上

资料来源:根据公开资料整理。

从表4可以看出,《通则》与PAS 2050的相似程度较高,主要区别在于边界的设定上,《通则》的种类更为丰富一些,可以满足不同情境下的碳足迹评价要求;此外,《通则》还设置了不同的评价等级,也可以满足碳标签的多样化应用需求。

由于国内尚未出台文件明确碳足迹评价标准,部分省份和地区已经开始探索适用于地方的碳足迹评价标准与碳标签制度。广东省发改委从2015年开始相继发起碳标签制度、碳普惠行动和粤港澳大亚湾地区碳标签互认探索等。广东省于2014年发布了《家用电器碳足迹评价导则》,该地方标准给出了家用电器碳足迹评价的范围确定、数据收集、排放计算、分配原则、报告内容及报告发布的一般原则和方法，它可指导家用电器行业企业获得其产品生命周期的碳排放清单并计算出碳足迹。深圳市于 2016 年发布了《产品碳足迹评价通则》，规定了产品碳足迹评价应遵循的原则、排放与清除要求、产品碳足迹评价方法以及产品碳足迹通报等内容，该标准适用于深圳市任何组织进行产品基于生命周期方法的温室气体排放评价。

上海市于 2017 年发布了《产品碳足迹核算通则》，该标准规定了产品生命周期内碳排放核算和评估的具体方法和要求，适用于上海行政区域内生产或销售的产品和提供的服务的碳排放核算，但是该《通则》不包含量化过程中的抵消，生物质碳涉及的排放亦不纳入核算。

北京市于 2021 年发布了《电子信息产品碳足迹核算指南》地方标准，该标准的发布实施将有效指导电子信息产品碳足迹核算工作，引导生产者分析产品制造、使用等各个阶段、单元过程的温室气体排放量，推动企业对温室气体排放量高的单元过程进行技术革新，实现优化，进而降低产品碳排放，推进北京市电子信息制造业绿色低碳发展。

虽然我国大部分地区没有发布属于地方的碳足迹评价标准，但面临碳中和的压力，碳标签已经陆续被列入各地的调研计划。成都市人民政府办公厅于 2017 年编制印发了《成都市加快推进低碳产品认证工作方案》，2019 年发布《关于印发成都市鼓励和支持开展出口产品低碳认证若干政策措施》的通知，支持认证机构体系建设、鼓励认证对象培育、对低碳认证出口产品实施通关便利化等多种优惠政策，支持力度很大。2021 年浙江省生态环境保护工作要点中明确提出探索产品"碳标签"认证制度。

（二）参与电器电子产品碳标签与低碳认证的代表性行业及产品

1. 城市照明行业低碳认证

（1）LED 照明行业低碳认证标准演进

2004 年 8 月，国家发展和改革委员会联合原质量监督检验检疫总局共同印发《能源效率标识管理办法》，2005 年 3 月，我国正式实施能效标识制度。之后由中国标准化研究院和照明行业知名企业共同起草的《道路和隧道照明用 LED 灯具能效限定值及能效等级》（GB 37478—2019）、《室内照明用 LED 产品能效限定值及能效等级》（GB 30255—2019）及《普通照明用 LED 平板灯能效限定值及能效等级》（GB 38450—2019）等国家能效标准，涵盖了 LED 球泡灯、LED 筒灯、LED 射灯、LED 平板灯、LED 路灯及 LED 隧道灯等室内外照明产品。

2011 年 11 月，国家发展改革委正式发布《中国逐步淘汰白炽灯路线图》公告，成为继少数发达国家之后明确淘汰白炽灯路线图的第一个发展中国家。

《道路和隧道照明用 LED 灯具能效限定值及能效等级》（GB 37478—2019）和《普通照明用 LED 平板灯能效限定值及能效等级》（GB 38450—2019）国家标准规定，一般显色指数不应低于 80 和 R9 大于 0 的基准要求，明确了 LED 球泡灯、LED 筒灯、LED 射灯和 LED 平板灯等室内照明产品的能效信息标识和分级管理要求。

《灯具　第 1 部分：一般要求与试验》（GB 7000.1—2015）和《灯具　第 2~3 部分：特殊要求　道路与街路照明灯具》（GB 7000.203—2013）国家标准对 LED 光源做出了相应的规定。针对使用 LED 光源的道路照明产品，发布了修订后的《道路与街路照明灯具性能要求》（GB/T 24827—2015），使用 LED 光源的道路和隧道照明产品的生产企业有标可据。

2017 年 12 月 1 日，国家发展改革委、国家市场监管总局及工业和信息化部联合发布了《关于印发电动洗衣机、照明产品等五类产品能效"领跑者"制度实施细则暨能效"领跑者"产品遴选工作的通知》（发改环资〔2017〕2071 号），照明产品首次纳入国家能效"领跑者"制度范围。

2018 年 11 月 15 日，中国电子节能技术协会发布了《电器电子产品碳足迹评价通则》和《电器电子产品碳足迹评价　第 1 部分：LED 道路照明产品》两项团体标准，这是我国首次针对 LED 产品制定的碳足迹评价团体标准。

（2）LED 照明行业低碳认证实践

我国是 LED 灯具出口大国，为 LED 产品贴上碳标签对于应对绿色贸易壁垒、提升企业品牌形象、引导消费者走向绿色消费是非常有价值的。2010

年，佛山市凯西欧灯饰设计有限公司正式获得由瑞士日内瓦 SGS 公司认证的"碳标签"认证书，标志着照明行业首个"碳标签"落户佛山。2013年，深圳市绿色半导体照明有限公司经碳足迹核算、评估，获得加拿大 Carbon Counted 碳标签，同年雷士照明通过中国质量认证中心（CQC）碳足迹认证，获得碳足迹证书。2019 年，浙江明朔科技有限公司与安徽朗越能源股份有限公司通过中国电子节能技术协会和中国质量认证中心的低碳评价认证，获得"产品碳标签评价证书"和"产品碳足迹证书"，其中，明朔光电科技有限公司贴有碳标签标识的石墨烯散热 LED 照明产品，已销往包括北京、上海、杭州在内的国内 80 多个城市以及包括日本、阿根廷在内的全球 20 多个国家，累计销售量超过 50 万盏，并以每年超过 50% 的速度递增。目前每年为全球节省电费约 23.23 亿度，二氧化碳减排约 1732.8 万吨。

2. 电视机低碳认证

（1）电视机低碳认证标准演进

2011 年 3 月 2 日，由原环境保护部发布的《环境标志产品技术要求 彩色电视广播接收机》（HJ 2506—2011）电视机低碳认证行业标准，自 2011 年 4 月 1 日起实施并替代 HJ/T 306—2006。该标准规定了彩色电视广播接收机环境标志产品的术语和定义、基本要求、技术内容和检验方法，适用于各类屏幕尺寸和显示方式的彩色电视广播接收机，包括阴极射线管、液晶、等离子体等作为显示部件的彩色电视广播接收机。

2005 年 7 月 18 日，原国家质量监督检验检疫总局和国家标准化管理委员会发布了《彩色电视广播接收机能效限定值及节能评价值》（GB 12021.7—2005），2006 年 3 月 1 日实施，作为电视能效评价体系，该标准规定了彩色电视广播接收机的能效限定值、节能评价值、目标值、试验方法和检验规则。

2013 年 6 月 9 日，原国家质量监督检验检疫总局和国家标准化管理委员会发布《平板电视能效限定值及能效等级》（GB 24850—2013），替代原标准 GB 24850—2010，于 2013 年 10 月 1 日实施，作为国家强制性标准执行。该标准规定了平板电视的能效等级、能效限定值、节能评价值，以及能源效率和被动待机功率的测量方法和检验规则。

2019 年 8 月 11 日，广州赛宝认证中心服务有限公司、中国赛宝实验室、TCL 王牌电器（惠州）有限公司、中国电子节能技术协会等相关产、学、研、用单位共同制定了《电器电子产品碳足迹评价　第 2 部分：电视机》团体标准，并正式发布，这是我国首次针对电视机产品制定的碳足迹评价标准。

2021 年，国家发展改革委和市场监管总局印发了《平板电视能源效率标识实施规则》（修订），自 2021 年 8 月 1 日起实施，2021 年 8 月 1 日前出厂或进口的产品，可延迟至 2022 年 8 月 1 日前按修订后的实施规则加贴能效标识。能源效率和被动待机功率等产品能效性能相关参数的检测方法依据 GB 24850 的现行有效版本。

（2）电视机行业低碳认证实践

在低碳认证的应用中，电视机行业正处于发展阶段。2009 年，友达光电的 32 英寸环保节能液晶电视机 "LCD TV Set" 通过瑞士日内瓦 SGS 公司认证，是全球第一台通过碳足迹认证标准的电视机产品，为电器电子终端产品碳足迹管理的重要里程碑。

自 2011 年《环境标志产品技术要求　彩色电视广播接收机》（HJ 2506—2011）团体标准发布之后，长虹电视机成为获得由原环保部颁发的 "中国环境标志低碳产品认证证书" 的企业之一，获得证书的产品包括液晶电视、等离子电视等 65 款电视机产品。

3. 国内节能空调器

（1）空调器能效标准演进

1989 年，在借鉴了欧美等国家节能措施的基础上，由全国能源基础与管理标准化技术委员会首次发布《房间空气调节器电耗限定值及测试方法》（GB 12021.3—1989）强制性国家标准。2000 年，国家标准化管理委员会对房间空调器能效标准进行了修订，发布了《房间空气调节器能源效率限定值及节能评价值》（GB 12021.3—2000）强制性国家标准。2004 年，国家标准化管理委员会再次对家用空调能效标准进行了修订，同年，国家发展改革委、原国家质检总局、国家认监委发布了《能源效率标识管理办法》。2005

年 3 月 1 日，我国对房间空气调节器、家用电冰箱两个电器电子产品率先实施能效标识制度。2008 年 4 月，国家标准化管理委员会发布了《转速可控型房间空气调节器能效限定值及能源效率等级》（GB 21455—2008），该标准针对变频空调器做出相应规定。2008 年 10 月 17 日，变频空调器被纳入第 4 批能效标识产品目录，并于 2009 年 3 月 1 日起要求粘贴能效标识。2009 年，国家标准化管理委员会发布《房间空气调节器能效限定值及能效等级》（GB 12021.3—2010），此次是针对房间空气调节器的第三次修订。2012 年，国家标准化管理委员会对变频空调器能效标准进行了首次修订，发布了《转速可控型房间空气调节器能效限定值及能效等级》（GB 21455—2013）。2019 年 12 月 31 日，《房间空气调节器能效限定值及能效等级》（GB 21455—2019）新版空调能效标准再次发布，于 2020 年 7 月 1 日实施。

2022 年 1 月，中国电子节能技术协会成功发布了《电器电子产品碳足迹评价 第 5 部分：房间空气调节器》，这是我国首个空调碳足迹评价的标准。

（2）空调低碳认证的实践

2021 年，科龙空调有限公司的科龙睡眠王、御风、玉叶、玉炫等 6 款产品获得《绿色低碳电器及其零部件产品认证实施规则》认证。2022 年，依米康科技集团股份有限公司的房间级模块化全变频节能空调通过北京中冷通质量认证中心检测评定，获得"中国制冷空调行业低碳认证证书"。同年，海尔集团的中央空调互联工厂、磁悬浮中央空调和物联多联机在中国勘察设计协会、中国节能协会的见证下，由北京绿色交易所联合中国电研 CVC 威凯颁发了行业首个"碳中和示范企业"及"碳减排碳足迹产品"认证证书，同时，这也成为暖通行业首个"碳中和"示范项目，助力绿色低碳建筑转型升级。

四　电器电子产品碳标签发展展望

1.建立统一的电器电子产品碳排放因子库

建议相关政府、社会团体组织、企业共同建立电器电子产品全生命周期碳排放因子库，为计算电器电子产品碳足迹核算提供全国统一的参数基准。

2. 制定电器电子产品碳标签行业标准

建议相关标准化主管部门加快推动电器电子产品碳标签国家标准的制定工作，发挥引领作用，以标准化促进低碳产品高质量发展。

B.3
2020~2021年交通运输行业
碳标签发展报告

程 钰*

摘　要： 随着城市化的快速推进，我国机动车保有量不断增加，交通领域
已成为温室气体排放增长最快的领域之一，排放总量约占全国终
端碳排放的 15% 左右。目前，我国相当规模的制造业在国际产
业链中还处于中低端，且交通领域的碳排放呈现排放强度高、增
速渐降等特点。交通运输行业的低碳认证能够吸引整个社会在生
产和使用环节参与应对气候变化，但现有法规不完善、碳排核算
不准确等问题。本报告对此提出了理顺基础设施碳排放管理机
制、优化详细分项核算方法等建议，并结合国内外碳标签发展经
验，提出交通运输的发展应该走一条以低能耗、低污染、低排放
为根本特征的低碳交通运输发展模式，核心在于促进交通运输系
统提高能源效率、改善用能结构、减缓对气候变化的影响。

关键词： 低碳交通　碳足迹核算　低碳认证　交通方式

一　交通运输行业发展概况与碳排放特点

（一）交通运输行业发展概况

改革开放以来，国内交通运输行业得以飞速发展，通过不断完善

---

* 程钰，山东科技大学教授，博士生导师，国家级领军人才，研究方向为大宗工业固废资源化
与产业化。

交通基础设施规划与建设等渠道，服务水平日趋提升，劲头势不可当。

1. 铁路

2020年，全国铁路网密度为152.3公里/万公里^2，同比增长5.3%，增加6.8公里/万公里^2。运营总里程达到14.6万公里，其中高铁为3.8万公里（见图1）。59.5%的铁路复线率，更是高达72.8%的电化率。[①]

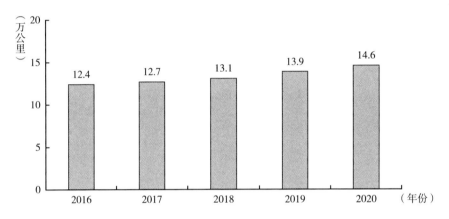

图1　2016~2020年全国铁路运营总里程

资料来源：国家铁路局。

2. 公路

2020年，全国公路网络密度高达54.15公里/百公里^2，较2019年增加1.94公里/百公里^2。运营总里程为519.81万公里，其中养护里程占比99%，达到514.40万公里，较2019年增加18.56万公里（见图2）。

3. 水路

2020年，全国内河航道通航里程为12.77万公里，较2019年增加387公里（见图3）。其中，三级及以上航道总里程为1.44万公里，占比为11.3%，比上年提高0.4个百分点。

---

① 《2020年交通运输行业发展统计公报》，中国政府网，2021年5月19日，http://www.gov.cn/xinwen/2021-05/19/content_5608523.htm。

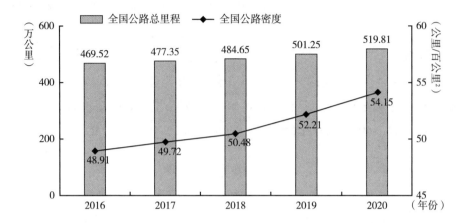

图 2　2016～2020 年全国公路运营总里程及密度

资料来源：交通运输部。

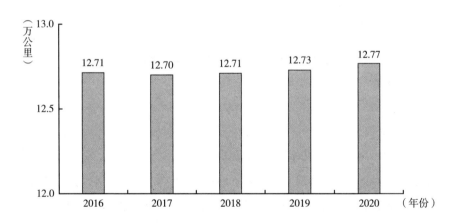

图 3　2016～2020 年全国内河航道通航里程

资料来源：交通运输部。

具体情况见表 1 至表 5、图 4 至图 5。

表1 不同等级内河航道通航里程

航道等级	内河航道通航总里程（公里）
一级	1840
二级	4030
三级	8514
四级	11195
五级	7622
六级	17168
七级	16901
等外	60400

资料来源：交通运输部。

表2 各水系内河航道通航里程

水系名称	内河航道通航总里程（公里）
长江	64736
珠江	16775
黄河	3533
黑龙江	8211
京杭运河	1438
闽江	1973
淮河	17472

资料来源：交通运输部。

表3 2020年底水陆运输情况

设备类型	保有量	较上年增长（%）
水上运输船舶	12.68 万艘	-3.6
净载重量	27060.16 万吨	5.4
载客量	85.99 万客位	-2.9
集装箱箱位	293.03 万标准箱	30.9
城市公共汽电车	70.44 万辆	1.6
城市轨道交通配属车辆	49424 辆	20.6
巡游出租汽车	139.40 万辆	0.2
城市客运轮渡船舶	194 艘	-13.4

资料来源：交通运输部。

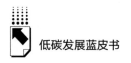

表4　运输装备数量

装备名称	数量（万台）
铁路机车	2.2
内燃机车	0.8
铁路客车	7.6
动车组	0.3918
标准组	3.134
铁路货车	91.2
公路营运汽车	1171.54
毂客汽车	61.26（1840.89万客位）
毂货汽车	1110.28（15784.17万吨位）
普通货车	414.14（4660.76万吨位）
专用货车	50.67（596.60万吨位）
牵引车	310.84
挂车	334.63

资料来源：交通运输部。

表5　2020年全社会营业性运输量

营业性运输	完成量	较上年增长（%）
客运量	96.65亿人	-45.1
旅客周转量	19251.43亿人公里	-45.5
货运量	464.40亿吨	-0.5
货物周转量	196760.92亿吨公里	-10

资料来源：交通运输部。

交通运输行业的快速发展给我们带来了方便快捷的现代生活，但与此同时，碳排放量也在日益增加，由此引发了一系列环境问题。对此我国出台了相应政策，积极采取相关措施，指出交通行业需要迅速转型升级，拥抱行业变革，抓住高质量发展的机遇，寻找清洁能源，发展绿色交通。

目前，行业内的焦点尚停留在努力减碳降碳的阶段，为了实现完全意义上的交通碳中和，需要努力消除交通的整个生命周期碳足迹，加快低碳企业转型，提升负碳技术，逐步朝着零碳排放的方向努力奋进。

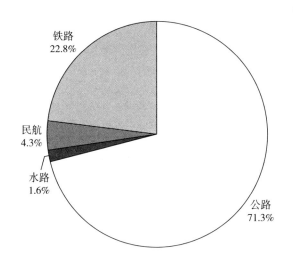

图 4　2020 年全社会不同运输方式的营业性客运量构成

资料来源：《交通概况》。

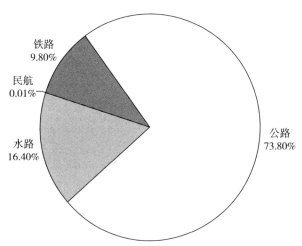

图 5　2020 年全社会不同运输方式的营业性货运量构成

资料来源：《交通概况》。

（二）政策背景

1. 国内政策

2020 年 9 月，我国承诺力争于 2030 年前达到 CO_2 排放峰值，同时单位

国内生产总值 CO_2 排放将实现较 2005 年下降 60%~65%，在此基础上 2060 年前实现碳中和的宏远目标。预计随着我国政策措施的不断发布，碳排放情况将得到极大改善。[①] 我国交通碳排放相关政策见表 6。

表 6　我国交通碳排放相关政策

发布时间	政策名称	主要内容
2022 年 3 月	《国务院关于落实〈政府工作报告〉重点工作分工的意见》	习近平总书记首次明确表示:针对 2030 年前实现碳达峰、2060 年前实现碳中和的目标,我国必须采取更加有力的政策和措施以提高效果
2021 年 10 月	《2030 年前碳达峰行动方案》	提出能源绿色低碳转型、节能降碳增效、工业领域碳达峰、城乡建设碳达峰、交通运输绿色低碳等"碳达峰十大行动"
2021 年 9 月	《中共中央 国务院关于完整准确全面贯彻新发展理念做好碳达峰碳中和工作的意见》	强调加快推进低碳交通运输体系建设是其中一项重点工作,通过建设大容量公共交通基础设施和城市慢行系统等积极引导低碳出行
2020 年 12 月	《新时代的中国能源发展》白皮书	提出新时代的能源发展新策略——"四个革命、一个合作"
"十二五"时期	《加快推进绿色循环低碳交通运输发展指导意见》	进入"十二五"时期后,交通运输部等组织平台陆续发布了更为系统完善的低碳交通运输政策
20 世纪 80 年代	《交通行业节能管理实施条例》《交通行业实施〈节约能源法〉细则》	"开发与节约并重,把节约放在优先地位"的能源战略方针

资料来源：中华人民共和国中央人民政府网站。

我国绿色交通领域的产业政策主要分为以下几种类型。

（1）结构优化型政策

倡导低碳出行、绿色交通标准和推进绿色交通发展。《加快推进绿色循环低碳交通运输发展指导意见》指出，加快建成资源节约型、环境友好型交通运输行业，实现交通运输行业的低碳、循环、绿色发展，其主要任务是

---

① 《联合国报告：气候变化范围广泛、迅速并不断加剧》，中国新闻网，2021 年 8 月 10 日，https://www.chinanews.com.cn/gj/2021/08-10/9540132.shtml。

加快推进绿色交通基础设施和集约高效运输组织体系的投资、建设与运营，提升节能环保运输装备应用和行业监管能力，加快科技创新与信息化建设，通过试点示范和专项行动等方式，实现领域全覆盖、零遗漏。

（2）管理约束型政策

2015年《船舶与港口污染防治专项行动实施方案（2015～2020年）》、《珠三角、长三角、环渤海（京津冀）水域船舶排放控制区实施方案》和2021年的《内河航道绿色建设技术指南》等纲领性文件陆续发布，规定船舶在珠三角、长三角、环渤海水域等污染防控重点区域内航行、停泊、作业产生的污染排放将受到严格监管。

（3）金融经济型政策

随着我国低碳、环保、绿色发展理念的增强，中央和地方各组织部门发布一系列支持低碳经济、加快绿色转型发展的经济政策。针对生产供应的有：加大对淘汰落后产能的财政奖补，加大对节能减排和可再生能源项目的财政补贴，针对节能环保项目给予税收优惠政策，针对高污染、高耗能产业进行税收惩罚政策等。针对居民消费需求的有：通过财政补贴政策促进节能、新能源产品消费，采用税收优惠引导新能源产品消费，利用政府采购支持低碳产品等。2020年发布的《新能源汽车产业发展规划（2021～2035年）》对新能源车辆执行税收优惠政策，即免征车辆购置税和车船税，以刺激企业和居民对新能源汽车的消费需求。

2.国外政策

（1）英国

交通行业是英国能源使用量和温室气体排放量最大的部门，早在2018年其交通用能占比高达40%，温室气体排放量占比更是升至28%。据此，英国将在2040年停止销售小型客货车和汽、柴油家用车，在此基础上十年后实现所有家用车和小型客货车零碳排放。2020年英国宣布的"绿色工业革命"计划中明确2030年起禁售汽、柴油家用车和小型客货车，2050年实现道路全面零碳排放。为此，英国政府综合应用财政、法律、基础建设、消费者补贴等方式，提高使用低碳燃料的频率，更新交通基础设施，加快产业

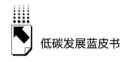
升级。2021年10月19日英国政府公布了《净零战略：更环保地重建》，既代表环境转型，又代表重要的经济变革。在运输方面的具体政策如下。

第一，大量使用零碳排放车辆的关键是改变消费者的选择。英国政府必须向投资者发出明确的信号，以实现2035年所有车辆完全零排放的承诺，并确保能够从这一转型中获得最大的经济效益。

第二，为零排放车辆补贴和电动汽车基础设施建设提供6.2亿英镑的额外资金，同时重点改善当地街道居民的充电问题，向当地电动汽车基础设施建设提供额外资金。

第三，为支持车辆及其供应链的电气化，从ATF中再拨款3.5亿英镑。

第四，在耗资2000万英镑的零排放道路货运试验取得成功的基础上，扩大试验范围，在道路上大规模试验三种零碳排放技术，确定其基础设施需求和运营效益。

第五，投资20亿英镑，以推动实现到2030年城镇一半的居民选择骑行或步行的目标。

第六，投资30亿英镑用于创建综合公交网络、高频服务和公交专用道，提升出行速度。

第七，英国的目标是成为零排放飞行领域的世界领导者，加速推进可持续航空燃料商业化，使人们能够在没有负罪感的情况下飞行。

（2）欧盟

2020年12月欧盟发布的《可持续与智能交通战略》重点加大新兴技术的应用，以此减少交通领域的碳排放，旨在通过采取一系列措施力争实现到2050年交通领域碳排放在2020年基础上减少90%。为此，欧盟委员会还发布了《可持续与智能交通战略行动计划》。其中提及：到2030年，欧盟国家的道路上至少有3000万辆汽车实现零排放、100个城市实现碳中和、高速铁路的交通运载量在现有基础上翻一番、零排放船舶进入市场、大规模推广自动化交通工具、部署更多自行车基础设施等目标；在此基础上五年后，航空市场引入零排放的大型飞机；最终构建一个覆盖全欧洲的多式联运网络。

（三）交通领域的碳排放现状与特点

目前，我国在国际产业链中存在一定规模的中低端制造业，出现高碳燃料用量大、生产管理粗放、产品附加值低、产品能耗物耗高等负面问题。据统计，我国单位 GDP 能耗为世界平均水平的 1.47 倍、发达国家的 2~3 倍，存在地方保护主义，改革主动性不高，面临艰巨的发展前景。[①]

2020 年我国已经实现了《能源发展"十三五"规划》制定的"煤炭消费比重降低到58%以下"和《"十三五"规划纲要》制定的"能源消费总量控制在 50 亿吨标准煤以内"等阶段性目标。但很多行业发展恰遇瓶颈，短时间内难以找到煤炭的相关替代品。

2020 年我国天然气、风电、水电、核电等清洁能源消费量占能源消费总量的 24.5%，较上年提高 1.1 个百分点。按照目前的发展进程和低碳愿景，预计今后 5 年清洁能源消费量占比将达到60%~70%，甚至超出预期。

总体来看，我国的碳排放总量仍居世界首位，但目前的碳排放增长速度已经有所降低。交通领域碳排放有以下特点。

1.碳排放总量居世界首位

英国石油公司（BP）数据显示，我国 2019 年碳排放量为 98.25 亿吨，约占全球碳排放量的 29%。[②] 根据世界银行的统计数据测算，我国单位 GDP 的能耗约 99 焦耳/美元、碳排放 0.69 千克，是世界平均水平的 1.47 倍和 1.77 倍。

2.碳排放增速逐步下降

2019 年，我国已经实现对国际社会"2020 年下降 40%~45%"的承诺，单位国内生产总值 CO_2 排放相较 2015 年和 2005 年分别下降约 18.2% 和 48.1%，基本扭转了温室气体排放快速增长的局面。随着绿色发展理念的不断贯彻和前景目标的不断推进，碳排放量增速有望持续放缓。

---

① 《联合国报告：气候变化范围广泛、迅速并不断加剧》，中国新闻网，2021 年 8 月 10 日，https://www.chinanews.com.cn/gj/2021/08-10/9540132.shtml。

② BP Amoco, "Statistical Review of World Energy 2020", 2020.

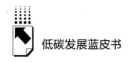

3. 主要碳源为高耗能行业

据国际能源署统计，交通运输占我国 CO_2 排放量的10%，成为我国第三大碳源，其中仓储占行业领域的12.5%。[①] 因此我们应该通过技术革新和制度创新，逐步减少传统化石能源的消耗，加大清洁能源使用规模，发展能源消耗更少的产业，及时调整产业与能源结构，才是绿色发展理念的题中应有之义。

二　交通运输行业低碳认证潜势

交通运输行业的低碳认证，指的是以交通服务为链条，无论是在生产还是使用环节，能够吸引整个社会参与到应对气候变化的活动中来。通过对交通中各种服务进行减碳降碳评判认证，向社会展现以出行者为导向的出行模式和低碳产品消费；以此引导和鼓励企业开发低碳产品、提高绿色产业技术，向低碳环保的出行模式转变，最终实现减少全球温室气体的发展目标。

依据目前我国能耗和碳排现状，针对各行业的相关研究已经深入展开，其中交通运输业或将成为未来能源需求和碳排放增长的主要贡献者。因此，健全交通行业碳排放认证体系，提高监测核算结果的准确性，从而在全社会达成共识，对采取相应减排措施也具有重要意义。

（一）交通运输行业碳足迹核算现状

1. IPCC

IPCC（联合国政府间气候变化专门委员会）方法论是由国际气候变化专门委员会根据国家温室气体清单所编制，几乎涵盖所有温室气体的"碳排放"测算模型。根据所属产业部门的不同，碳足迹测算模型在应用时也不尽一致，大体可表示为：

$$碳排放量 = 活动量 × 二氧化碳排放因子$$

---

① International Energy Agency（IEA），"Greenhouse Gas Emissions from Energy"，2019，https：//www.iea.org/data-and-statistics/data-product/co2-emissions-from-fuel-combustion.

式中，活动量主要指燃料消耗量。

能源的二氧化碳排放系数＝低位发热量×不同能源的碳排放因子×碳氧化率×44/12。主要是根据能源的低位发热量、碳排放因子以及燃烧氧化率等数值进行计算。[①] 测算公式如下。

（1）交通部门碳排放

$$Q_c = \sum Q_{ijk} \times D_{ijk} \times N_{ijk} \times B_{ijk}$$

式中，Q_c 为 CO_2 的排放量；i 为车辆类型（如小汽车、摩托车、公共汽车等）；j 为燃料种类；k 为道路类型（如城市道路、农村道路）；Q_{ijk} 为化石燃料消耗的实物量；D_{ijk} 为车辆的出行距离；N_{ijk} 为车辆 i 的数量；B_{ijk} 为燃料 j 的 CO_2 排放系数。

（2）城市交通碳排放

$$CF = \sum Q_i \times NCV_i \times \alpha_i \times \beta_i \times \frac{44}{12P}$$

式中，CF 为碳足迹（g/人）；Q_i 为化石燃料消耗的实物量；i 为燃料种类；NCV_i 为燃料的净发热值（kJ/kg）或（kJ/m³），净发热值尽量采用国内数据；α_i 为缺省碳含量；β_i 为碳氧化率；44/12 为碳转化为 CO_2 的系数；P 为客运量（人）。

基于 IPCC 法对公交车、货运车辆、电动汽车分别进行碳核算的公式如下。

（1）公交车碳核算[②]

第一，按每 2km 为 1 个行程段，计算行程段内的平均速度，即：

$$\overline{V} = \frac{2}{(T-t)/3600}$$

---

① 《2020年交通运输行业发展统计公报》，中国政府网，2021年5月19日，http://www.gov.cn/xinwen/2021-05/19/content_5608523.htm。

② 《2020年交通运输行业发展统计公报》，中国政府网，2021年5月19日，http://www.gov.cn/xinwen/2021-05/19/content_5608523.htm。

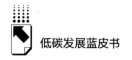

式中，$\bar{V}$ 为 2km 短行程内的平均速度（km/h）；T、t 分别为 2km 行程结束、开始时的时间（s）。

第二，将同一短行程内的累计油耗指标取差值，结合加油数据的校核参数，计算短行程内的百公里能耗。将能耗指标单位统一折算为千克标准煤/100 公里，即 kgce/100km。CO_2 指标单位统一为千克/100 公里，即 kg/100km。

$$\bar{F} = \frac{(F-f) \cdot a + b}{2 \cdot 100} \cdot c$$
$$C = \frac{(F-f) \cdot a + b}{2 \cdot 100} \cdot d$$

式中，$\bar{F}$、C 分别为 2km 短行程内的百公里能耗强度、CO_2 排放强度；F、f 分别为 2km 短行程结束、开始时的累计油耗（单位为 L 或 kg）；a、b 为折算系数；c、d 分别为能耗指标、CO_2 排放指标折算系数。

第三，以 1km/h 为粒度划分速度区间，将按对应的平均速度区间进行聚类，得到其所属的速度区间。

第四，统计不同速度区间下百公里能耗平均值，得到对应速度区间内平均百公里能耗。

$$\bar{F_j} = \frac{\sum F_j}{n}$$

式中，$\bar{F_j}$ 为速度区间 j 的平均百公里能耗（kgce/100km）；F_j 为平均速度处于 j 速度区间内的每 2km 百公里能耗（kgce/100km）；n 为平均速度处于 j 速度区间内的短行程的数量。

同理，统计不同速度区间 CO_2 排放强度平均值，得到对应速度区间内 CO_2 排放强度。

$$\bar{C_j} = \frac{\sum C_j}{n}$$

式中，$\bar{C_j}$ 为速度区间 j 的平均百公里 CO_2 排放（kg/100km）；C_j 为平均速度处于 j 速度区间内的每 2km 百公里能耗（kg/100km）。

（2）货运车辆碳核算[①]

我国公路交通的能耗主要是汽油、柴油等高碳排放的化石燃料。为了方便测算公路碳排放量，将货车分为轻型、中型、重型三类，设货车燃油均为柴油，利用油耗法对公路货运碳排放进行测算。

$$C = \sum_{i=1}^{3} A_i \times P_i \times L_i \times 10^{-10}$$

式中，C 为公路碳排放量（万 t）；A_i 为第 i 类货车的百公里油耗量，$i=1$，2，3（L/102km）；P_i 为第 i 类车型碳排放系数，根据欧洲排放标准，并对应车型分类，得到各车型碳排放系数（g/L）；L_i 为第 i 类机动车年均行驶里程（km）。

$$A = a + b \times V + c \times V^2 + d \times IRI + e \times f$$

式中，A 为货车百公里油耗量（L/100km）；a、b、c、d、e 为回归参数；IRI 为国际平整度指数，由于公路等级不同，采用世界银行数据报告 IRI 取平均值 1.35；f 为纵坡坡度，上坡为正，下坡为负，可以近似相互抵消（%）；V 为车速（km/h）。

（3）电力能源汽车碳核算[②]

计算电动汽车的碳排放可以在燃油车基本相似情况下进行，比如我们算出 1.5 吨燃油车 100 公里的油耗以及 1.5 吨电力能源汽车 100 公里所消耗的电量，可以对比两者排出的二氧化碳量，从而得知具体的减排节能效果。

第一，每消耗 1L 汽油产生的碳排放量。

汽油的主要成分包括 $C_5 \sim C_{12}$ 脂肪烃和环烷烃类以及一定量芳香烃，属于一种混合物，计算其燃烧时产生的碳排放量主要考虑的是汽油的主要成分

---

① 《2020 年交通运输行业发展统计公报》，中国政府网，2021 年 5 月 19 日，http://www.gov.cn/xinwen/2021-05/19/content_5608523.htm。

② 钟慧：《区域碳足迹核算指标体系的构建》，大连工业大学硕士学位论文，2011。

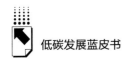

辛烷（C_8H_{18}）完全燃烧产生的碳排放量。汽油的密度为 730g/L，可知 730g 汽油完全燃烧的排放 CO_2 质量为：

$$730 \times (44 \times 16) \div (114 \times 2) = 2254g$$

即 1L 汽油完全燃烧其排放的 CO_2 量为 2254g。

第二，每生产 1 度电产生的碳排放量。

按照我国现阶段依赖电厂发电来计算每度电的碳排放量，国家能源局统计显示，供电煤消耗 293.4 克/千瓦时，我们参照如下标准进行计算：标准碳元素含量 68%，C 分子量为 12，CO_2 分子量为 44。则 1 度电产生的二氧化碳可通过下式计算得到：

$$293.4 \times 0.68 \div 12 \times 44 = 731.5g$$

即生产 1 度电排放的 CO_2 量为 731.5g。

表 7 是不同类型的电动汽车与燃油车之间 100 公里的 CO_2 排放量对比。

表 7 不同车型 100 公里等效碳排放

车型［整车≈1500kg(+/-10%)］	100 公里油耗(L)	100 公里电耗(kWH)	折算二氧化碳量(g)
常规汽油（速腾 1.6T）	7		15778
MHEV	6.3		14200.2
HEV（卡罗拉双擎）	4		9016
PHEV	3.5*	8.5*	13817
EV（特斯拉 model13）	0	16.2	11299.5

注：* 表示该种车型各行驶五十公里所消耗能量。
资料来源：《电动汽车碳排放计算与跟踪评估的探讨》。

2. 全生命周期法

城市公共交通能源消耗及碳排放的主要统计指标为燃料类型、载客数量、百公里能耗、能耗强度、排放强度等。①

---

① 徐龙、王力、刘莹、宋国华、李晨旭、翟志强：《基于多源数据的公交车能耗碳排放测算模型》，《交通运输系统工程与信息》2020 年第 3 期。

模型结构和统计指标的选择。公共交通系统能耗测算模型的计算模块分为三部分：基础设施建设的能耗及排放计算、基础设施运行的能耗及排放计算、车辆运行能耗及排放计算。

（1）基础设施建设中的碳排放量

在基础设施建设过程中，基础设施建设阶段分为准备和施工两个阶段。准备阶段的能耗与排放为建筑材料生产的排放与能耗；施工阶段的能耗与排放为施工过程中施工器械耗电产生的能耗与排放。基础设施建设的能耗及排放等于准备阶段和施工阶段的能耗及排放之和，计算公式如下：

$$E_C = \sum_n (PE_n \times U_n) + \sum_i (PE_c \times U_i)$$
$$CE_C = \sum_n (EF_n \times U_n) + \sum_i (EF_c \times U_i)$$

式中，E_C 指基础设施建设阶段的能耗；CE_C 指基础设施建设阶段的碳排放量；PE_n 指第 n 类建筑材料的能耗；EF_n 指第 n 类建筑材料的排放因子；U_n 为第 n 类建筑材料的用量；PE_c、EF_c 指电力的能耗、排放因子；U_i 指第 i 类施工器械的耗电量。

（2）基础设施运营的碳排放量

在基础设施运营中，运营能耗主要是指照明系统、空调通风系统、信号系统等维持公共交通工具运行的设备的能耗。根据其耗电量来计算能耗以及碳排放，计算公式如下：

$$E_o = \sum_j (PE_c \times U_j), CE_o = \sum_j (EF_c \times U_j)$$

式中，E_o、CE_o 指基础设施运营阶段的能耗、碳排放量；PE_c、EF_c 指电力能耗、排放因子；U_j 指第 j 类运营设备耗电量。

（3）车辆运行的碳排放量

在车辆运行中，根据城市居民的交通需求、城市交通结构、车辆承载系数、车辆能耗强度等参数来计算车辆运营的能耗，计算公式如下：

$$D = 365 \times P \times n \times d$$

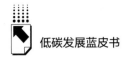

式中，D 指年均城市客运交通需求量，以客运周转量（人公里）表示；P 指城市居民人口；n 指居民人均每日出行次数；d 指居民平均单次出行距离。

$$E_v = \sum_k E_k = \sum_k \sum_i \left(\frac{D \times S_k \times Q_{ki}}{F_k} \times G_{k,i} \times PE_i \right)$$

$$CE_v = \sum_k CE_k = \sum_k \sum_i \left(\frac{D \times S_k \times Q_{ki}}{F_k} \times G_{k,i} \times EF_i \right)$$

式中，E_v、CE_v 指车辆运营阶段的能耗、碳排放量；E_k、CE_k 指 k 类型公共交通方式的车辆运营阶段的能耗、碳排量；S_k 指 k 类型公共交通方式的交通分担率；Q_{ki} 指 k 类型交通方式中 i 类型燃料车辆的比例；$G_{k,i}$ 指 k 类型交通方式中 i 类型燃料车辆的单位公里能耗强度；PE_i、EF_i 指 i 类型燃料的能耗、排放系数。

第一，地面交通车辆。

一般情况下，地面交通车辆的耗油量计算普遍采用如下公式：

$$G_{k,j} = \frac{Pg_c}{102V\gamma}, \quad P = \frac{1}{\eta_r}\left(\frac{mgfV}{3600} + \frac{mgiV}{3600} + \frac{C_DA\,v^3}{76140} \right)$$

式中，$G_{k,j}$ 指 k 类型交通方式中 j 类型燃料车辆的单位公里能耗；P 为车辆行驶阻力功率；gi 为燃料消耗率；V 为车辆行驶速度；γ 为燃料密度；η_r 为发动机驱动效率；m 为车辆重量；g 为重力速度；f 为滚动阻力系数；i 为道路坡度；C_D 为空气阻力系数；A 为车辆车头迎风面积。

第二，轨道交通车辆。

轨道交通车辆的能耗计算有两种思路。一种是基于能源消耗曲线的计算模型，从计算实验的角度可以准确计算列车的能源消耗；二是基于动力学方程的牵引力做功能耗技术模型，能够在能源消耗曲线未知的情况下估算轨道交通车辆的能源消耗。第一种计算模型更加实用和准确。

基于能耗曲线的轨道交通列车能耗测算模型计算过程如下。

①牵引作业条件下，计算列车的牵引力。②根据牵引力，结合列车的牵引特性曲线以及牵引电流曲线，计算牵引电流。③在惰性运行条件下，根据惰性

运行电流曲线获得列车的惰性电流。④在制动操作条件下，根据制动电流曲线，得到列车的制动电流。⑤根据列车牵引电流、惰性运行电流和制动电流，根据列车受电电压、牵引总重量等参数，最终计算列车运行的能源消耗。

城市轨道列车一般采用无极牵引模式，牵引的计算方法也有两种，一种是根据列车的牵引特性曲线取值，另一种是根据加速度计算，详见下式。

$$F = (P + G) \times g \times a(v, V_{target})$$

$$a(v, V_{target}) = a_{max} \times \frac{V_{target} - \varepsilon - v}{V_{target} - \varepsilon}$$

式中，F 为列车的牵引力；P、G 分别为列车自重和乘客重量（kg）；g 为重力加速度；$a(v, V_{target})$ 与列车速度和目标速度相关的加速度，可从技术规范中查找或者根据上述经验公式计算；ε 为惰行控制裕量，V_{target} 为目标速度；v 为列车速度。

（二）交通运输行业进行低碳认证面临的问题

1. 相关法律法规未完善

我国在新能源开发方面制定了许多法律法规，为现代低碳交通的标准化发挥了重要作用。但是，由于我国低碳交通的起步较晚，发展时间较短，法律体系仍然有待完善，特别是碳排放事业和能源法规的欠缺，在没有规范化标准的情况下进行低碳认证将变得困难。

2. 交通行业碳排放核算工作的难点

（1）核算边界不统一

根据温室气体协议要求，开展碳排放核算至少应包括直接排放和间接排放。而在间接排放中，材料生产、加工和运输等项目的外在碳排放往往被忽略或遗漏，但应同时考虑内源性和外源性两方面产生的碳排放，以便全面了解交通基础设施建设和运营产生的所有碳排放。

（2）核算粒度不清晰

目前，碳排放核算大多参照《2006 年 IPCC 国家温室气体清单指南》、《综合能耗计算通则》（GB/T2589—2008）、ISO 14064 或地方温室气体清单编制指南等进行核算，测算体系都过于宏观，大多以研究为重点，未充分盘查碳排放环节，往往关注点集中于施工或运营的某一环节、某项工程、某个技术或某种材料。例如刘杰和高嘉蔚梳理文献时发现，国外一些学者对道路建设阶段材料生产、施工活动以及运输过程中水泥路面结构和冷拌、热拌两种沥青路面结构进行碳排放核算对比。[①] 我国学者高放、陈珺、潘美萍等人对沥青路面、橡胶沥青、再生路面和典型路面进行全寿命周期碳核算[②]。从时间上，建设期和运营期之间的完整核算环节缺乏清晰梳理，尤其是现有能耗统计设备难以覆盖所有地点、机器设备，是不完整的。从空间上，缺乏对交通基础设施全生命周期和具体项目类型的系统考量，缺乏细粒度的单元划分，缺乏贯穿全生命周期的关键微变量和宏观环境，难以明确影响的量化关系。

（3）核算方法混乱

交通运输碳排放测算方法主要采用生命周期评价法对交通基础设施生命周期产生的碳排放进行测算。部分研究人员还开发了碳计量模型（具体碳排放核算方法见表8）。主要理论和基本核算思路较为统一，但由于环节划分受到差异、系数库不一致、缺乏后校准等问题的制约，现有基础设施碳排放核算方法较为混乱，借鉴价值较低。

表8　交通碳排放核算方法统计

碳排放核算方法	适用对象	核算边界	主要特点
生命周期评价方法	国外交通系统	从产品原材料获取、材料或能源生产、产品制造和使用维护以及产品生命末期最终处置各个环节	可以清晰地识别碳排放的主要环节和来源

---

① 刘杰、高嘉蔚：《交通基础设施碳排放核算关键问题及对策探索》，《交通节能与环保》2021年第5期。

② 高放：《基于LCA的沥青路面建设期能耗和排放量化分析研究》，重庆交通大学硕士学位论文，2016；陈珺、吕正龙、刘开琼：《基于LCA的橡胶沥青再生路面节能减排效果研究》，《公路》2016年第5期；潘美萍：《基于LCA的高速公路能耗与碳排放计算方法研究及应用》，华南理工大学硕士学位论文，2011。

碳排放核算方法	适用对象	核算边界	主要特点
碳评估工具	道路基础设施建设项目	材料生产、运输、现场活动	数据层次结构化分析，与废物管理有关的排放被排除在评估之外
CO_2 排放计算软件	公路工程	把全生命周期公路工程分成10个阶段，并对这10个阶段间接或直接产生的碳排放量进行计算	全生命周期阶段划分清晰明确
碳计量模型	路面工程	把全生命周期公路工程分成6个阶段进行分别计算，即：设计规划期、材料生产期、建设期、运营期、维护期及拆除期	利用敏感性分析对公路碳排放数据和所收集的能耗进行分析，给出数据使用范围和详细的边界条件，对采用新工艺和新材料以降低碳排放量给予了定量分析，并与传统路面进行了对比分析
NONROAD2008、MOVES、EMFAC2007、COPERT4 等	施工机具与车辆	估算施工设备使用期间排放量	测算因子及系数随版本更新快
碳足迹指导文件	港口	确定海运 CO_2 排放量的变量为 3 种，分别是经济、交通效率和能源	针对海运 CO_2 排放未来趋势预测框架的制定，IMO 提出与 IPCC 的 CO_2 排放气候模型相似的方法
中国生命周期基础数据库 CLCD 及通用生命周期评估软件	各行业	数据库包含多项与资源消耗和节能减排相关的指标，涵盖中国大宗能源、原材料、交通、资源消耗、能源消耗、水消耗、温室气体和主要污染物的 LCA 数据	支持节能减排评价方法 ECER，并附带 Ecoinvent 数据库和欧盟 ELCD 数据库，兼容 Ecoinvent 的 Eco-Spold 和 ELCD 的 ILCD 格式数据，包括我国本土化的节能减排权重因子、资源特征系数、归一化参考值等参数

资料来源：刘杰、高嘉蔚：《交通基础设施碳排放核算关键问题及对策探索》，《交通节能与环保》2021 年第 5 期。

（4）缺乏系统性管理

交通基础设施碳减排涉及原材料生产、原材料运输、建筑建设等多个环

节，相关工程建设和环境保护涉及的管理部门较多，职责存在一定重叠和缺口，管理工作难度较大，导致碳排放管理效果不理想。同时，交通基础设施碳排放核算的实践探究实例还很少，不能提供更系统的参考经验。

（三）交通运输行业实现低碳认证的建议

1. 积极开展应对气候变化对外援助工作

发达国家在兑现援助资金和无偿技术转让方面缺乏诚意。一些非洲国家、小岛国和欠发达国家都希望在应对气候变化方面得到中国的更多支持。建议将应对气候变化援助纳入我国对外援助中长期规划的优先事项，并通过一系列子项目，利用各种手段，包括物质和人力资源开发等，增加对气候变化的援助份额。将节能环保措施纳入援外项目的设计建设，通过援外项目带动我国的清洁能源技术和产品"走出去"。

2. 基础设施碳排放核算对策建议

（1）理顺基础设施碳排放管理机制

以全生命周期评价框架和公路、港口建设的特性为基础，从发生来源和应用过程两个角度，分析公路水路基础设施生命周期特征及典型活动、碳排放来源，界定全生命周期碳排放核算系统边界、核算范围，构建公路水路基础设施全生命周期碳排放理论框架，完善现有交通领域碳排放核算体系。

从整个生命周期的角度来看，高速公路和水路基础设施的碳核算应包括建设和维护运营两个阶段。重点关注交通基础设施本身产生的碳排放，包括车辆和船舶产生的碳排放，在高速公路和港口的建设、运营和维护管理中，运营期间外部车辆和船舶产生的碳排放量不计。同时，明确管理部门、工程建设和运营企业、核算机构等各种组织的职责和分工，全面构建基础设施碳排放管理机制。

（2）厘清内外源核算因子

通过文献研究、数据库检索、实地调研等，整理、比较和吸收国内外现有生命周期分析数据库、软件、文献、报告、碳排放测量方法等方面的有益研究成果，总结公路水路生命周期碳排放环节和影响因素，建立适合公路水路基础设施全生命周期碳排放核算需求的排放清单和碳排放因子数据库。

目前，碳排放核算处理应包括内源性和外源性两个方面。其中，内源性碳排放是指交通基础设施建设过程中包括机械燃用燃料、资源性改变、人工消耗、建筑材料使用等方面本身直接产生的碳排放，主要为生产施工中的施工器械发生能源性物料燃烧时的碳排放，包括原煤、柴油、汽油、重油等能源消耗产生的碳排放。外源性碳排放是指在外部生产系统中使用建筑材料和其他材料所产生的能源消耗和温室气体排放，包括物料生产、场外加工及运输等环节（见图6）。

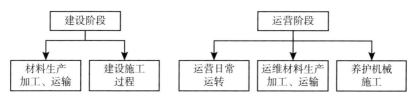

图6　公路水路基础设施碳排放主要环节

资料来源：刘杰、高嘉蔚：《交通基础设施碳排放核算关键问题及对策探索》，《交通节能与环保》2021年第5期。

（3）通过工程实践健全核算系数库

从典型交通工程基础设施碳排放核算过程入手，按照先整体再分区域的原则，验证构建核算系数库。核算系数应首先参考已公布的国内和国际准则，如果没有相关核算准则，应在根据统计年鉴和相关文献进行全面综合分析后选择核算方法和参数。在推算交通基础设施排放系数时，建议采取聚类分析法进行归一化处理。碳排放系数的确定，主要依据 IPCC 推荐方法，并参考国内外相关研究文献、类似工程案例和相关项目研究成果，对各变量引起的碳排放量考虑三种值，分别为缺省值、上限值、下限值。

（4）优化详细分项核算方法

交通工程基础设施碳排放核算方法优化是一个不断完善的过程，短期内

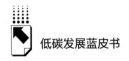

应以现有方法为基础进行改造升级，长期看应充分结合我国全行业碳核算发展进程和减碳成效，及时进行修正和补充。根据高速公路和水路建设项目的计量单位流程划分方法，对交通工程基础设施碳排放进行碳核算，在建设、运营、维护等阶段建立"分单位——分部分项"结构化碳排放计算模型。建设阶段的具体工程包括主体工程、临时工程、绿化及环保工程、公共设施及管线工程、机电工程等；维护阶段包括预防性维护、修正维护、强化活动等分项工程。计算模型如下。

内源性核算模型：

$$C_{1N} = \sum_{i=1}^{n} C_{1Ni} = \sum_{i=1}^{n} \sum_{i=1}^{n} A_{Nij} X_{Nij}$$

式中，C_{1N} 为内源性碳排放量（t）；C_{1Ni} 为第 i 项工程（典型工程）的内源性碳排放量（t）；A_{Nij} 为内源性碳排放系数（t）；X_{Nij} 为可引起内源性碳排放量的第 i 工程的 j 环节的工程量。

外源性核算模型：

$$C_{1W} = E_{ijk}^{1} + E_{ijk}^{2} + E_{ijk}^{3}$$

$$E_{ijk}^{1} = \sum_{m=1}^{n} Q_{ijk}^{m} f^{m}$$

$$E_{ijk}^{2} = \sum_{r=1}^{n} \sum_{h=1}^{n} Q_{ijk}^{h} p_{r}^{h} f_{r}$$

$$E_{ijk}^{3} = \sum_{t=1}^{n} \sum_{t=1}^{n} Q_{ijk}^{t} p_{r}^{t} f_{r}$$

式中，C_{1W} 为外源性碳排放量（t）；E_{ijk}^{1} 为物料生产环节碳排放量（t）；E_{ijk}^{2} 为场外加工环节碳排放量（t）；E_{ijk}^{3} 为运输环节碳排放量（t）；Q_{ijk}^{m}、Q_{ijk}^{h}、Q_{ijk}^{t} 为交通基础设施外源性物料生产、场外加工、运输的需求量（t）；f^{m}、f_{r} 为交通基础设施外源性碳排放因子参数；i、j、k 为减碳基础设施单元工程的划分参数，一定程度上决定了碳排放测算的复杂程度；m、r、h、t 为各碳排放来源测算模型的清单物质选择参数。

（5）构建碳核算大数据平台

为支撑全行业、各地区开展交通基础设施碳排放核算相关工作，摸清底数情况，解决现有边界、环节、系数和方法不统一等问题，建议在开展大量实践探索的基础上构建交通基础设施碳核算大数据平台，形成较为系统、全面的核算节点库、核算方法库、核算系数库和核算对策库，供各地区、各项目进行大数据抓取、收集与统计，为行业管理实现碳核算智慧化管控与科学化分析奠定良好的数据基础。

三　国内外交通运输行业的碳标签发展

（一）国内交通运输行业碳标签标准制定

为贯彻落实党中央、国务院关于建设全国碳排放权交易市场的决策部署，充分发挥市场机制在应对气候变化、促进绿色低碳发展中的作用，促进温室气体减排，规范全国碳排放交易及相关活动，根据国家温室气体排放控制的相关要求，生态环境部部务会议审议通过《碳排放权交易管理办法（试行）》，同时为进一步规范全国碳排放权登记、交易、结算活动，保护全国碳排放权交易市场各参与方合法权益，据其制定了《碳排放权登记管理规则（试行）》《碳排放权交易管理规则（试行）》《碳排放权结算管理规则（试行）》，适用于我国当前发展的碳排放交易及相关活动，包括碳排放配额的分配和支付、碳排放登记、交易和结算、温室气体排放报告和核查以及监督和管理等。国家、生态环境部应当按照国家相关规定，组织建立国家碳排放权登记机构和国家碳排放交易机构，制定国家碳排放交易和相关技术规范，加强区域碳排放配额分配和温室气体排放报告与核查的监督和管理。

目前，国内交通运输行业碳标签标准有关技术和质量管理要从定性和定量两个方面进行评价：前者按照低碳管理制度建设、设备及节能规范、低碳技术应用及创新、交通运输产品及高质量绿色供应链进行，定性评价基本要求应在分值上确认交通绿色等级；后者按照碳排放强度的变化率、节能效率、回收利用率等指标计算评价主体得分值。对于两项评价中企业未涉及的

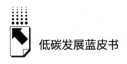

指标，按照鼓励加分项指标的分值得分。①

已有部分交通组织部门发起认证评价体系，搭建管理平台，并出台总体管理层面的交通碳标签自愿性评价实施规则、技术层面的交通碳足迹评价通则和规范。北京、上海、广东、天津等地区已经逐步开始探索属于地方的碳标签评价标准与碳标签制度制定。四川低碳技术转移平台、中国碳排放交易网、中国低碳服务平台等大型网络平台也正在逐步完善交通低碳服务发展模式。面对碳中和压力，交通运输行业的碳标签已经陆续被列入各地的调研计划，按照相关规定标准设计执行体系成为推动低碳经济交通与减少碳排放的重要手段。

（二）国内交通运输行业碳积分与碳普惠发展状况

1.公共交通

碳普惠是近年来出现的一个新词，是指对用户在日常工作和生活中的低碳行为进行监测，并将其转化为碳信用额，用碳信用额换取一些商品或优惠券。简单的理解就是个人的减碳行为与日常商品的交换。目前，根据平台建设主体的不同，中国碳普惠实施模式可分为政府主导和企业主导两种类型（见图7）。

碳普惠比起碳中和有明显的优势：对用户的驱动力大，有利益刺激，还能为低碳社会做出贡献，用户需要为此付出的成本是微乎其微的，比如走10000步、骑共享单车20分钟之类的。

在公共交通方面，国内现已有许多省份、城市实行碳普惠政策，比如广东的碳普惠试点，深圳的"全民碳路""碳账户"，南京的"绿色出行"等。这些被推广的政策大多由当地政府牵头推动实施。

（1）广东省公共交通

广东省是全国首个试点实施碳普惠制的省份。作为我国主要的碳排放

---

① 《2020年交通运输行业发展统计公报》，交通运输部网站，2021年5月17日，https：//xxgk. mot. gov. cn/2020/jigou/zhghs/202105/t20210517_3593412. html。

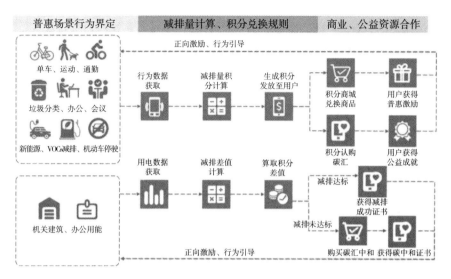

图7　碳普惠制图示

资料来源：北京中创碳投科技有限公司。

省份，2013年，广东省开始以电力、钢铁、水泥、石化等重点工业企业为对象开展碳交易试点，以控制工业部门的碳排放。为缓解生活消费领域碳排放增长趋势，促进全社会低碳行动，2015年，广东省启动碳普惠制试点工作，以居民使用水、电、煤气等为试点项目实施碳普惠制。2017年，广东省制定并颁布了《"十三五"控制温室气体排放工作方案》，提出了详细的碳普惠制试点的要求。经过两年多的开发，碳普惠制在政策体系构建、试点运用、平台建设、项目开发等方面取得了一定程度的进步，并在不断深化，初步探索出了以政策鼓励、商业激励和减排量交易为导向的碳普惠引导机制。

具体到公共交通的碳普惠制试点建设，广东采用的主要思路是以乘坐公共交通出行（包括选择BRT、公共自行车、清洁能源公交车、轨道交通等低碳出行方式）的市民为普惠对象，为其制定碳减排核算规则和激励政策。其低碳行为数据是通过公交公司、交通卡发行公司、交通运营公司或者交通数据中心来获取乘客出行信息。特别是在旅游景点以游客为普惠对象，鼓励

其选择乘坐环保车（船）。

各试点结合实际情况探索出了适合本地的碳普惠模式，以公共交通为主要模式之一的广州完善了奖励机制和统一的推广平台。在明确已纳入碳普惠的低碳行为以及低碳行为碳减排量核算方法的基础上，建立了政策、商业和交易三大激励机制。在政策和商业激励方面，低碳行为经核算减碳量后以"碳币"的形式进行赋值，可兑换政策指标、享受公共服务优惠、兑换商业企业的产品或者服务优惠等，以推动公众积累碳币、践行低碳；交易激励方面，符合条件的低碳行为减碳量经核证后可作为碳普惠自愿减碳量（PHCER）抵消控排企业配额，以利用市场配置作用动员公众积极参与节能减排。

为推进碳普惠机制、助力推进试点工作，广东省于2016年6月设立了碳普惠创新发展中心，建立了碳普惠网站、App程序、微信公众号等各类便民碳普惠平台。碳普惠平台主要提供以下功能：一是通过记录和计算用户的碳减排量，并获取注册用户的相关低碳数据，自动将其折算为碳币并发送给用户，例如节省大约1t的水可以赚取1.67个碳币，公交出行一次可赚取1.35个碳币；二是鼓励认证和注册低碳联盟的商户或组织通过优惠、折扣等服务，用其减少的公众的碳排放来换取碳币，商户或组织可以此来履行减少碳排放的社会责任；三是发布PHCER的有关信息，明确碳普惠发展总体思路、工作目标、主要任务、保障措施和进度安排。

不过，在公共交通领域开展碳普惠试点时，获取居民出行信息及其量化数据存在困难，比如获取低碳行为数据的途径比较分散、各级管理部门之间不够协调、居民倾向于保护个人隐私而不愿透露等。

（2）南京公共交通

南京市于2016年举办"全民低碳出行、共创绿色南京"活动。这次活动深度融合"我的南京"手机App，以"互联网+"为载体，在"我的南京"App推出"绿色出行"频道，这也是南京市民低碳出行的一大公共服务平台。该平台将步行、自行车、地铁、公交等绿色出行数据进行全面整合，开展一系列激励活动促进市民低碳出行，如健康体检、积分兑换、线上线下共同植树公益活动等，以此来鼓励市民改变出行方式、提升低碳环保意识，进而使信息应用更好地为市民服务。

2016年3月12日，南京全民低碳出行公共服务平台即"我的南京"App"绿色出行"频道正式上线，正值一年一度的植树节，秉持"义务植树、绿色家园"的精神，组织了"互联网+植树"活动请全体市民共同参与。活动中，凡是App实名用户，可通过选择绿色出行方式获得绿色积分，如在乘坐公交车、地铁以及租借公共自行车时刷市民卡或者步行等。此外，该App的交互方式十分有趣味性，分别用叶、树、林等级别来展现绿色积分，可以"以分换叶、集叶成木、聚木成林"，级别越高，意味着低碳出行越多、对环境污染越少、对城市的生态环境贡献越大。

南京市公共交通体系发展完备，设施条件良好，这为市民选择低碳出行提供了良好的基础条件。目前，在南京市公共交通体系中，有6条地铁线路在运行，总里程225公里；公交车为8000辆，其中清洁能源公交车4100辆；公共自行车总数40000辆，租赁网点1273个；清洁能源出租车11000辆，占全市出租车总量的90%。这些都为市民提供了广阔的选择空间，促进市民选择低碳方式出行，培养低碳意识。"我的南京"App、"中国南京网站"、市民卡自助服务机等终端均设有低碳积分排行榜，可以查看排名，对于累计低碳出行里程达到一定数量的用户可授予"低碳达人"称号，同时可以在公益林中认领一棵树并为其冠名，实现线上线下共同植树。此外，App即将上线"绿色商城"功能，此功能借助评选奖励、抽奖活动、品牌赞助等方式，使用户可以实现在线积分兑换获取物质奖励或其他福利，如免费体检、体育健康等。

南京市借助互联网、大数据等技术，使信息化部门联合交通部门、环保部门等对南京市民的交通出行数据进行归集分析，对公交分担率、换乘距离、换乘系数、等候时长等一系列城市公共交通发展指标予以计算，从而科学优化地铁以及公交线网运行，完善智能交通系统，扩展智能交通应用。南京市在努力打造智慧城市的方向下，基于大数据分析着力发展更加迎合市民需求的智慧交通，使市民在积极提供绿色低碳出行数据的同时，

能利用智能化的个人出行导航、高时效性的信息服务以及个性化的出行配置来实现更加智能便捷的交通出行，也能享受到智慧城市建设为其带来的便利。

（3）深圳公共交通

①全民碳路

深圳排放权交易所曾发起"全民碳路"低碳公益主题活动，该活动以"政府引导+市场主导"相结合的方式，形成内生、长效、持续的激励机制，借助互联网平台，引导市民通过选择低碳行为方式并对其进行记录，如乘坐公共交通出行、停驶私家车、以步代车、资源回收等，以此来获得碳积分或碳币，不仅可以获得低碳荣誉认证，还可以凭此得到物质奖励，从而引导市民践行低碳生活方式和消费方式，汇聚绿色低碳发展正能量，打造全民参与的"低碳深圳"，推动城市走绿色、环保、可持续发展之路。

②低碳星球

"低碳星球"作为深圳市腾讯公司研发的一款小程序，同样可以起到倡导低碳出行的作用。在该小程序中，每个人都可以获得一颗属于自己的星球。使用者只需注册个人碳账户，就可以通过小程序计算得出每次出行的具体减碳量，使用腾讯乘车码或地图去乘坐地铁、公交，或是通过微信运动步数的积累，都可以获得相应的成长值和碳积分。

成长值会成为促进你的"低碳星球"进化的能量，当积累到一定数值时，可以解锁绿能群岛、阳光之城、生态氧界等九大主题。用户还可以利用碳积分到小程序中的兑换商店进行积分礼品兑换。

不仅如此，用户的低碳行为还受到"深圳市低碳出行碳减排方法学"的认证，所有个人碳减排量都将被腾讯区块链、腾讯云做可信记录，永久有效。

"低碳星球"小程序有三大亮点。

亮点一：联合深圳市生态环境局、深圳排放权交易所权威出品，依据科学方法学测算减碳量。经测算，依照深圳公共汽车旅客单次平均运距 5.94

公里计算，单人单次公共汽车出行可获得 1.6 个碳积分；乘坐地铁，每人每公里可减少 0.0467kg 二氧化碳排放，相应可积累 0.4 个碳积分。

另外，"低碳星球"为每个用户都建立了自己的数据库，将用户的减排量变得可视化，帮助用户做到减排"心中有数"。

亮点二：全 3D 建模九大主题星球，养成你的绝美家园。"低碳星球"小程序共有九大主题设定，从"灰霾之地"到"低碳星球"，每个主题都独具特色，百余帧成长动画，用户每次出行都可解锁惊喜变化。

亮点三：特设星球彩蛋，打卡低碳趣味轻知识。为了使用户在玩的过程中还能学习环保趣味小知识，"低碳星球"小程序的九大主题均设计了特别的彩蛋，用户在解锁新一级星球的同时还可以参与打卡学习。

领养"低碳星球"可以通过三种方法。一是打开微信界面搜索"低碳星球"小程序，进入首页授权建立个人账户就可以马上领养一颗属于你的"低碳星球"。二是打开腾讯地图 App 或乘车码小程序，在刷码乘车后即可跳转至"低碳星球"小程序。三是打开腾讯地图 App，首页工具栏—更多—交通出行—低碳星球，即可授权创建你的"低碳星球"，如图 8、图 9、图 10 所示。

"低碳星球"的推出，是深圳市联合腾讯公司探索碳普惠机制的积极创新，希望可以通过这一平台载体，让广大市民积极乘坐公共交通，参与到减碳行动中，培养大家的绿色低碳生活习惯，从日常点滴做起，减少碳排放。

（4）青岛公共交通

青岛市为市民碳普惠推出"便捷青岛"小程序。卡券包界面可以显示用户账户中所有的卡、订单、代金券以及优惠券，也可以进入公交卡界面查询公交路线以及二维码乘车等，支持使用 NFC 功能乘车，如图 11、图 12 所示。

具体进行碳能量积累的方法有。

①每日步行，如图 13 所示。

②开通公交乘车码，使用乘车码乘坐公交可获得绿色碳能量，每次可获得 59g，每日最多可获取 4 次。

图 8　低碳星球

资料来源：深圳市腾讯计算机系统有限公司。

图 9　低碳星球主体

资料来源：深圳市腾讯计算机系统有限公司。

图 10 低碳星球彩蛋

资料来源：深圳市腾讯计算机系统有限公司。

③ "琴岛通"卡乘车。先绑定已有"琴岛通"卡，使用"琴岛通"卡乘坐公交或地铁后即可获得绿色碳能量，每次可得 59g，每日最多可奖励4 次。

④NFC 交通卡乘车。开通 NFC 交通卡功能（目前只支持安卓手机），使用 NFC 乘坐公共交通可获得绿色碳能量，每次可得 59g，每日最多可奖励4 次。

图 11　卡券包及隧道通行

资料来源：青岛国信城市信息科技有限公司。

图 12　公交及地铁乘坐码

资料来源：青岛国信城市信息科技有限公司。

图13　步行计步提示

资料来源：青岛国信城市信息科技有限公司。

⑤公交卡充值。使用"便捷青岛"给"琴岛通"实体卡充值，成功充值50元以上即可奖励334g绿色碳能量，每日最多奖励1次。

⑥"隧e通"通行。使用"隧e通"账户通行隧道，每成功通行一次即可奖励25g绿色碳能量，每日最多奖励4次。

⑦教育缴费。使用"便捷青岛"在线缴纳学生费用，每成功缴费一笔即可奖励413g绿色碳能量，每日最多奖励1次。

⑧生活缴费。使用"便捷青岛"在线缴纳水电气暖费用，成功缴费一

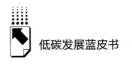

笔金额大于 50 元即可奖励 413g 绿色碳能量，每日最多奖励 1 次。

提示：计步能量每日只可领取昨日总步数，乘车数据会稍有延迟，乘车产生的碳能量当日未领取，最多保留到第二天。

点击碳能量余额可以显示用户账户中总的碳能量余额，以及某个时间点通过什么方式获得了多少碳能量。

在兑换页面可用规定的碳能量数量兑换指定的优惠券或礼品，用户可以查看减排量排行榜，包括本月榜单和总榜单。在证书界面，用户可以获得带有个人减排量以及在当前所在地区排名的减排证书。

（5）其他

湖北武汉的"碳碳星球"小程序，可以通过绿色出行方式如步行、公交、地铁等赚取碳积分。

支付宝的"蚂蚁森林"小程序中，每一位支付宝用户都拥有自己的碳账户。地铁购票使用支付宝刷码乘地铁或使用地铁官方 App 刷码乘车选择支付宝支付，每次可得 52g 能量，每天最多 5 次。

公交通过刷支付宝乘车码且是用支付宝支付可获取能量。（一部分城市支持）操作路径为：乘坐公交车时，点击【付款】—选择【乘车码】—扫码操作即可，获取能量克数为 80g/次，一天最多可获取 5 次。

武汉的"碳宝包"是鼓励市民步行、骑行都能赚碳积分兑礼品的一个 App，市民通过骑共享单车上班可以换取 T 恤、美食券等奖励。"碳宝包" App 负责人希望通过这种互动的方式，让大家都加入低碳出行的行列。市民下载"碳宝包" App，或者在微信关注"碳宝包"的公众服务号后，通过低碳出行方式赚取碳积分，碳积分可以在"碳宝包"低碳商城里不定期兑换 T 恤、玩偶、美食优惠券等。随着 App 的完善，接入的低碳生活数据越来越多，除了步行、骑行，搭乘公交、地铁出行等后期也有望赚取碳积分。武汉市发改委相关负责人表示，武汉作为全国低碳试点城市，积极探索开展"碳币体系"创新研究，希望利用"碳币兑换机制"引导市民在衣食住行等各方面体验低碳生活，推动低碳消费。

2.出租车和共享车

阿里巴巴旗下的"蚂蚁森林"是企业推动型的碳普惠制的典型代表，用户在使用该功能后，相当于在支付宝中开启了一个碳账户，它依托阿里巴巴旗下的众多第三方软件，如滴滴、高德地图、共享单车软件哈啰单车等，记录公众日常生活的低碳行为并给予一定的绿色能量，如图14、图15所示。当绿色能量达到一定数额即可在现实中种下一棵特定编号的树。

具体积攒能量的方式包括线上生活缴费（水费、电费、燃气费）、线上网络购票和预约挂号这些减少纸质发票的低碳行为，在线记录步数、使用共享单车、支付公共交通的低碳交通行为，除此之外还有在"闲鱼"中交易二手商品和在"饿了么"点外卖选用"无须餐具"的低碳消费行为等。

在平台外部，企业同相关环保基金会或公益组织合作，由企业代用户进行种植活动；在平台内部，以游戏为载体，以用户"种下属于自己的树""认养保护地"等方式作为激励机制，娱乐趣味性较强。相比政府主导模式，该模式不涉及实物奖励，也没有同碳排放交易机制进行对接。阿里巴巴以这样的方式不仅促使用户形成绿色低碳的生活方式，还使用户养成了使用旗下软件的习惯，这既是对碳普惠制的推动，也推动了企业自身发展。

3.新能源汽车

武汉市发布的"碳宝包"，是以碳积分兑换优惠的方式为基础，以新能源汽车为试点鼓励社会大众践行绿色低碳生活的电子商务平台。

2020中国汽车工程学会年会暨展览会（SAECCE 2020）在上海汽车会展中心正式召开。此次展览会正式发布了《节能与新能源汽车技术路线图2.0》，其中清楚地阐明了中国未来新能源汽车的发展目标及方向，同时关于"禁燃"的话题更是成为全场的焦点。在发布的《节能与新能源汽车技术路线图2.0》中，提出了2035年节能汽车与新能源汽车销量各占50%、传统能源动力乘用车将全部为混合动力的目标，这也就意味着，未来的发展方向将会是注重混合动力与纯电动双向发展的，纯燃油车型则会随着时代的

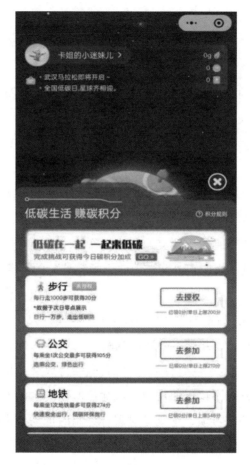

图 14　低碳积分方式

资料来源：湖北碳排放权交易中心有限公司。

推进逐步退出历史舞台。

在江西，结合碳普惠政策，使用新能源汽车的司机可以通过"吉安碳普惠"小程序，完成每日签到，参与"夜间加油""自愿停驶"小活动即可获得碳币或 VOCs 减排奖励积分。这些积分可以在普惠商城中兑换相应的奖品，同时也记录了公民为环保事业增添的点滴力量。

2022 年的"两会"中，全国政协委员、均瑶集团董事长王均金建议，为使新能源汽车产业维持高速发展的动力，应建立一套市场化机制，培育和

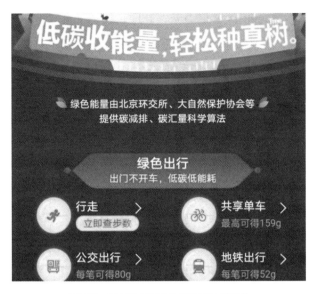

图15 蚂蚁森林绿色出行能量规则

资料来源：支付宝（中国）网络技术有限公司。

鼓励消费者的积极性。具体有如下四点：一是建立公共数据平台，为全国新能源汽车用户注册碳积分账号，完整记录其出行数据，使用户的碳积分具有法定信用；二是为个人碳积分制定出台碳普惠鼓励政策，给予其减税支持；三是引导鼓励各企业和个人参与碳普惠激励，使其积分能转换成实际的福利；四是使个人碳积分进入碳排放权交易市场，让更多的个人和企业形成共同体意识。

当前新能源车企除销售汽车获得收入外，还可以进行新能源积分交易营收，根据我国《乘用车企业平均燃料消耗量与新能源汽车积分并行管理办法》，若车企无法通过自身填补"双积分"负分缺口，可通过交易或转让的方式，从其他车企获得正积分抵消负积分。关于新能源积分的规定为：新能源正积分可以用于抵消新能源负积分与油耗负积分，而油耗正积分只能用于抵消油耗负积分。油耗正积分只能由关联企业转让获得，而新能源正积分则可以自由交易。这也意味着"新能源积分"具有实际交易价值。在此基础上，2018～2020年三年间，特斯拉企业曾销售碳排放积分，分别获利4.19

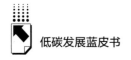

亿美元、5.93 亿美元和 15.8 亿美元，其增长趋势可见一斑。[1]

在积分交易走上正轨前的过渡管理阶段，部分车企有剩余积分，2019 年开始交易市场得到规范后，积分价格大涨。2021 年初，国内新能源积分价格一度上涨至 3000 元/分。[2] 不过随着新能源汽车在 2021 年的爆炸式增加，新能源积分出现供大于求的情况，价格也逐渐回落。

方运舟此前在《关于加快出台新能源汽车一揽子支持政策、促进新能源汽车稳定健康发展的建议》中提出，当前交易市场浮动过大且不能达到市场供需平衡，要继续深入研究双积分政策，建议国家形成一个积分池来保持稳定平衡，如在当前新能源汽车产量渐增的条件下，如果要保持新能源汽车积分不变，就要增加燃油车负积分的抵扣分，以保证积分供需的相对平衡，希望推动新能源汽车参与全国碳交易市场，体现新能源汽车的优势，推动燃油车退出市场。[3]

4. 个人出行

个人出行可以简单地分为步行、骑行、公共交通与铁路出行，接下来将对步行、骑行、公共交通与铁路出行的交通方式来进行低碳行为量化。

步行：通过开启微信步数来计算相应的步数，以步数为单位提供一定的碳积分。

骑行：通过上传当日相应骑行 App（摩拜单车、哈啰单车、青桔单车等）的截图来获取相应碳积分，截图信息需包含"骑行时间"或"骑行距离"，并以此为单位，兑换一定的碳积分。[4]

公交：通过截图上传当日第三方应用（如支付宝、微信等）提供的乘

① "TESLA's Q4 and Full Year 2018 Financial Report", TESLA, 2019; "TESLA's Q4 and Full Year 2019 Financial Report", TESLA, 2020; "TESLA's Q4 and Full Year 2020 Financial Report", TESLA, 2021.
② 《新能源汽车产业观察》，电动汽车观察家网站，2021 年 12 月 27 日，http://www.evobserver.com/archives/3359。
③ 方运舟：《关于加快出台新能源汽车一揽子支持政策 促进新能源汽车稳定健康发展的建议》，中华人民共和国十三届全国人民代表大会第三次会议提案，2020 年 5 月 18 日。
④ 李利军、姚国君：《京津冀公铁货运碳排放测算研究》，《铁道运输与经济》2021 年第 11 期。

车码等服务，截图信息需包含"乘坐时间+公交"字样，并以此为单位，兑换一定的碳积分。

轨道交通：通过截图上传当日第三方应用（如支付宝、微信等）提供的乘车码等服务，截图信息需包含"乘坐时间+轨道交通"字样，并以此为单位，兑换一定的碳积分。

铁路出行：将旅客出行纳入碳普惠制，关键在于减碳量的核算，依据减碳量对碳积分进行派发。铁路旅客出行的碳普惠减排量采用基准线法计算。

（三）国外交通运输行业的碳标签现状及发展趋势

1. 英国

英国是最早实施碳标签制度的国家，英国碳信托（Carbon Trust）公司在2007年开始实施碳减量标签计划（Carbon Reduction Label Scheme），而后推出了全世界第一批碳标签产品，包括薯片、洗发水等。该公司的碳标签设计为一个包含5个核心要素的足印：足迹形象、碳足迹数值、Carbon Trust公司认可标注、制造商做出的减排承诺、碳标签网络地址。此外，英国政府也在积极推动碳标签标准的制定，英国标准协会发布的PAS 2050和PAS 2060标准成为碳排放量和碳中和测算的国际通用标准，在世界范围内具有广泛影响力。

英国对交通运输行业的碳足迹计算主要采用PAS 2050标准，它将交通产品的系统边界分为五个阶段：预生产阶段、生产阶段、分销阶段、使用阶段以及处理阶段。其中预生产阶段碳足迹核算涉及所有原材料和辅助材料消耗、能源消耗和包装生产的材料和能源消耗；生产阶段的碳足迹核算考虑原材料和辅助材料从其生产现场到产品生产现场的运输、原材料和辅助材料输入（不包括其温室气体排放估算）以及生产产品、废物和副产品；分销阶段的核算范围为最坏情况下的产品运输和仓库（特别是冷库）的储存能耗；使用阶段碳足迹核算范围包含在使用寿命内产生的能源消耗；处理阶段的碳足迹核算涉及产品处理和构成产品的各物料处理。通过界定各个系统边界明确哪些予以列入碳足迹核算范围，哪些不列入该范围，进而收集各个阶段的

消耗数据，计算、汇总各个阶段产品的碳足迹。

2. 欧盟

欧盟的"碳标签"项目始于 2006 年 10 月，由欧洲智能能源计划（Intelligent Energy Europe Programme，IEE）支持，2007 年，欧盟气候和能源政策迎来了一个转折点，即欧洲议会确定了到 2020 年温室气体减排至少达到 20%、到 2020 年可再生能源占到 20% 的份额以及到 2020 年可替代燃料（含生物燃料）占机动车燃料的份额最少达到 10% 等的目标。[①] 欧洲议会调查发现，道路运输温室气体排放量非常大，整个行业的排放量占到欧盟碳排放量的 1/5，且还在快速上升。

欧盟委员会提出碳标签试点提案，包括由 IEE 支持的"碳标签"项目（No. EIE/06/015），其主要目的是减少欧洲交通运输行业的温室气体排放。通过该计划的实施，消费者对环保材料的认知得到加强，有助于道路运输行业减排。随着欧盟碳标签"CO_2 Star"（见图 16）的面世，消费者的碳减排动力得到进一步增强，主要有以下三个"CO_2 Star"标签提案付诸实施：德国 Q1 燃料站的生物柴油标签提案、德国 Q1 燃料站的改良润滑剂标签提案和荷兰的低碳货运服务标签。[②]

欧盟得出 GHG 减排指标只是新的欧盟可再生能源指令中的可持续性标准之一。事实上，运输行业温室气体减排的核心应当是一个综合的政策，除了碳标签项目的推进，还包括如何减少燃料的消耗，比如提高机动车能效（加强交通管理、限速、交互式交通灯等）、提供替代出行方式（公共交通、拼车）等。

3. 美国

美国碳标签采取自下而上的推行政策，指先由基层组织，包括营利企业和非营利组织，自发建立推行碳标签制度，形成一定规模即经市场检验可行

---

① 赵恺彦、吴绍华、蒋费雯、毛吾兰：《高速公路建设和运营的碳足迹研究——以江苏省为例》，《资源科学》2013 年第 6 期。

② 李青青、苏颖、尚丽、魏伟、王茂华：《国际典型碳数据库对中国碳排放核算的对比分析》，《气候变化研究进展》2018 年第 3 期。

图16 欧盟碳标签标识

资料来源：《碳标签在全球的发展》。

后，由国家层面出台相应政策来管理碳标签的实施。①

在美国，主要实施四种类型的碳标签。第一种为2007年由非营利组织Carbon Fund推行的美国第一个碳中和标签——无碳认证标签，此标签没有具体的二氧化碳排放数值，仅仅表明公司对产品生产过程中不会产生二氧化碳气体的承诺，组织通过确定产品的碳足迹尽可能地减少碳排放量，并通过第三方验证的碳减排项目抵消剩余排放量。第二种是2007年美国Climate Conservancy推行的"气候意识"碳标签，旨在提高消费者环保意识，引导其购买环保产品，从而达到环保效果。第三种为2007年美国Timberland公司依据LCA计算二氧化碳排放量的私有碳标签——Timberland绿色指数，该指标设定的环境影响数值范围为0~10，是根据气候影响、化学品和资源的碳排放量平均值计算而得。第四种是2009年推行的美国唯一一个公共碳标签计划——食品碳标签，由加利福尼亚州出台的《加州参议院标签法案》提出，其目的在于提供更多的碳信息，引导消费者购买低碳产品。美国碳标签的多样化，使其能涉及的领域较为广泛。

4. 日本

日本在2009年引入碳标签制度，是第一个实施碳标签制度的亚洲国

---

① 张志俊：《低碳交通建设统计监测指标体系的构建与调查方法的确立》，《统计与决策》2011年第8期。

家。日本碳标签实施方法与美国刚好相反，是自上而下推行碳标签制度。实施碳标签制度的过程中，日本政府作为调节者，依据 TSQ0010 标准，与第三方共同负责碳标签的认证。日本的产品碳标签认证遵循产品种类规则。日本将交通产品的整个生命周期分为五个阶段：原材料获取阶段、生产阶段、分配阶段、使用维护阶段、处置回收阶段。与英国使用的 PAS 2050 标准的区别在于：将原材料和辅助材料从其生产现场到产品生产现场的运输划分到了原材料获取阶段而非生产阶段；使用阶段的碳足迹核算范围包含按产品用途计算的投入，包括产品、能源消耗、水消耗等以及按产品用途计算的产出等；处置回收阶段增加了废弃处置中的运输消耗。

5. 其他国家

法国实施碳标签始于 2008 年，法国连锁超市 Casino 和 E. Leclerc 分别引入 Indice Carbone 和 Bilan Carbone 两种碳标签。Casino 是法国著名零售商，2003 年开始推出一系列环保措施，其中包括了后来的私有碳标签——Indice Carbon 标签，其明确标示产品生命周期内排放的二氧化碳数值，旨在向消费者传递产品在生产过程中的环境影响信息，标签上的单位统一为 100g。Bilan Carbone 标签是碳等级标签，共分为 7 个等级，分别为 A、B、C、D、E、F、G，每个等级都有其专有的颜色条。[①]

韩国碳标签目前涉及约 145 种产品。其中交通类根据交通产品适用不同的使用阶段情况，其系统边界被划分为预生产阶段、生产阶段、分销阶段、使用阶段、处理阶段这五个阶段，但每个阶段的具体范围有细微差别，比如使用阶段的碳足迹核算范围为生命周期内的能源消耗。同时，为了便于收集数据，其排除标准为只收集所有对产品投入的原料和辅助物质的总量对比累积质量贡献度上位 95%的物质的数据。

---

① 李艳丽、陈伟航：《基于碳普惠制的生活低碳管理研究——以雄安新区为例》，《环境保护与循环经济》2022 年第 1 期。

（四）推动"双碳"交通高质量发展（交通行业碳标签发展展望）

当前，酸雨、土壤恶化、全球变暖、海平面上涨等问题已不再是一国之难，而是全球性问题，需要世界各国合力解决。中国作为最大的发展中国家，政府积极探索节能减排途径，推进低碳经济发展工作，而交通运输行业又是国务院确定的节能减排的重点行业之一，对本行业建设以低碳排放为特征的交通体系提出了明确要求。因此，交通运输行业推动"双碳"高质量发展工作责无旁贷。[①]

1. 低碳交通运输体系的发展思路

交通运输是一座城市必须发展的基本功能，其发展要走一条低能耗、低排放、低污染之路，核心就在于促进整个交通运输系统普遍提高能源效率、转变用能方式、优化运输结构。主要表现在以下几个方面。

全面性。交通运输行业涉及众多方面，要想做到低碳化，一方面是技术性减碳，广泛研发和应用新能源技术和节能手段，实现硬性降碳；另一方面是引导性减碳，充分发挥市民主体作用，引导其选择绿色出行方式，鼓励合乘，实现软性降碳。

系统性。把交通运输看成一个整体，发挥系统的作用，在交通运输的规划设计、建设运营、组织服务等方面进行优化，健全相关制度和保障措施。

渐进性。交通运输体系的碳排量非常大，不可能在短时间内实现绝对减少，要理性地将其看成一个不断低碳化的过程，不断降低碳强度，最终实现"脱碳"的目标，不可盲目追求"无碳化"和"零排放"。

强制性。需要政府在总体上做出决策，促进交通行业整体向前发展，也需要相关行业管理部门严格来控制执行。

因此，未来低碳交通运输行业的发展一定是基于统筹谋划，着力于推动建设完整的"以低碳排放为特征"的高质量体系。

---

① 李艳丽、陈伟航：《基于碳普惠制的生活低碳管理研究——以雄安新区为例》，《环境保护与循环经济》2022年第1期。

2. 缓和交通发展趋势与碳标签的矛盾

随着人口老龄化速度加快，城市经济发展水平稳步提升，导致家庭汽车保有量持续攀升，而人口增长和土地空间有限的矛盾并未得到缓解，一段时间内中心城区交通状况难以得到极大改善。与此同时，交通行业面对碳中和发展压力，相关企业组织必须积极处理"交通强国"战略和"碳标签""碳足迹"间的矛盾，中国"复兴号""和谐号"高铁已经成为我国交通发展的代名词。然而，很多发达国家和地区在生产技术先进、经济实力雄厚的基础上，又具备强烈的国民环保意识。碳标签制度的推行有利有弊，但我国应该在当前可控范围内采取相应措施来应对风险挑战。①

（1）全面规划城市公交出行线路、增加发班次数，让城市公交通达市区每个角落，营造公交优先的氛围。

（2）全面改善、优化目前城市公交车型，大力发展环保型、低耗能、载客量大的新型巴士。

（3）严格落实出租车、公交车尾气排放检测，对不达标的车辆坚决淘汰。

（4）从行政许可经营年限上，统一缩短出租车、公交车经营期限。

---

① 潘晓滨、都博洋：《我国碳普惠制度立法及实践现状探究》，《资源节约与环保》2021年第4期。

2020~2021年建筑行业碳标签发展报告

董雅红　方　媛　吴兆堂*

摘　要： 建筑行业对于国民生产和社会发展具有重要意义。建筑行业碳排放总量占全国碳排放超过半数，因此，建筑行业的减碳工作对于我国是否能顺利完成"双碳"目标至关重要。本报告深入分析了建筑行业的碳排放现状，详细描述建筑全生命周期的碳排放情况，针对国内外的绿色建筑、建筑节能减碳的标准和政策进行了系统总结，深入探讨建筑碳标签的基准机制和国内外现状。研究表明，目前我国建筑碳排放主要来源于建材生产和建筑运行阶段能耗。建筑行业的碳标签制度尚处于摇篮阶段。随着绿色建筑和"双碳"相关政策的不断推进，未来建立建筑行业碳标签机制需要从构建基础方法学、建立基准机制、评价标准和行业推广等多个维度开展。

关键词： 碳足迹　生命周期评价　建筑物　建材　绿色建筑

一　背景介绍

（一）我国建筑行业概况

近年来我国建筑业快速发展，产业规模不断扩大。然而，行业利润增速

---

* 董雅红，博士，澳门科技大学澳门环境研究院副教授，研究方向为生命周期评价、碳排放、绿色建筑等；方媛，博士，广东工业大学土木与交通工程学院副教授、硕士生导师，研究方向为绿色施工管理及碳排放；吴兆堂，香港城市大学建筑与土木工程系主任、讲席教授，研究方向为可持续建筑环境、智慧城市、基础设施资产管理、数字转型、建筑信息化、建筑行业绩效和生产力等。

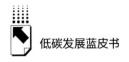

放缓，市场从增量时代转为存量时代。因此，推动建筑行业高质量发展是"十四五"期间国家整体经济社会发展的主题，也是建筑行业转型升级的目标。①

根据《2020 年建筑行业大数据分析报告》，从行业整体状况来看，建筑行业增加值增速超过国内生产总值增速，产业地位依旧稳固。数据显示，2020 年全国国内生产总值 1015986 亿元，同比增长 2.3%，增速下降了3.7 个百分点。建筑业增加值占国内生产总值的比重为 7.18%，较 2019年上升了 0.02 个百分点，达到近十年最高点。同时，报告对各地情况进行了详细统计：2020 年，江苏建筑业总产值位居榜首，达到 35251.64 亿元，占全国建筑业总产值的 13.36%；浙江建筑业总产值仍为第二；除江苏、浙江两省外，总产值超过万亿元的地区还包括广东、湖北、四川、山东、福建、河南、北京、湖南。

2020 年，全国各地区跨省完成的建筑业产值为 9.1 万亿元，同比增长9.15%，跨省完成建筑业产值占建筑业总产值的 34.5%。分地区看，江苏和北京位居前两位，跨省完成的建筑业产值分别为 16538.26 亿元和 9771.73亿元。从跨省完成的产值增速上看，全国 27 个地区出现增长，其中海南、宁夏、内蒙古为前三位，分别达到 167.86%、54.21%、47.12%。但浙江、云南、四川、河北出现了不同程度的负增长。从外向度（本地区企业在外省完成的建筑业产值占本地区建筑业总产值的比例）来看，排名前三的地区为：北京、天津和上海。

此外，2020 年全国建筑业从业人数超过百万的地区有 15 个，江苏、浙江依然是从业人数大省，分别为 855 万人、543.33 万人。根据大数据对建筑业施工企业中标和资质等情况的分析，2020 年全国施工企业中标项目数为 1220739 个，同比增长 18.6%。其中，中标项目金额在 1000 万元以下的项目数有 1072357 个，增速为 18.6%；金额超过 5 亿元的项目数为

---

① 《2020 建筑业大数据分析报告出炉》，百度百家号，2021 年 4 月 23 日，https：//baijiahao. baidu. com/s？ id=1697789436150709751&wfr=spider&for=pc。

5878 个，增速为 27.62%。另外，中标量最多的地区是江苏、山东、河南、浙江和广东，广东拥有最多超千万元的大金额项目，河南的中小金额项目较多。

总承包特级企业数分布呈现地区差异大的特点。2020 年，全国拥有特级资质的企业共 715 家，江苏、浙江和北京的特级企业数较多，分别为 86 家、81 家和 72 家；而青海、宁夏、海南的特级企业数均为 1 家。在特级资质中，各专业也差距巨大，电力工程和矿山工程两个专业企业数仍为个位数，同时超八成的特级企业仅拥有一个特级资质。

"十四五"时期，我国经济社会将进一步向高质量发展迈进，同时碳达峰、碳中和的新发展格局及"新基建"等都会对建筑行业以及产业链上下游产生影响。建筑行业本身也在第四次工业革命的浪潮中寻求转型升级。变革一直存在，但从未如此迫切，"十四五"时期将是最重要的过渡窗口期，建筑行业企业需尽早在复杂的环境中抓住高质量发展进程中的机遇。在市场开始由增量时代逐渐步入存量时代的背景下，建筑行业企业需清醒意识到行业发展的时代背景和宏观环境，尊重市场竞争规律，努力提升产品质量，优化管理方式，主动拥抱行业变革，找准位置，往更精细更专业的方向发展。

（二）建筑行业碳排放基本情况

2020 年全球碳排放量为 322.8 亿吨，较 2019 年有一定程度的减少。其中建筑行业碳排放量占比 17%。中国作为碳排放大国，2020 年碳排放量近 98.99 亿吨，占全球碳排放近 1/3。[①] 根据中国建筑节能协会公布的数据，全国建筑全过程碳排放总量占全国碳排放总量的比重过半。2005~2018 年全国建筑碳排放总量持续增长，增长速度在 2012 年后逐步放缓。"十一五"期间年均增速为 7.4%；"十二五"期间，2011 年和 2012 年出现异常值，年

---

① 《2020 年全球及主要国家碳排放市场现状及分析：全球减排仅一国增长》，新浪网，2021 年 11 月 30 日，https://finance.sina.com.cn/esg/zcxs/2021-11-30/doc-ikyamrmy5849830.shtml。

均增速7%，主要来源于建材能耗的增加；"十三五"期间增速明显放缓，年均增速降至3.1%。总体上看，虽然我国建筑全过程能耗比重呈现上升趋势，但碳排放比重呈现下降趋势（见图1）。

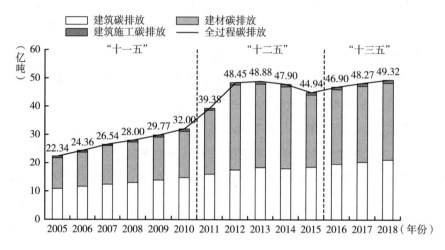

图1　2005~2018年我国建筑全过程碳排放变化趋势

资料来源：《中国建筑能耗研究报告2020》，《建筑节能》（中英文）2021年第2期。

2018年我国建筑业的碳排放为49.3亿吨二氧化碳，占同年国家碳排放总量的51.3%。其中建筑材料（钢铁、水泥、铝材等）生产阶段碳排放为27.2亿吨二氧化碳，占全国碳排放的比重为28.3%。钢铁、水泥、铝材能耗的总碳排放占比超过90%，而在这三种材料中又以钢材、水泥生产阶段碳排放占比较大，分别占48.2%和40.8%。此外，建筑施工阶段碳排放为0.95亿吨二氧化碳，占全国碳排放的比重为1%；建筑运营阶段（城镇居建、公共建筑、农村建筑）碳排放为21.1亿吨二氧化碳，占全国碳排放的比重为21.9%。从趋势来看，2005~2018年建材生产阶段、建筑施工阶段以及运营阶段碳排放变动趋势基本一致（见图2）。

建材行业2020年二氧化碳排放14.8亿吨，比2019年上升2.7%；行业每万元工业增加值二氧化碳排放比2019年上升0.2%，比2005年下降73.8%。从我国目前的城市化进程来看，城镇化率已经突破60%，预计

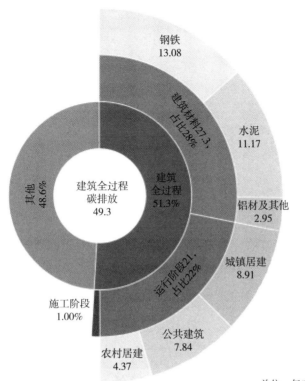

单位：亿吨CO_2

图2 2018年建筑碳排放总量及各部分占比

资料来源：《中国建筑能耗研究报告2020》，《建筑节能》（中英文）2021年第2期。

2035年城镇化率将达到75%左右。根据发达国家经验，城镇化和经济水平的不断提升，也将推动建筑行业的运营阶段碳排放比重不断增长。

2018年全国公共建筑、城镇居住建筑和农村居住建筑的建筑面积共计671亿平方米，其中城镇居住建筑面积占总量的45%，农村居住建筑面积占总量的36%，公共建筑建筑面积占总量的19%。对于运营阶段碳排放，城镇居建碳排放、农村居建碳排放和公共建筑碳排放分别占全国建筑运营阶段碳排放的42%、21%和37%（见图3）。

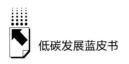
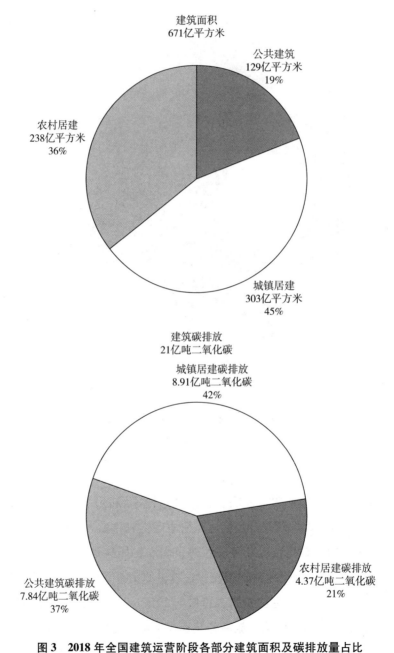

图3 2018年全国建筑运营阶段各部分建筑面积及碳排放量占比

资料来源：《中国建筑能耗研究报告2020》，《建筑节能》（中英文）2021年第2期。

（三）建筑行业碳排放政策现状

建筑行业实施碳减排的关键是提升能效、零碳排放和负碳技术。根据这三个要点，建筑脱碳也是从普通建筑到低能耗绿色建筑再到碳中和建筑的逐步发展过程。近年来随着节能减排和绿色环保不断推进，绿色建筑获得了极大的发展。但目前绿色建筑或超低能耗建筑更多关注建筑本身能耗的降低，处于建筑碳中和定义的第一层。为了实现完全意义上的建筑碳中和，需要努力消除建筑整个生命周期的碳足迹，即向建筑碳中和定义上的第二层过渡。

虽然建筑行业对于降低碳排放至关重要，但相关进程起步较晚。目前建筑脱碳进程尚处于努力实现低碳的阶段。国内外为发展低碳减排的绿色建筑和构建超低能耗建筑制定了一系列政策和相关的绿色建筑认证标准。

1. 欧美国家：政策引领与金融创新

欧美国家的建筑节能减排政策主要集中在"建筑节能标准和规范、财政激励、建筑节能改造、建筑电气化、净零碳建筑与建筑能耗对标、监测和数据公示"六个方向，如图4所示。在实践中，不同类型的政策相辅相成，例如建筑能耗对标和财政激励措施互相配合，可以为高成本的建筑改造项目提供信息和资金支持。这六类政策不仅要求新建筑节能减排，也重视存量旧建筑的改造；注重建筑的能耗、碳排放监测与公示，并提供财政金融支持。

金融方面，自2006年以来，欧洲复兴开发银行已为200多个大型绿色建筑项目提供融资，投资规模超过62000栋建筑资产，资助的绿色建筑总建筑面积超过2500万平方米，在运营国家的绿色建筑项目上投资总额近240亿欧元。为了将环境和气候效益投资纳入世界银行任务的核心，欧洲复兴开发银行打算将绿色融资的比例从过去10年的平均24%提高到2020年的40%。

（1）绿色标签债券（商业/公共建筑）

自2010年以来，欧洲复兴开发银行一直是绿色债券的主要发行者。绿色债券的收益将用于支持能源效益、可再生能源、水资源管理、废物管理、环境服务和可持续公共交通等项目。2017年，欧洲复兴开发银行的绿色项

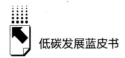

●更多采用基于性能（Performance-based）的建筑节能达标途径，新增基于实际能耗（Outcome-based）的建筑节能标准达标途径
●在基本建筑节能标准的基础上，制定更严格的"引领性建筑节能标准"（Stretch Code）
●在公共建筑中率先推行净零碳等强制性高能效标准
●制定面对所有新建建筑的净零碳标准和规范
●制定建筑节能标准路线图，提前公布待实施的建筑标准和规范更新，推动市场转型

●公示建筑能源绩效数据和能耗数据，扩大能耗数据强制性公示政策的覆盖范围，将大部分（甚至全部）建筑纳入其中
●在强制性公示建筑能耗政策的基础上，推进更严格的建筑政策
●建筑的能源绩效监测报告未来转向碳排放报告
●利用公开数据指导未来政策

●相比新建建筑，财政激励政策更多地针对既有建筑节能改造
●以未来节省的能源开支来支付节能改造的前期费用
●通过公共资金投资建筑减排的同时，也吸引私有资金投入
●就建筑减排过程中的障碍推出有针对性的财政激励和绿色金融政策

建筑节能标准和规范

建筑能耗对标、监测和数据公示

财政激励

净零碳建筑

建筑节能改造

建筑电气化

●推行净零碳标准，由个体建筑净零碳向建筑群或区域净零碳发展
●发展净零碳建筑所需的市场能力，并逐步将净零碳纳入强制性建筑节能标准
●在新建建筑和既有建筑中同时推行净零碳标准，公共建筑中率先推行
●将隐含碳排放（Embodied emissions）纳入净零碳的定义范畴

●将相关激励政策与能耗对标、监测和数据公示政策相结合
●通过全面的节能改造实现建筑净零碳排放和电气化
●节能改造从激励性向强制性转变

●减少来自建筑供能的碳排放
●鼓励化石能源供能的建筑向全面电气化转型
●在可行的前提下，建筑电气化从鼓励向强制推行转变

图4　欧美国家的建筑节能减排政策六大方向

资料来源：《建筑碳中和白皮书：引领建筑碳中和新时代》，中国网科学，2021年9月23日，http://science.china.com.cn/2021-09/23/content_41681889.htm。

目组合超过388个，价值38亿欧元。欧洲复兴开发银行在2016年7月发行了6.5亿美元的3年期绿色债券。世界银行还通过购买客户发行的绿色标签和气候债券，支持资本市场交易。欧洲复兴开发银行正积极支持所在国的绿色资本市场发展，为企业客户提供宝贵的帮助、知识和指导，将其普通债券转化为绿色或气候债券。世界银行还与气候债券倡议组织（CBI）合作，积极参与技术工作组，包括一个专门针对建筑的工作组，并讨论不同部门的绿色标签债券的标准和要求。

（2）针对绿色建筑的结构化金融产品

欧洲复兴开发银行通过非金融机构支持各种结构性金融产品，以释放分散的建筑行业能源效率的巨大潜力。2016年，世行向立陶宛公共投资发展局提供了一笔高达5000万欧元的贷款，用于资助住宅公寓楼的需求侧能效投资。该项目旨在将浪费的能源和二氧化碳排放量减少约40%。

建筑行业能效投资融资的其他非金融机构还有节能服务公司（ESCO）。欧洲复兴开发银行招募私营经济和社会服务机构，为公共受益人设计、资助、维持和运营提高能源效率的服务。这些投资通常是签订基于业绩的合同，从由此节省下来的资金中收回。由于节余是在很长一段时间内实现的，ESCO可以转售预期的应收款项，并为未来的投资进行再融资。

（3）绿色经济融资设施

全球环境基金（GEF）的目标是为可持续能源和资源效率项目发展地方融资市场。通过全球环境融资平台，欧洲复兴开发银行向当地合作金融机构（PFI）提供信贷额度，以贷款或租赁方式转贷中小型绿色项目。信贷额度的补充是为PFI能力提高和项目评估提供技术援助，偶尔还提供低强度赠款，以奖励选择先进技术的最终受益者。迄今为止，全球环境基金已促进了60832个建筑资产的翻新。

（4）绿色建筑成为重要的绿色债券资产类别

Berlin Hyp是德国一家专业的商业房地产融资机构，绿色建筑贷款是其唯一的合格资产类别。同时，绿色建筑已发展成为绿色债券市场中最重要的资产类别之一。根据UniCredit和气候债券倡议组织的数据，2019年有660亿美元的绿色债券用于绿色建筑融资或再融资或绿色建筑贷款。这一数字占2019年绿色债券发行总量（2349亿美元）的28%。根据所采用的计算方法，建筑物的碳排放量占欧洲所有CO_2排放的30%~40%，这清楚地表明了绿色建筑是绿色债券市场的重要组成部分。

2018年12月，由欧洲抵押贷款联合会和欧洲资产担保债券理事会牵头的节能抵押贷款倡议（EEMI）发布了节能抵押贷款的第一个定义。它规定，翻新工程必须使能源需求或消耗量减少至少30%，才能使为翻新工程融资

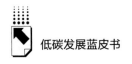

的抵押贷款被视为节能。

对"前15%"的提及也是气候债券倡议组织的一个关键方面，其低碳建筑标准仅接受区域市场中碳强度最低的15%。CBI制定的城市基线是包括绿色债券（再）融资绿色建筑期限的轨迹。债券期限越长，允许的最大碳强度越低。这种方法旨在确保至少在债券到期日之前，绿色节能建筑在当地市场中占据前15%的份额。

2019年6月的《绿色债券影响报告》手册为报告绿色建筑和能源效率的影响提供了指导。但绿色金融贷方的假设和计算各不相同，因此，由两个不同贷方组成的财团资助的节能绿色建筑可以在其影响报告中产生不同的碳避免数据。

虽然融资翻新的影响报告应始终比较翻新前后建筑物的能源性能和碳排放，但绿色建筑的建造或收购融资需要更复杂的计算。Berlin Hyp是绿色债券市场上唯一一家通过使用两种不同的基准来衡量通过其绿色债券降低碳排放的发行人，一种基准代表欧洲现有商业房地产的平均水平，另一种是德国节能规范（EnEV）。通过节能绿色建筑降低碳排放是未来几年的重大任务之一。随着绿色建筑定义的持续统一，这将使房地产贷方和绿色债券投资者更加清晰资金方向，从而支持市场和资产类别。

2. 中国国家政策层面：法规标准逐步完善，建筑脱碳开始发展

我国建筑行业碳减排处于从普通建筑到低能耗绿色建筑的发展阶段，全国性的政策主要集中在以绿色建筑替代传统高能耗建筑方面。目前，部分发达城市已经鼓励探索超低能耗建筑的建设和改造，未来建筑脱碳有望继续深入至超低碳建筑或净零碳建筑。在工作试点和推广阶段，以政府相关管理部门的督促及科研机构的研究为主；在深化阶段，政府已不再是主导力量，而是以产业开发为主，并从政府主导的法律法规转为市场引导及经济激励政策。[1] 中国关于绿色建筑的政策路径大致可以总结为四个阶段。

---

① 田均森、张綦斌、赵丽坤：《中国绿色建筑政策发展路径研究》，《中国市场》2017年第32期。

（1）2003年前的工作试点阶段

2003年《节约能源法》首次将建筑节能列入法律，为推进绿色建筑发展提供了法律依据。

（2）2004～2008年的工作推广阶段

2004年国家提出要大力发展节能省地型住宅，并在2006年发布《绿色建筑评价标准》。2006年建设部也发布《民用建筑节能管理规定》，2007年住建部印发《绿色建筑评价标识管理办法（试行）》，2008年国务院发布《民用建筑节能条例》和《公共机构节能条例》。

（3）2008～2016年的逐步深化阶段

2008年住建部成立绿色建筑评价标识管理办公室，管理绿色建筑评价标识。2009年国家开始大力推进一、二星级绿色建筑评价标识。2010年"十二五"纲要提出要大力推广绿色建筑、绿色施工，推广先进环保建材及优化的信息管理模式，第一次将绿色建筑的发展正式列入我国中长期发展规划中。2012年住建部发布《关于加强绿色建筑评价标识管理和备案工作的通知》，鼓励业主、房地产及企业开发绿色建筑，同年财政部与住建部共同发布《关于加快推动我国绿色建筑发展的实施意见》。[①] 2013年发改委和住建部共同制定《绿色建筑行动方案》，颁布《"十二五"绿色建筑与绿色生态城区发展规划》。2014年住建部发布《住房城乡建设部关于保障性住房实施绿色建筑行动的通知》和《绿色建筑评价标准》（GB/T50378—2014）。2015年发布《公共建筑节能设计标准》和《绿色工业建筑评价技术细则》。

（4）2016年至今的全国推广阶段

2016年颁布了《住房城乡建设事业"十三五"规划纲要》《"十三五"节能减排综合工作方案》。2017年颁布了《"十三五"装配式建筑行动方案》《建筑节能与绿色建筑发展"十三五"规划》《建筑业发展"十三五"规划》。2018年颁布了《住房城乡建设部建筑节能与科技司2018年工作要点》。2019年发布了《绿色建筑评价标准》（GB/T50378—2019）和《近零

---

① 刘志鸿：《乘势而为，推动建筑业高质量绿色发展》，《建筑技艺》2019年第10期。

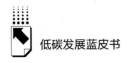

能耗建筑技术标准》。2020年住建部、发改委等七部门联合印发《绿色建筑创建行动方案》。① 2021年发布了《超低能耗建筑评价标准》和《绿色建筑被动式设计导则》。

其中，2020年7月，住房和城乡建设部、国家发展改革委等七部门发布的《绿色建筑创建行动方案》要求，到2022年城镇新建建筑中绿色建筑面积占比达到70%，星级绿色建筑持续增长，既有建筑能效水平不断提高，住宅健康性能不断完善，装配式建造方式占比稳步提升，绿色建材应用范围进一步扩大。同时各地政府也积极响应国家政策，因地制宜地出台了各种行动方案。

2021年9月发布了《中共中央 国务院关于完整准确全面贯彻新发展理念做好碳达峰碳中和工作的意见》，要求提升城乡建设绿色低碳发展质量，大力发展节能低碳建筑，加快推进超低能耗、近零能耗、低碳建筑规模化发展，全面推广绿色低碳建材，推动建筑材料循环使用，并提出加快优化建筑用能结构，加快推动建筑用能电气化和低碳化。②

2021年10月，国务院印发《2030年前碳达峰行动方案》，对建筑行业提出了推进城乡建设绿色低碳转型、加快提升建筑能效水平、加快优化建筑用能结构、推进能存建设和用能转型、推动建材行业碳达峰、加快推进绿色建材产品认证和应用推广、加强新型胶凝材料、低碳混凝土、木竹建材等低碳建材产品研发应用等要求。

3. 中国地方政府相关政策：九大方面共同发力，全面推广低碳建筑

除了国家层面的政策法规，地方政府也陆续出台了有关绿色建筑的评价体系和法律法规，在制定发展目标的基础上，颁布强制措施及激励措施。总体来说，为了增加绿色建筑面积占比，各个地方政府主要关注以下几个方面问题：①新建建筑实行绿色设计；②提高绿色建材的使用；③增强新技术的开发与推广；④通过政府财政推动绿色建筑发展；⑤为星级绿色建筑提供标

---

① 《〈绿色建筑创建行动方案〉印发》，澎湃网，2020年7月24日，https：//m.thepaper.cn/baijiahao_8420473。
② 郭占恒：《实现碳达峰碳中和的紧迫性和浙江行动》，《浙江经济》2021年第10期。

识；⑥关注建筑健康功能；⑦提高建筑物能源效益水平；⑧增加财政支持力度；⑨推动建筑工业化进程。

目前，中国对于建筑方面的碳减排政策的支持导向是全方位覆盖的，具体体现在两个方面：不只局限于鼓励新增绿色建筑，也大力支持对旧建筑进行改造；不仅积极主动推进低碳技术的发展和运用，也提供财税金融政策支持。

针对更高标准的超低能耗建筑，各地也基于自身条件开始探索扶持政策。例如，上海在2020年发布《上海市建筑节能和绿色建筑示范项目专项扶持办法》（沪住建规范联〔2020〕2号）①，将超低能耗建筑示范项目作为新增补贴项目类型，建筑面积要求0.2万平方米以上，每平方米补贴300元，远高于绿色建筑的50~100元。未来对于更高标准的碳中和建筑，政策支持力度可能会提高。

除了大力推广绿色建筑和超低能耗建筑，以建筑碳减排和碳中和为目标，中国出台了相关的指南和标准，为将来建筑进一步脱碳打下基础。

建材方面：《建筑材料工业二氧化碳排放核算方法》明确建筑材料工业二氧化碳排放分为燃料燃烧过程排放和工业生产过程排放两部分。中国建筑材料联合会发布的《推进建筑材料行业碳达峰、碳中和行动倡议书》提出，推进低碳技术在建筑材料行业的应用，在优化工艺技术的同时，研发新型胶凝材料、低碳混凝土、吸碳技术，以及低碳水泥等低碳建材新产品。

建筑碳排放计算标准：住建部在2019年4月26日发布了《建筑碳排放计算标准》（GB/T51366—2019），于2019年12月1日起实施。该标准规范了建筑碳排放的计算方法，根据建筑的全生命周期梳理了新建、扩建和改建的民用建筑的碳排放计算，是建筑全周期碳足迹盘查和建筑领域达到碳中和第二层意义的基础标准。

4. 中国金融政策：促进企业参与，商业与环保共赢

为了推动经济的绿色转型，国家在金融领域推出一系列政策对绿色产业

---

① 《〈上海市建筑节能和绿色建筑示范项目专项扶持办法〉修订出台》，《建筑科技》2020年第8期。

和绿色项目的融资提供支持。绿色建筑行业具有较大的融资需求，房企在打造绿色地产的项目时，可以以发行绿债作为开拓低成本融资的重要渠道。

从一级发行票面利率来看，绿色债券较同一主体的非绿色债券有优势。以传统公司债为例，房企国内的融资成本平均为 5.5%~7.5%；海外发债的融资成本明显上涨，截至 2019 年上半年，中国房企海外债的票面利率均值已达到 8.8%。相反，近几年中国开发商在境内所发行的绿债的平均票面利率约为 4.5%，相比国内其他传统融资渠道优势明显。此外，根据中央结算公司的分析，在国内市场上贴标绿色债券的超额认购率亦高于普通债券，反映了其市场需求。

在绿色建筑星级方面，除了国内《绿色建筑评价标准》二星、三星标准，国外权威绿色建筑评价体系同样可以适用，如国际 LEED 金级标准。绿色建筑标识的出具机构可以是住建部门，也可以是专业的第三方机构。[1] 通常情况下申报绿债需要取得绿色建筑标识。实际中，标识申请中的项目也可以申报绿色债券，在绿色建筑星级认证申请中的项目也有获批发债的先例。

绿色建筑竣工后需要进行绿色建筑运行标识评价/正式评价，发行人应完善项目质控；绿色债券可以设计投资者保护条款，约定如果绿色债券标识被撤销，投资者可以回售。

碳中和债券是 2021 年第一季度推出的绿债品种，相比绿色债券，其资金用途范围较为狭窄，不仅需要符合《绿色债券支持项目目录》，而且必须能够产生碳减排效益。碳中和债券主要用途包括以下几类项目：①光伏、风电及水电等清洁能源类项目；②电气化轨道交通等清洁交通类项目；③绿色建筑等可持续建筑类项目；④电气化改造等工业低碳改造类项目。[2]

碳中和债券要求存续期信息披露更为精细。碳中和债券存续期间需要在年报、半年报中披露募集资金的使用情况、募投项目进展情况以及定量的碳

———————

① 《房企融资成本回升　专家建议关注绿色债券》，央广网，2020 年 12 月 16 日，https://baijiahao.baidu.com/s? id=1686234003053205541&wfr=spider&for=pc。

② 《曾刚专栏｜碳中和债逐渐升温，绿色债券市场迎来新风口》，21 世纪经济报道，2021 年 7 月 30 日，https://m.21jingji.com/article/20210730/24554de36a7dbadbe7de326b5c42c6b5.html。

减排环境效益等内容。

可持续发展挂钩债券是 2021 年 4 月交易商协会推出的，是将债券条款与发行人可持续发展目标相挂钩的债务融资工具。[①]

这些绿色金融工具的推行，旗帜鲜明地表明了国家对碳减排和碳中和的支持。对于建筑企业来说，既可以融资获得资金，又可以在市场上树立良好形象、赢得声誉。因此，企业当下积极参与建筑碳减排和碳中和进程将是一举多得的好事。

二　各生命周期阶段的碳排放分析

（一）生命周期评价概述

生命周期评价（Life Cycle Assessment，LCA）是一种应用广泛的环境评价工具。生命周期的概念最早在 20 世纪 60 年代提出，1969 年可口可乐公司对饮料容器从原材料开采到废弃处理的全生命周期过程进行定量分析，并基于结果选择饮料容器。生命周期评价可以针对产品从"从摇篮到坟墓"的全生命周期过程，对其输入、输出的潜在环境影响进行评价。考虑部分生命周期环节而非全生命周期的研究称为部分生命周期评价，例如"从摇篮到大门"的部分生命周期研究包括原材料获取、运输和制造的过程。此外，目前国际上的研究也提出了开环生命周期评价，即"从摇篮到摇篮"的生命周期评价，涉及产品的报废和回收循环利用的过程。

国际标准《ISO 14040 环境管理——生命周期评价——原则与框架》明确定义了生命周期评价的四个阶段（见图5），即目标与范围的确定、清单分析、影响评价和结果解释。第一阶段是确定研究的目标和范围，其中应描述几个重要方面，例如预期应用、目标受众、功能单位、系统边界、数据要

---

① 《2022 年绿债或将跳跃式发展　国际化步伐加快》，21 世纪经济报道，2021 年 12 月 31 日，http：//www.21jingji.com/article/20211231/cbcf08b0134b575d43e9750b6551ae73.html。

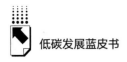
求、假设等。其中功能单位是用于量化产品输入、输出的参考单位，系统边界定义了生命周期评价研究系统所包括的单元过程，而研究系统通常显示在工艺流程图中。

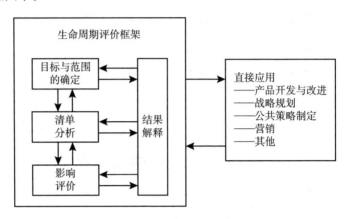

图 5　生命周期评价框架

资料来源：《ISO 14040 环境管理—生命周期评价—原则与框架》。

第二阶段是清单分析，也称为生命周期清单（Life Cycle Inventory，LCI）分析。通过实地调查、访谈、问卷调查、文献分析等方法收集研究产品生命周期阶段产生的环境数据，并基于功能单位计算出研究系统的清单。数据收集是一个耗时的过程，需要追溯生命周期链条的上下游数据，因而收集可靠的数据是生命周期评价的难点所在。在没有足够原始数据的情况下，也可采用现有的 LCI 数据库，例如 Ecoinvent、USLCI 等，可以显著提高工作效率。清单分析以功能单位为基础计算得出排放或能耗清单。如果在一个过程中生产出一种以上的产品，则需要在副产品之间分配排放量和物质流。

第三阶段是生命周期影响评价（Life Cycle Impact Assessment，LCIA）。该阶段可评估产品在特定影响类别（如气候变化、生态毒性、臭氧消耗等）方面的环境绩效。生命周期影响评价是一个复杂的阶段，它从清单分析结果中提取基本信息，以帮助理解特定影响类别的环境影响。目前国际上有 20 余种常见的生命周期影响评价方法，然而，如何选择生命周期影响评价方法仍然存在争议。基于影响评价分析在因果链上的不同位置，有两类生命周期影响评价：中点分析和终点分析。中点分析可用于计算各环境影响类别的污染排放和能源消耗，而终点分析是通过损伤模型计算产品对于各损伤类别的影响。

第四阶段是生命周期结果解释。在此阶段，清单分析和影响评价的结果可以与目标和范围定义相结合。因此，生命周期评价的研究结果可用于向决策者提供建议，以便采用更环保的方案。在某些情况下，生命周期评价仅涉及目标与范围的确定、清单分析和结果解释三个阶段，此时，污染物的排放量不会转换为影响类别的指标。是否将影响评价纳入评估由生命周期评价的研究工作者决定。

（二）建筑生命周期评价核算范围与方法

欧洲标准《EN15978—2011 建筑工程的可持续性——建筑环境性能评估——计算方法》是目前国际上开展建筑生命周期评价研究的重要参考。根据 EN15978，建筑生命周期包括生产（A1—A3）、施工（A4—A5）、使用（B1—B7）和终止（C1—C4）四个阶段。其中生产阶段包括 A1 原材料供应、A2 运输和 A3 制造加工。施工阶段包括 A4 运输和 A5 工地施工。使用阶段包括 B1 使用、B2 维护、B3 维修、B4 重置、B5 翻新、B6 运行能耗和 B7 运行水耗。终止阶段包括 C1 建筑物拆除、C2 运输、C3 废弃物处理和 C4 废物处置。此外，建筑垃圾还可以回收、再利用，进而产生剩余价值。

建筑的碳排放产生于生命周期的各个环节，因各个环节的特点不同，计算方法也有所区别。对于生产阶段，建筑的碳排放主要来源于建筑材料开采、运输和生产的各个环节，该部分的计算类似于产品"从摇篮到大门"的生命周期研究，通常基于国际和国内数据库中的数据集。例如，在欧洲 Ecoinvent 数据库中包括了混凝土、覆盖材料、隔温材料、涂料、门窗等 10 余种建材类别。研究人员通过在数据库中选取适合的建材，即可得到温室气体排放清单。再根据 IPCC 发布的全球变暖潜能值（GWP），可以核算得到该建材在"从摇篮到大门"的碳排放，核算结果通常以千克二氧化碳当量（$kgCO_2e$）表示。除了直接运用数据库中的数据集外，研究人员可以根据具体情况，获取所研究建材的原始数据。与数据库中的数据相比，原始数据具有更高的可靠性、代表性、相关性等。然而，获取原始数据的时间成本和人力成本较高，考虑到建筑物的建材种类繁多，每种建材都收集原始数据的工作量庞大，因此，运用数据库的数据是目前国际上常用的方法。

建筑物施工过程的碳排放主要来源于两个方面：建材运输和工地施工。其中建材运输所产生的碳排放，可以参考《IPCC 2006 年国家温室气体排放清单指南》第三章移动源燃烧的方法。

道路产生的二氧化碳排放计算公式为：

$$排放 = \sum_a \left[燃料_a \times EF_a \right]$$

其中，排放是二氧化碳排放量（kg），燃料是销售燃料（TJ），EF 是排放因子（kg/TJ），a 是燃料类型（如汽油、柴油、天然气等）。

各种燃料的排放因子见表1。

表 1　道路运输各种燃料的排放因子

燃料类型	缺省（kg/TJ）	低限	高限
动力汽油	69300	67500	73000
汽油/柴油	74100	72600	74800
液化石油气	63100	61600	65600
煤油	71900	70800	73700
润滑剂	73300	71900	75200
压缩天然气	56100	54300	58300
液化天然气	56100	54300	58300

资料来源：IPCC 2006。

上述方法需要获取或估算燃油的活动水平数据，但是该数据通常较难获取。也可收集车辆型号、货物重量和运输距离，运用数据库中的数据集进行运输过程的碳排放计算。相比燃油活动水平数据，车辆型号、货物重量和运输距离的数据较易获取。非道路运输（航运、航空）所产生的碳排放，也可以通过上述两种方法进行计算。

建筑施工过程的碳排放主要来源于工地设备燃油、用电、用水、建筑垃圾处理等。具体用水、用电、燃油和建筑垃圾处理的计算可以参考《IPCC 清单指南》《建筑碳排放计算标准》（GB/T51366—2019）等相关标准，也可以运用数据库的数据集进行计算。目前已有相关的针对施工过程提供碳排放计算工具的研究（见表 2）。使用者只需要在工具的数据输入界面输入所研究施工项目的相关数据，即可得到建筑施工项目的碳排放结果。

表 2　现有部分建筑施工碳排放计算工具

工具	开发者	国家	来源
Construction Carbon Calculator	BuildCarbonNeutral. org	美国	www. buildcarbonneutral. org/
EMoC	香港大学	中国	Dong & Ng（2015）
CFCCP	Lebanese American University	美国	Rohrmus et al.（2011）
EC3	Carbon Cure	美国	www. carboncure. com
AutoBIM	Balfour Beatty	英国	www. autobim. co. uk
Quota-based Carbon Tracing Model	广东工业大学	中国	Fang et al.（2018）

资料来源：Dong, Y. H. , Ng, S. T. , "A Life Cycle Assessment Model for Evaluating the Environmental Impacts of Building Construction in Hong Kong", *Building and Environment*, 2015, 89, pp. 183-191. Rohrmus, D. , Mose, C. , Holst, J. C. , et al. , *Sustainable Manufacturing at Siemens AG*, Springer Berlin Heidelberg, 2011. Fang, Y. , Ng, S. T. , Ma, Z. D. , et al. , "Quota-based Carbon Tracing Model for Construction Processes in China", *Journal of Cleaner Production*, 2018, 200, pp. 657-666.

建筑使用阶段的碳排放是建筑生命周期碳排放研究中的热点和难点。相对其他生命周期阶段，建筑使用阶段的碳排放占比较高，因而备受关注。B1 建筑使用过程的碳排放，通常指建筑长达几十年甚至上百年的使用过程中，建筑物的各个组件，例如涂料、制冷剂等的温室气体逸散。B1 的碳排放数据可以来源于建筑材料和设备的说明书、现场测量或文献等。B2 为建筑维护过程的碳排放，即在常规的清洁、维护阶段的用能、用水、清洁用品采购等，例如外墙的清洁、玻璃幕墙的清洁与维护、大门的维护等。B3 是维修过程产生的碳排放，即因建筑物不可预测的损坏而导致的维修过程所产生的碳排放。根据《EN 15978》第 3.5.3.2 条，若 B3 的数据缺失，可以按照 25% 的 B2 碳排放进行估算。B4 为重置过程，包括设备的替换、窗体和楼顶的替换等。建筑物的重置过程是基于设备、建筑部分的老化具有周期性的过程，因此，计算 B4 的碳排放，需要获取设备及建筑物各部分的使用年限，再运用 A1—A3 过程的核算方法计算替换的部分所产生的碳排放。B5 是建筑物的翻新。与替换不同，翻新被定义为对建筑物的物理特性进行有计划的改造或改进。翻新过程涉及项目使用寿命期间某一点的预定用途变更，以及建筑物若干部分的大量工程。大部分建筑使用阶段的碳排放研究，针对 B6 建筑运行过程的能耗，具体可包括暖通设备、照明设备、电梯设备、热水系统等，以及 B7 建筑物运行过程的水耗。对于 B6、B7 过程的碳排放计算，可以参考《建筑碳排放计算标准》（GB/T51366—2019）。

当建筑物达到其使用寿命并不再使用时，终止阶段开始。因建筑物寿命结束时的退役、剥离、拆卸、解构和拆除操作以及材料运输、加工和处置产生的任何碳排放应该纳入核算范围。评估员应根据所提供的规划、案例和项目特点，为建筑以及相关的单个建筑组件制定合适的场景并进行碳排放核算，并在全生命周期碳评估报告中明确说明和解释情景。

（三）建筑生命周期碳排放研究现状

建筑的全生命周期过程的碳排放随着建筑的生命周期阶段而变化。根据近期的研究表明（见表 3），对于生产阶段，GHG 排放范围为 307~1487 千克/米^2，其中位数为 490 千克/米^2，由美国匹兹堡的一座 3 层净零能耗建筑产生，其碳排放主要来自混凝土（30%）、钢材（28%）、光伏板（18%）等。生产阶段的温室气体排放受建筑结构的影响。研究发现，生产阶段钢结构建筑的中位数为 832 千克/米^2，而混凝土结构建筑和木结构建筑的中位数分别为 497 千克/米^2 和 464 千克/平方米。在生产阶段，住宅建筑的中位数为 498 千克/米^2，商业建筑的中位数为 377 千克/米^2。

表3 建筑物生命周期各个阶段碳排放统计分析

生命周期阶段		建筑结构			建筑类型		总体
		混凝土	木	金属	住宅	商业	
生产与施工 ($kgCO_2e/$ m^2)	最小值	114.2	169	419	91	90.6	90.6
	最大值	2700	1355	1208	2700	1487	2700
	平均值	615	623	816	688	423	635
	中位数	497	464	832	498	377	490
	数量	35	14	7	47	15	80
使用 ($kgCO_2e/$ $m^2/$年)	最小值	1.3	3.2	2.2	1.3	20.8	1.3
	最大值	717	61.9	78.8	75.5	717	717
	平均值	78.3	29.1	34.9	33.4	110	51.3
	中位数	42.3	24.2	29.4	32.8	22.6	27.7
	数量	19	8	4	26	9	42
终止 ($kgCO_2e/$ m^2)	最小值	−42.9	−222	43.3	−222	9.2	−222
	最大值	389	408	45.9	389	30.4	408
	平均值	44.2	73.0	44.6	20.5	26.6	45.4
	中位数	20.8	43.2	45.9	16.9	29.5	28.9
	数量	14	10	2	21	7	37

资料来源:Dong, Y., Ng, S. T., Liu, P., "A Comprehensive Analysis Towards Benchmarking of Life Cycle Assessment of Buildings Based on Systematic Review", *Building and Environment*, 2021, 204(5).

由于不同的运行和维护要求,以及所研究建筑案例的地理差异,使用阶段的排放量差异很大,范围为1.3~78.8千克/米²/年。木结构建筑的中位数为24.2千克/米²/年,而混凝土结构建筑和钢结构建筑的中位数分别为42.3千克/米²/年和29.4千克/米²/年。其他建筑类型(如教育或医院建筑)的排放量中位数为15.3千克/米²/年,相对低于住宅和商业建筑。使用阶段温室气体排放的总体中位数为27.7千克/米²/年,由加拿大温哥华的一栋2层住宅楼排放,在这种情况下,运营温室气体排放占整个生命周期温室气体排放的80%以上。在使用阶段,温室气体排放量非常低的建筑大多是零碳建筑或被动式建筑。例如,挪威的一座近被动式的住宅楼的排放量最

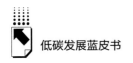

低，仅有 1.3 千克/米²/年，该建筑安装了新型供暖和通风系统，并采用了现代隔热和节能门窗，可使温室气体排放量减少 69%。其中使用阶段的能源消耗对温室气体排放量高的建筑物的贡献显著。

终止阶段的排放量范围为 0.87~49.7 千克/米²。在极端情况下，最低值为 -222 千克/米²，这是瑞典一栋 8 层木质公寓楼，负排放产生于 90% 的木质拆除材料被回收并用作生物燃料。另一个负排放为 -42.9 千克/米²，来自澳大利亚维多利亚州的混凝土结构多层住宅建筑，负排放主要产生于建筑材料的回收。敏感度分析研究表明，通过层压木结构建筑，填埋场腐烂木材释放的甲烷封存可大幅减少，不采用层压方法的排放量为 303 吨，而采用层压方法的排放量为 -345 吨。

三　国内外标准建设工作

（一）国际建筑行业节能相关标准建设情况

为规范绿色建筑的发展，世界各地都颁布了与绿色建筑有关的认证规范。目前世界上的绿建标准约有 50 个，但不是每一个都获得了广泛的应用。按照《2020 中国绿色建筑市场发展研究报告》，就证书量而言，英国 BREEAM、法国 HQE、美国 LEED 和中国《绿色建筑评价标准》排名前四位，之后是澳大利亚的 NABERS、美国 GPR、德国 DGNB、日本 CASBEE 等评估体系。[①]

2009 年的世界标准日（10 月 14 日），英国标准协会（BSI）表示将制定公众使用标准《PAS 2060——碳中和标准和认证》。[②]

由于能源的过度消耗影响了经济和社会的可持续发展，全球逐步开展了节能减排行动。建筑行业作为全世界能耗最高的领域之一，是节能减排的重

---

① 中国房地产业协会：《2020 中国绿色建筑市场发展研究报告》，2021 年。
② 王晶晶：《英国标准协会新闻动态》，《中国标准导报》2009 年第 11 期。

点。因此，各国纷纷开展了建筑节能与绿色建筑的推广工作，以降低建筑能耗和碳排放。

（二）中国建筑行业节能相关标准建设情况

中国作为建筑能耗大国，自20世纪80年代以来不断推动建筑节能与绿色建筑工作，颁布了诸多相关法律法规和标准。

在20世纪80年代初的理论探索阶段，主要开展了民用建筑用能调查、建筑节能技术和标准研讨。1986年颁布了中国首个居住建筑节能设计标准《民用建筑节能设计标准（采暖居住建筑部分）》，提出了节能30%的目标。

1988~1992年试点与示范阶段，国家印发了《关于加快墙体材料革新与推广节能建筑的意见》。

在制度建设阶段，1993~1996年颁布了中国首个公共建筑节能标准《旅游旅馆建筑热工与空气调整节能设计标准》。建设部成立建筑节能办公室和建筑节能中心，颁布施行了《建筑节能技术政策》。之后修改完善《民用建筑节能设计标准（采暖居住建筑部分）》，将节能目标提高至50%。[①]

1997年制定并实施了《中华人民共和国节约能源法》，1999年发布了《民用建筑节能管理规定》，首次对建设项目审批、设计等各相关责任主体的职责等做出具体的规定。

2003年颁布《关于城镇供热体制改革试点工作的指导意见》。

2005年颁布《公共建筑节能设计标准》和《可再生能源法》。

在制度完善、实施阶段，2006年修订《民用建筑节能管理规定》，颁布中国第一个绿色建筑综合评价标准《绿色建筑评价标准》（GB/T50378—2006）。[②] 2006年和2007年，住建部又发布了《绿色建筑评价技术细则

---

① 董晓亚、李德英、吴景山：《我国建筑节能与绿色建筑立法策略研究》，《建筑热能通风空调》2020年第4期。

② 顾泰昌：《我国建筑可持续发展标准编制的可行性分析》，《第一届工程建设标准化高峰论坛论文集》，2013。

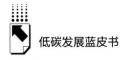

（试行）》和《绿色建筑评价标识管理办法》等，逐渐建立起中国的绿色建筑评价体系。[①]

2008年出台了《民用建筑节能条例》和《公共机构节能条例》，对《节约能源法》的建筑节能条款，做出了具体的实施指导。[②]

2009年颁布了《公共建筑节能检测标准》和《居住建筑节能检测标准》；实行"节能产品惠民工程"，并采取财政补贴的方式，促进高效节能房间空调器和照明器具的推广应用。

2010年修订《严寒和寒冷地区居住建筑节能设计标准》和《夏热冬冷地区居住建筑节能设计标准》[③]，发布了《中华人民共和国实行能源效率标识的产品目录》，共涉及23种建筑用能产品，节能产品认证种类达57个。[④]

2013年出台了《绿色建筑行动方案》，全面推动绿色建筑行动。颁布《夏热冬暖地区居住建筑节能设计标准》，提出新建居住建筑的采暖空调能耗，与没有实行节能措施前相比，要节能50%。

2014年发布《关于保障性住房实施绿色建筑行动的通知》《绿色保障性住房技术导则》《关于在政府投资公益性建筑及大型公共建筑建设中全面推进绿色建筑行动的通知》，我国绿色建筑进入强制推广时期。2014年4月第一次修订的《绿色建筑评价标准》发布。[⑤]

2015年印发《绿色工业建筑评价技术细则》，使评价工作规范化。为推动绿色建材生产和应用，我国制定了《促进绿色建材生产和应用行动方案》。颁布了《绿色建材评价标识管理办法实施细则》和《绿色建材评价技

① 《绿色建筑咨询工程师》，百度百科，http：//baike.baidu.com/item/绿色建筑工程师/56721481。

② 《数据中心节能与能效评价指南》，原创力文档，2020年8月11日，https：//max.book118.com/html/2020/0811/6232050144002230.shtm。

③ 陶子韬：《海上丝绸之路博物馆室内热湿环境被动调节技术研究》，西安建筑科技大学硕士学位论文，2017。

④ 吴柳：《碳交易与节能量认证交易在建筑领域中的协调应用研究》，重庆大学硕士学位论文，2016。

⑤ 李张怡、刘金硕：《双碳目标下绿色建筑发展和对策研究》，《西南金融》2021年第10期。

术导则（试行）》，以推进绿色建筑和建材工业提质升级和新型城镇化。[①]

2018年，为落实好民用建筑能源资源消耗统计分析工作，出台了《民用建筑能源资源消耗统计报表制度》。2018年《绿色建筑评价标准》进行了第二次修订并于2019年3月正式出台，8月1日起实施。新版《绿色建筑评价标准》中的绿色建筑指标，包括安全耐久、健康舒适、生活便利、资源节约、环境宜居、提高和创新共六类。评价范围涵盖建筑的全生命周期各阶段，涉及规划设计、施工、运营管理及回收等。经过三版两修后的新《标准》总体上达到国际领先水平。

2019年，中国住房和城乡建设部出台了《建筑碳排放计算标准》，提出了建筑不同阶段的碳排放计算方法和计算因子取值，为碳排放计算提供了依据。该标准可用于计算新建、扩建和改建的民用建筑的建材生产及运输、建造及拆除、运行阶段的碳排放量。作为建筑碳排放计算标准，为制定具体的建筑全生命周期碳排放指标夯实了基础。

2021年出台了《绿色建筑标识管理办法》，对绿色建筑标识的申报和审查程序、标识管理等做了具体规定。2021年9月，住房和城乡建设部发布国家标准《建筑节能与可再生能源利用通用规范》，进一步降低新建居住建筑和公共建筑平均设计能耗水平，在2016年执行的节能设计标准基础上降低30%和20%。这极大地促进了建筑围护结构行业（门窗、保温材料行业）和建筑节能领域其他行业的发展。[②]

四　建筑碳标签基准化机制

（一）建筑碳标签基准化机制现状

基准管理是通过组织学习他人的成功实践来提高绩效的管理方法。基准

---

① 徐敏：《绿色建材评价及相关趋势分析》，《工程与建设》2019年第3期。

② 《住房和城乡建设部关于发布国家标准〈建筑节能与可再生能源利用通用规范〉的公告》，住房和城乡建设部网站，2021年10月13日，https：//www.mohurd.gov.cn/gongkai/fdzdgknr/zfhcxjsbwj/202110/20211013_762460.html。

管理是一项持续的工作，需要调整关键的内部流程、监控绩效，并与当前最佳绩效情景进行比较，研究进一步的变化。因此，为了通过选择低碳建材、控制使用阶段的碳排放来达到碳排放控制的目的，制定适当的基准机制对于碳标签的成功至关重要。目前国际上有以下生态标签的基准机制：①中国香港的自愿能源效益标签；②新加坡的绿色建筑产品认证；③美国的能源之星；④欧盟在欧洲的能源标签；⑤英国能源绩效证书。

国际上有多种方法对建筑物的碳排放进行基准化（见表4）。①针对生命周期阶段定义基准值，可以包括：全生命周期，即基准值是建筑物整个生命周期的碳排放值；各生命周期阶段，即基准值是建筑各生命周期阶段的碳排放值。②数值水平的选择来定义基准值包括：最低可接受值，即限制值定义为可接受的最低值；当前最先进技术的值，即当前技术状态的平均值或中位数；最佳实践值，即在建筑项目中达到的最佳实践的碳排放值。③自上而下或自下而上的方法定义基准值包括：自上而下的根据政策目标定义的基准值；自下而上基于大多数现有理论值得出的基准值。④运用绝对值或相对值定义基准值包括：绝对值，即基准值定义为固定值；相对值，即基准值是根据参考建筑物定义的。⑤根据整栋建筑或部分建筑定义基准值包括：整栋建筑，即基准值适用于整栋建筑碳排放值；部分建筑，即基准值适用于各个建筑组件。

表4 建筑碳排放基准值研究方法汇总

类别	基准值方法
生命周期阶段	全生命周期
	各生命周期阶段
数值水平	最低可接受值
	当前最先进技术的值
	最佳实践值
自下而上或自上而下	自上而下
	自下而上
绝对值或相对值	绝对值
	相对值
整栋建筑或部分建筑	整栋建筑
	部分建筑

表 5 列出的是国际上现有建筑物的基准机制的参考单位、参考研究周期和地理覆盖范围。关于参考单位，基准值可表示为每平方米的建筑面积、每名居住者或整个建筑。此外，可报告整个参考研究期间的基准值，或将基准值转换为年值。大多数分析基准值的定义是基于每平方米的建筑面积。所分析的基准机制中使用的参考研究周期为 20~120 年。从可持续性的角度来看，最好采用较长的参考研究期，如 60 年或 100 年，因为它更符合建筑物的实际使用寿命，并允许包括置换和翻新的碳排放，从而可以评估建筑构件耐久性相关的效益。关于地域范围，大多数基准系统是在国家一级定义的。建议采用国家级基准，从而确保考虑到当地的因素，如气候、地震限制、施工实践和文化背景等。对于幅员辽阔的大国，还需要进一步区分不同的区域，以包括各个地方的特点。

表5　国际现有建筑碳排放基准机制汇总

基准机制	参考指标及单位	参考研究周期	地理覆盖范围
MPG	总建筑面积（米²/年）	50 年（非住宅）、75 年（住宅）	荷兰
E+/C-	使用面积（米²）	50 年	法国
SIA 2040	供暖总建筑面积（米²/年）		瑞士
BNB	使用面积（米²/年）	50 年	德国
BREAAM	使用者	60 年	英国
CASBEE	套内面积（米²/年）	30 年、60 年或 90 年	日本
DGNB	使用面积（米²/年）	50 年	德国
LEED	建筑物	至少 60 年	美国
Brejnrod et al.（2017）	每年居住	50 年	丹麦
Chandrakumar et al.（2019）	居住、使用者、使用面积（米²/年）	90 年	新西兰
Gervasio and Dimova（2018）	总建筑面积（米²/年）	20 年、30 年或 40 年	欧洲
Konig（2008）	使用面积（米²/年）	80 年	德国
Konig and De Cristofaro（2012）	使用面积（米²/年）	50 年	德国
Lasvaux et al.（2017）	使用面积（米²/年）	50 年	法国

基准机制	参考指标及单位	参考研究周期	地理覆盖范围
Lavagna et al.（2018）	居住、使用者、套内面积（米²/年）	100 年	欧洲
Main am Tinkhof et al.（2017）	使用者、供热总建筑面积（米²/年）	100 年	奥地利
Moschetti et al.（2015）	总建筑面积（米²/年）	50 年	意大利
Open House（EC）（2013）	使用面积（米²/年）	50 年	欧洲
Rasmussen and Birgisdottir（2018）	供热总建筑面积（米²/年）	80 年	丹麦
Rasmussen et al.（2019a）	供热总建筑面积（米²/年）	100 年	意大利北部
Rasmussen et al.（2019b）	总建筑面积（米²/年）	120 年	丹麦
Schlegl et al.（2019）	使用面积（米²/年）	50 年	德国
Simonen et al.（2017）	套内面积（米²）	多种参考研究周期	国际
Zimmermann et al.（2005）	供热总建筑面积（米²/年）		瑞士

资料来源：Trigaux, D., Allacker, K., Debacker, W., "Environmental Benchmarks for Buildings: A Critical Literature Review", *The International Journal of Life Cycle Assessment*, 2020.

（二）建筑碳排放清单数据现状

获取建筑碳排放数据，需要收集系统边界内包含的每个单元过程中的定性和定量数据。所收集的数据，无论是测量值、计算值还是估计值，都需用于针对单元过程输入和输出进行量化。从文献、统计部门收集数据时，应披露数据来源。对于那些可能对研究结论有重要意义的数据，应明确数据收集过程的详细信息、收集数据的时间以及数据质量指标等。如果此类数据不符合数据质量要求，则应予以特殊说明。为了减少数据错漏的风险（例如重复使用收集的数据导致重复计算），应详细记录每个单元过程的信息。

建筑的碳排放清单数据量庞大、单元过程繁多，因此数据库在建筑碳排放清单研究中发挥着重要作用。表 6 列出了目前可以用于建筑物的生命周期数据库。其中加拿大的 Athena、澳大利亚的 BPIC、英国的 ICE、美国的 RSMeans 是针对建筑行业的专业数据库，而其他的数据库内包含建筑相关的数据集。以下将详细介绍三个常用的数据库：Ecoinvent、ICE 和 US LCI。

表6 建筑生命周期数据库

数据库	国家或地区	建筑相关	网站
Athena	加拿大	专业	http://calculatelca.com/
BPIC	澳大利亚	专业	http://www.bpic.asn.au/LCI
CLCD	中国	相关	www.itke.com.cn
Ecoinvent	瑞士	相关	http://www.ecoinvent.ch/
ELCD	欧洲	相关	http://lct.jrc.ec.europa.eu/assessment/data
Danish Input-Output	丹麦	相关	http://www.dst.dk/en/Statistik/emner/produktivitet-og-input-output/input-output-tabeller.aspx? tab=dok
Dutch Input-Output	荷兰	相关	http://www.pre-sustainability.com/download/manuals/DatabaseManualDutchIODatabase95.pdf
ICE	英国	专业	www.bath.ac.uk/mech-eng/sert/embodied
IVAM	荷兰	相关	http://www.ivam.uva.nl/index.php? id=164
Japanese Input-Output	日本	相关	www.toshiba.co.jp/env/en/report/pdf/env_report04.pdf
USA Input-Output	美国	相关	https://www.bea.gov/data/industries/input-output-accounts-data
US LCI	美国	相关	http://www.nrel.gov/lci/
RSMeans	美国	专业	http://rsmeans.reedconstructiondata.com/
SHDB	德国	相关	http://www.openlca.org/shdb

Ecoinvent 数据库由瑞士生命周期清单中心开发，旨在提供高质量的生命周期评价数据。Ecoinvent 是世界领先的生命周期清单数据库，包含18000多个数据集，涵盖了包括能源、交通、建筑材料、金属、化学品、电子、纸张和纸浆、塑料、废物处理和农产品在内的多种类产品。Ecoinvent 从两个来源收集数据：①工业数据；②国际研究机构和汇编的数据。Ecoinvent 可通过访问 http：//www.ecoinvent.org 或者使用商业 LCA 软件工具，如SimaPro、GaBi 和 Umberto Emis 中获取。由于 Ecoinvent 是一个基于瑞士的数据库，数据库中的大部分数据都是从瑞士和欧洲内部收集的。

ICE 由英国巴斯大学机械工程系的可持续能源研究小组（塞尔特）开发，它包含35个产品类别下约200种不同建筑材料的具体碳系数。数据收集自 300 多篇文献，数据符合 SERT 定义的标准。用于编制 ICE 数据库的文献和数据大多与英国建筑业有关，因此碳排放量和内含能源的价值代表了英国市场常用的典型材料。仅在缺乏当地数据的情况下，可根据其他国家的排放系数评估与燃料相关的碳排放值。根据 ICE 数据库，所选材料的边界是从"摇篮到大门"，包括两个温室气体排放源：即输入（燃料）和过程（煅烧）。

USLCI 数据库于 2003 年启动，由美国国家可再生能源实验室（NREL）和"雅典娜"项目开发。它是一个公开的数据库，涵盖 180 多种产品和工艺，包括能源、运输、金属、矿产、化学品、农产品和塑料。数据主要来自愿意支持美国 LCI 数据库开发工作的供应商。USLCI 数据库中的所有数据都是从美国的供应商处收集的。与 Ecoinvent 相比，该数据库包含的数据集相对较少。数据的适用区域在美国境内。该数据库对不同的产品有不同的评估边界，包括"从大门到大门"、"从摇篮到大门"和"从摇篮到坟墓"，这些方法考虑了与美国材料、组件或组件生产相关的流入和流出的能量和材料。

LCA 工具可以分为两种：通用 LCA 工具和建筑 LCA 工具。通用 LCA 工具，如 GaBi 和 SimaPro，是根据生命周期评价数据构建的，可用于各类产品的生命周期评价。这些工具主要用于基准研究，因为它们提供了更多的灵活性和评估可能性。然而，一般的生命周期评价工具需要使用者具有专业的生命周期评价知识，这对建筑从业者通常是比较困难的。建筑 LCA 工具，如 LEGEP、ELODIE，是专门为建筑行业开发的。这些工具通常提供了一个分层评估结构，有助于建筑结构和建筑物的建模。因此，这些工具更适用于行业实践，可用于根据基准值评估特定建筑项目。基准机制中使用了各种 LCI/LCA 数据库。虽然法规、标签和评级工具中实施的基准值主要基于通用和产品特定数据的国家生命周期评价数据库，如德国 ÖKOBAUDAT 和法国 INIES 数据库，但科学研究通常使用通用的 LCI 数据库，如 Ecoinvent 和 GaBi。这种差异与研究性学习的理论性质直接相关。

（三）建筑行业的基准机制工作建议

上述数据库为建筑行业的碳标签基准化工作提供了基础，然而建筑具有区别于其他产品的多种特点，譬如使用寿命长、建材门类多、施工过程复杂、使用阶段不可控因素多等，因此，这也对建筑物碳标签的基准化机制建立造成了多重困难。国际上目前的建筑物碳排放基准方法尚无统一标准，不同国家和地区运用的方法差异较大。此外，目前对于建筑碳排放清单数据的获取难度大，且历史数据存在严重缺失。以此，对于建筑的碳标签基准化机制的工作，有以下几点建议。

1. **明确评估方法，确保结果可比性**

首先应明确定义用于基准机制的评估方法，以确保结果的再现性和可比性。建议提供高度规范的生命周期评价方法、合规的生命周期评价工具以及通用和特定数据的全生命周期评价数据库。此外，应优先选择更符合当地情况和制约因素的国家方法、工具和数据库。

2. **定义功能单位，综合基准定义方法**

建议明确定义功能单位、参考研究周期和待包含的建筑组件。首选基准值的功能单位组合，以每平方米建筑面积或每名居住者表示，参考研究期为50年或以上。基准机制的建立还应涵盖设计师或建筑师等可能产生影响的所有元素。需要一种自上而下和自下而上相结合的方法来定义基准。

3. **覆盖长短期目标和不同建筑类型**

基准体系应包括不同的绩效水平（从限额到目标值）以及短期和长期目标，应定义从短期限制到长期目标基准值的过渡路径。基准机制应在第一阶段至少涵盖最广泛的建筑类型，并适用于新建、翻新和既有建筑。最后，应根据基准值和性能等级的组合，以透明和用户友好的方式推广基准机制。

4. **基准机制细化分类，逐步完善**

可以根据各生命周期阶段、各省份、不同建筑结构等定义碳标签基准值。细化建筑的碳标签类别，实现由总体到细节的逐步完善。

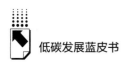
五 绿色建筑评估体系发展现状

（一）部分国家和地区绿建评估体系概况

随着人口的增长和城镇化步伐的加快，到 2060 年，全球建筑面积预计将翻一番，建筑需求的增长和碳减排的需求给绿色建筑行业提供了良好的发展机遇。然而，当下绿色建筑的发展规模相对较小。在 2017 年用于建筑建设和翻新的 5 万亿美元中，全球对绿色建筑的投资达 4230 亿美元。在世界银行的一项针对世界绿色建筑趋势的调查研究中，近一半的受访者认为，到 2021 年，绿色建筑将达到所有项目的 60% 以上，这表明绿色建筑拥有很大的发展潜力。目前，全球各地在绿色建筑评估体系和绿色建筑激励机制方面已获得相当的成绩，但仍面临若干问题与挑战。

目前，世界绿色建筑评估体系主要有美国绿色建筑评估体系（LEED）、英国绿色建筑评估体系（BREEAM）、日本建筑物综合环境性能评价体系（CASBEE）、法国绿色建筑评估体系（HQE）。还有德国绿色能源评估体系（DGNB）、澳大利亚国家建筑环境评估体系（NABERS）、加拿大评估体系（GB Tools）。我国目前实行的是《绿色建筑评价标准》（GB/T 50378—2019）。

1. 美国

美国绿色建筑协会于 1998 年建立并实施的《绿色建筑评估体系》（Leadership in Energy & Environmental Design Building Rating System，LEED）被广泛认为是最完善、最有影响力的建筑评价标准。[①] 该评估体系注重建筑节能、减少碳排放、提高室内生活品质，几乎适用于所有的建筑类型。截止到 2020 年底，LEED 已经在 167 个国家和地区拥有超过 96000 个认证项目。

2. 英国

英国是绿色建筑起步比较早的国家之一。由于自身的地理特点（如国

---

① 刘云华：《基于灰色理论法与模糊综合评价法绿色建筑节能评判》，《三角洲》2014 年第
5 期。

土资源相对狭小、四面环海等）以及经济发展较早等原因，英国对环境保护问题尤为重视。1990 年，英国建筑研究所建立了世界上首个绿色建筑评估体系[①]（Building Research Establishment Environmental Assessment Method，BREEAM）。该评估体系涵盖了包括从建筑主体能源到场地生态价值的综合评估，并涉及社会、经济等可持续发展的诸多方面。

2006 年，英国政府出台了《可持续住宅法规》。该法规与 BREEAM 评估系统类似。但是评估的内容更详尽全面、标准更严格。[②] 从 2007 年末开始，英国宣布推出由政府制定的"能效性能证书"（Energy Performance Certification），并在一项计划中规定在 2016 年前后所有新建住宅都达到 CO_2 零排放标准。

3. 日本

在可持续发展观的背景下，2001 年 4 月，日本成立了"建筑物综合环境评价研究委员会"，研发了"建筑物综合环境性能评价体系"——CASBEE。[③]

日本"建筑物综合环境性能评价体系"（Comprehensive Assessment System for Building Environmental Efficiency，CASBEE）采用"环境效率"对不同用途、规模的建筑进行综合评估。CASBEE 的环境评估标准分为 Q（建筑环境性能、质量）与 LR（建筑环境负荷的减少）。建筑环境性能、质量包含：Q1 室内环境；Q2 服务性能；Q3 室外环境。建筑环境负荷包含：LR1 能源；LR2 资源、材料；LR3 建筑用地外环境。各个项目均包含若干小项。CASBEE 采用 5 分评价制。满足最低要求评为 1；达到一般水平评为 3。[④] 参评项目最终的 Q 或 LR 得分为各个子项目分数乘以其相应权重系数的结果之

---

① 王海玉：《严寒地区公共建筑空调系统绿色化诊断体系研究》，沈阳建筑大学硕士学位论文，2016。
② 廖含文、康健：《英国绿色建筑发展研究》，《城市建筑》2008 年第 4 期。
③ 曾辉：《浙江省居住建筑节能技术经济评价体系研究》，浙江大学硕士学位论文，2008。
④ 黎锋：《城市绿色住宅与绿色住宅小区规划研究——以广东省为例》，华中科技大学硕士学位论文，2006。

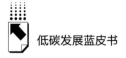

和，从而得出了 SQ 和 SLR。① 评分结果显示在细目表中，然后就可计算出建筑物的环境性能效率，即 BEE 值。

4. 加拿大

加拿大体系中环境影响预测器 Athena 可以在初步设计阶段对整个建筑的生命周期进行评估。② 这些软件整合了全球公认的 SimaPro 生命周期详细目录数据库系统，涵盖了多达 90 种结构和围护结构材料。Athena 考虑了材料制造过程中的各种环境影响，包括资源汲取与循环部分、能源使用的地区差异、交通方式和其他因素。

5. 德国

德国绿色能源评估体系（Deutsche Gesellschaft für Nachhaltiges Bauen，DGNB）于 2007 年由德国可持续建筑委员会与德国政府共同制定并实施，内容涵盖了建筑全生命周期成本计算（建造成本、运营成本、回收成本），通过该评价系统可合理评估并控制建设成本与风险投资，并且该体系按照欧盟标准体系原则制定，对不同国家都有一定适应性。③④

6. 法国

法国绿色建筑评估体系（High Quality Environment，HQE）由法国建筑科学技术中心牵头编制，2012 年发布投入使用，HQE 从能源、环境、舒适、健康四个方面对建筑评估，与其他国际上绿色建筑评估体系相比，更加侧重对使用者的健康影响。

7. 澳大利亚

1999 年，澳大利亚研发了第一个针对商业性建筑温室气体排放和能源消耗水平的评估体系——澳大利亚建筑温室效应评估体系（Australian Building Greenhouse Rating Scheme，ABGRS），它通过对建筑本身能源消耗的控制来缓解

---

① 景皓洁：《国外智能绿色建筑发展状况及评价体系》，《世界标准信息》2008 年第 10 期。
② 丁勇、李百战、刘猛、姚润明：《绿色建筑评估方法概述及实例介绍》，《城市建筑》2006 年第 7 期。
③ 高煜童：《绿色建筑发展驱动要素分析及运行管理机制研究》，西安建筑科技大学硕士学位论文，2019。
④ 边坤：《健康性能视角下绿色医院评价比较及优化研究》，青岛理工大学硕士学位论文，2021。

温室气体的排放量。这个评估体系是由澳大利亚新南威尔士州的可持续能源发展机构（Sustainable Energy Development Authority，SEDA）推出，适用于澳大利亚所有的商业性建筑。后来，该评估体系发展成为澳大利亚国家建筑环境评估体系（National Australian Building Environment Rating Scheme，NABERS），对既有建筑（包括商业建筑和住宅建筑）在运行过程中的整体环境影响进行衡量。[①]

8. 中国香港地区

《香港建筑环境评估标准》（HK-BEAM）是在参考英国 BREEAM 框架体系的基础上，由香港理工大学在 1996 年制定。它是一个主要面向新建和已使用的办公、住宅建筑的评估体系。[②] 该体系用以评估建筑的总体环境性能表现。其对建筑环境性能的评价包括场地、材料、能源、水资源、室内环境质量、创新与性能改进六大方面。

9. 中国内地

国际上绿色评估体系发展较早，且较为成熟，具有一定的成就，我国目前正处于起步阶段，根据国际已有体系，针对我国具体国情开展建设符合中国国情的绿建评估体系。目前，中国已基本建立了标准不断完善的绿色建筑推进体系。在总结绿色建筑实践经验的基础上，2019 年 8 月 1 日起《绿色建筑评价标准》开始执行，此次修改的指标体系包括安全耐用、健康舒适、生活便利、资源节约、环境宜居、提高与创新六大指标。此次修订之后的新版标准整体上达到了国际领先水平。2021 年初，住房和城乡建设部印发《绿色建筑标识管理办法》，更进一步完善了绿色建筑标识管理，新标准下星级之间的指标更具体更清晰，区分度更高，增量成本差异更加显著。

（二）国际上绿色建筑发展现状

在美国，绿色建筑的发展存在两个主要问题。首先，尽管美国政府有较为完善的政策支持，评价体系在世界上获得了广泛的应用，但业界和公众仍

---

① 何明洁：《绿色建筑的"准绳"》，《城市住宅》2009 年第 11 期。
② 魏军涛：《既有建筑的绿色改造》，太原理工大学硕士学位论文，2010。

然持怀疑态度。一些人认为，绿色建筑没有达到节能、减少环境影响的承诺。平均而言，已取得 LEED 认证的商业建筑，并不比可比的非 LEED 建筑表现出显著的一次能源节约效果，与建筑运营有关的温室气体排放量并没有显著减少。其次，建筑师和设计师的积极性不高。建筑师作为建筑施工的最初参与者和设计者，直接决定着建筑的基本特征和性能。但是，现有大部分政策和经济支持都是给开发商的，它降低了设计者对绿色建筑应用的积极性及其对促进绿色建筑发展的社会使命的履行。

在英国，绿色建筑的发展状况略好于美国。由于英国是最早使用绿色建筑评级系统的国家，公众已经认识到可持续和环境友好型建筑对环境的影响。但是，由于设计不合理、设计质量差造成绿色建筑项目能耗超标而未经认证的建筑的状况仍然存在。

日本的绿色建筑实现了快速发展，并基本实现了既定目标。但是，由于日本 CASBEE 体制规定，经认证的绿色建筑专业人员（Accredited Professionals，AP）必须具有一级架构师执照，这大大降低了绿色建筑在利益相关者中的普及程度。

（三）我国绿色建筑发展现状

2020 年，住建部等七部门发布了《绿色建筑创建行动方案》，明确提出到 2022 年城镇新建建筑面积中绿色建筑面积占比超过 70%。2019 年，全国累计建设绿色建筑面积超过 50 亿平方米，2019 年当年新建绿色建筑面积占城镇新建建筑的比重达到 65%。全国已取得绿色建筑标识的建设项目累计达到 2 万个，建筑面积超过 22 亿平方米。[①] 2020 年，中国绿色建筑面积已累计超过了 25.69 亿平方米，2020 年当年新建绿色建筑占城镇新建民用建筑的比重已经达到了 77%，装配式建筑新开工面积也由 2015 年的 0.73 亿平方米增加到了 6.3 亿平方米。

全国各地积极响应和实施绿色建筑推广政策。从 2020 年《绿色建筑创建

---

① 丁怡婷：《让更多建筑"绿"起来》，《人民日报》2021 年 6 月 2 日，第 18 版。

行动方案》发布至今,全国多个省市已积极响应并且进行明确规划,山西、重庆、黑龙江、辽宁、海南、湖北、云南等多地区已经明确绿色建筑2022年70%的发展目标,河北秦皇岛、河北定州、哈尔滨等城市目标则提高至90%~100%。另外,湖南、广东等地制定了绿色建筑发展条例,将绿色建筑发展提升至法律效力层面,进一步凸显发展绿色建筑的重要意义(见表7)。

表7 我国部分省市绿色建筑相关政策

时间	地区	政策	政策要点
2021年7月	湖南省	《湖南省绿色建筑发展条例》	规定省人民政府应当将绿色建筑技术的研发、应用及推广纳入战略性新兴产业发展规划,推动绿色建筑向工业化、数字化、智能化发展;明确鼓励高等院校、科研机构和企业开展绿色建筑技术研发与应用示范,推动科技成果转化、公共技术服务平台和企业研发机构的建设
2021年3月	河北省秦皇岛市	《秦皇岛市绿色建筑创建行动实施方案》	到2022年,创建对象中绿色建筑占比达到100%;建设被动式超低能耗建筑达到100万平方米以上。秦皇岛市行政区域内履行基本建设程序的新建民用建筑全部按照绿色建筑标准建设
2021年3月	湖北省	房建与市政工程绿色建造科技创新联合体组建暨工作启动会	到2022年,规划全省绿色建筑竣工面积占比要达70%以上
2020年11月	辽宁省	《辽宁省绿色建筑创建行动实施方案》	到2022年,辽宁省城镇新建建筑中绿色建筑占比将达70%。推动既有民用建筑按照绿色建筑标准进行改造,大力推广装配建造方式,积极推进钢结构装配式住宅建设,推动鞍山、本溪、营口、辽阳等市钢结构全产业链发展模式
2020年9月	山西省	《山西省绿色建筑创建行动实施方案》	到2022年,全省当年城镇新建建筑中绿色建筑面积占比达到70%,其中星级绿色建筑占比达到20%;装配式建筑稳步推进,2022年全省当年新开工装配式建筑600万平方米,装配式建筑占新建建筑面积的比例达到21%
2020年1月	黑龙江省	《黑龙江省绿色建筑创建行动实施方案》	到2022年全省城镇新建建筑中绿色建筑设计面积占比力争达到70%以上,其中哈尔滨市力争达到90%以上

续表

时间	地区	政策	政策要点
2020年1月	重庆市	《重庆市绿色建筑创建行动实施方案》	力争到2022年,城镇新建建筑中绿色建筑面积占比达到70%,全市新开工装配式建筑占新建建筑比例不低于20%。将严格要求全市民用建筑项目落实绿色建材应用比例核算制度,星级绿色建筑和绿色生态住宅小区应用高星级绿色建材的比例不低于60%,其他民用建筑项目应用绿色建材的比例不低于60%

尽管如此,在我国,因为不同省份地理变量、经济社会相关变量及其与绿色建筑有关的公共政策差异,绿色建筑在各个省份的分布并不一致,地域上存在分布不均。

我国在推行绿色建筑技术方面已经采取了较广泛的强制性政策,但有部分还未能达到较成熟的水平,例如装配式建筑,群众对这项技术仍存在疑问,强制性的广泛使用或许会造成潜在的影响问题。一方面,绿色建筑认定制度亟待健全。由于我国对目前绿色建筑标准只是一次性认定,缺乏对绿色建筑标准的事后监督,且大部分建筑包括绿色建筑的能源消耗数据和碳排放数据不对外公布,信息不公开透明,利益相关者无法充分准确认识到绿色建筑的实际节能减排效果。另一方面,我国绿色建筑标准体系亟待健全。绿色建筑标准体系对绿色建筑整个生命周期都有着关键的指导意义,是中国实现绿色建筑可持续发展的关键指引。我国绿色建筑标准体系已经完成了数次修订与完善,但仍存在不足,如部分地区的绿色建筑评价标准未考虑当地环境、经济等实际情况,或者低于国家标准。

（四）绿建评估体系对碳标签的意义

碳标签的概念已逐步运用于建筑领域。例如,2013年中国香港推出碳标签计划,碳标签中包括了水泥和钢筋等建材,涵盖生命周期的所有阶段。[1] 目

---

[1] 刘鑫燕:《全生命周期视角下住宅建筑碳标签研究》,西安建筑科技大学硕士学位论文,2016。

前建材行业作为我国低碳认证制度研究项目的试点行业，已经制定了水泥、浮法玻璃及金属复合装饰板等主要建筑材料产品的碳足迹评价技术规范。

绿色建筑评估体系可以评估建筑物的环保、安全、舒适程度等问题，表明建筑物的绿色环保程度，在作用上与碳标签相似。依据绿色建筑评估体系对低碳建筑物进行标识，意义重大。对建筑进行碳标签的标识，是建筑碳排放的具体量化，透明披露了建筑的碳排放信息，为建筑碳排放测量标准的建立提供理论基础。

六 建筑行业碳标签体系

（一）建筑碳标签体系现状

建筑碳标签包括建材的碳标签和整栋建筑的碳标签。例如中国香港建筑业协会（Construction Industry Council，CIC）碳标签是针对建材的碳标签，而碳英雄基准（Carbon Heroes Benchmark）标签则是针对整栋建筑的碳标签。本节将对现有的针对建筑的碳标签进行介绍。

1. 中国香港 CIC 绿色产品认证

2012 年，中国香港建筑业协会委托香港大学土木工程系开展建立香港建材碳标签框架的科研项目，开发了中国香港的第一个碳标签，也是目前 CIC 绿色产品认证的前身。碳标签计划是一项自愿的生态标签计划。碳评估框架基于 ISO 技术规范《ISO 14067：2018 温室气体——产品碳足迹——量化要求和指南》，最初只对 6 种建材进行碳足迹的评估和标签机制，之后 CIC 碳标签不断演化，由 CIC 提出了评价工具，对 300 余种建材进行碳足迹评估。CIC 碳标签与香港 HKGBC BEAM Plus 绿建体系有机结合，成为绿建认证的重要部分。

CIC 碳标签机制包括三个部分：①碳审计；②碳核查；③碳认证。

（1）碳审计

为启动申请，申请人应首先在内部或外部聘请经认证的碳审计师

（CCA）履行碳审计和报告职责。根据《指南》中规定的要求和提供的 CFP 量化工具，指定 CCA 编制 CFP 研究报告，详细说明研究产品在指定生命周期阶段的碳足迹。如 ISO 14067 所述，根据该标准进行的 CFP 研究应包括生命周期评价的四个阶段，即目标和范围定义、生命周期清单分析、生命周期影响评价和结果解释。由非认证 CCA 人员发布的 CFP 研究报告，该人员至少有 2 年 CFP 审计经验。

（2）碳核查

CFP 研究报告和相关文件应由香港认可处认可的 GHG 验证机构（Validation/Verification Body，VVB）或等同的认可程序进行验证。申请人应当按照要求提供相关的证明资料，包括但不限于完整的 CFP 评估工具、所用原材料和燃料的证据、电费单以及所用机器的类型。自该方案发布之日起 12 个月的宽限期内，可接受由具有至少 2 年 CFP 审计经验的非认证 VVB 发布的验证报告。

（3）碳认证

一旦 CFP 研究报告和相关文件得到认证，申请人应向 ZCBL 提交一份完整的申请表和相应的申请费。根据评估产品的碳足迹，ZCBL 应发布相应等级的碳标签，为 A～E 级，有效期为一年。标有 A 级碳标签的产品表示市场上最小的碳足迹。申请人与 ZCBL 签署协议后，在支付许可费的情况下，带有产品详细信息的碳标签可通过印刷、在线或其他可访问媒体显示给消费者。认证后，ZCBL 可对认证产品进行定期监督评估。许可证续期应在许可证到期日前至少两个月申请。在申请过程中可获得更多信息和帮助。

基于建材的碳标签体系，香港 CIC 和 HKGBC 协作推出了香港绿色产品认证，以取代过去的建材碳标签体系，现已发展成为服务于本地建筑业的主要认证计划。CIC 绿色产品认证是一种综合方法，它评估多个方面，如碳足迹、温室气体排放、人类毒性、资源消耗、生态系统影响等。它提供的是一个透明的平台，让所有利益相关者了解可持续标准。该平台将引导行业采购更环保的材料和产品，并鼓励供应商在其制造过程中采取更绿色、更可持续的步骤。通过创造一种健康的竞争，使建筑行业受益，创建一个更加绿色的建筑环境。

CIC 绿色产品认证目前包括 28 个类别，旨在全面评估此类环境影响。它涵盖了《京都议定书》（联合国，1997 年）中提到的 6 种温室气体，即直接影响全球变暖的二氧化碳（CO_2）、甲烷（CH_4）、氧化亚氮（N_2O）、氢氟碳化合物（HFCs）、全氟化物（PFCs）和六氟化硫（SF_6）。此外，还包括影响建筑物使用者健康的影响类别，重点关注人类毒性、资源消耗、生态系统影响等方面。绿色产品认证按照以下等级对产品和材料的环境性能进行分级（见图 6）。

图 6　CIC 绿色产品认证分级

2. BBCA 标签

这是一个由法国低碳建筑发展协会（BBCA）创建的标签（见图 7）。该标签证明了建筑在碳足迹方面的典范性，可用于新建或翻新的建筑物。该标签涵盖所有低碳行动：建设、运营、碳储存和循环经济。标签展示了公司参与低碳转型的积极姿态，有利于提升建筑性能。参与标签评价的建筑受益于协会的沟通支持，测量其在整个生命周期中的碳足迹，并通过 BBCA 分数证明其性能。第一个 BBCA 标签颁发给了法国 JO&JOE Paris 酒店。

3. 国际绿标 CarbonRATE™ 碳排放标签

Global GreenTag International 是世界绿色建筑委员会（World GBC）于 2018 年推出的机制。在建筑完成生命周期评估后，GreenTag 的 CarbonRATE™ 评估将为产品授予三种高能见度碳性能图形标签之一（见图 8），包括：①碳减量百分比——与执行相同功能的正常产品进行比较评估；②净零标签——

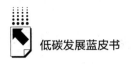

图 7　BBCA 标签

图 8　三种 CarbonRATE™标签

根据其自身体现的能源使用情况进行评估，作为碳排放的"净零"标签；
③碳信用百分比——标识产品吸收和保留的碳比其制造所需的多。该标签正
是绿色评估体系与碳标签相结合的机制。与以往颁发的绿色建筑评估星级证
书相比，CarbonRATE™标签可以更加简单明了地让消费者了解建筑对环境
的影响，培养环保意识。可见绿建评估体系对于建筑碳标签的推行有推动
作用。

4. 碳英雄基准标签

碳英雄基准标签提供了不同国家不同建筑类型的具体碳基准，以支持不同的减排目标设置。这些数据来自数千个匿名的、经过验证的建筑项目，使用一键式 LCA 软件即可进行评估。性能指标包括建筑类型平均值的两个标准偏差下的结果范围，该范围分为 7 个均匀分布的波带。结果的平均值在"D"带内，范围的下限和上限分别在"A"带和"G"带内（见图9）。该标签包括不同建筑类型的基准，例如住宅、商业、学校、仓库、酒店、商场、工业等。同时也涵盖不同国家和地区的基准，例如区域基准：北美、欧洲、北欧、东欧、南欧、西欧、亚洲、大洋洲和全球；具体国家基准：美国、英国、法国、芬兰、挪威、瑞典、西班牙、比利时、意大利、罗马尼亚、波兰等。

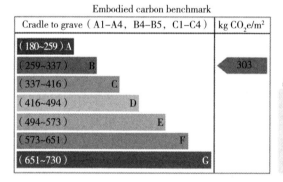

图9　碳英雄基准标签

（二）建筑行业碳标签体系发展展望

随着我国气候变化工作的不断推进，以及国际上欧洲碳边境调节税等政策的提出，碳标签将成为未来碳排放管理的有效手段之一。我国建筑行业的碳排放占比超过半数，建筑行业的碳排放管控对于我国的"双碳"工作至关重要。推进建筑行业碳标签政策、标准的落实，成为未来建筑行业碳减排、建筑产品国际贸易的必经之路。与英美等发达国家相比，我国的碳标签政策存在提出时间较晚、覆盖行业较少、公众认知相对薄弱、方法学不完善等问题。如何在相对薄弱的基础上，快速有效建立既符合我国国情又能满足未来国际需求的建筑行业碳标签机制，是当前亟须解决的问题。因此，建立建筑行业碳标签机制，需要从基础的方法学构建、基准机制的建立、评价标准和行业推广等多个维度开展。

1.完善建筑生命周期碳足迹方法学

一是建立各类建材的碳足迹核算方法学。建议参考国内外现有的碳标签制度、核算标准等，分类别研究不同建材"从摇篮到大门"的碳足迹核算范围、系统边界、核算公式、排放因子等。选取混凝土、钢筋等碳排放总量高、强度大的建材作为重点，研发碳足迹核算工具。

二是建立施工过程碳足迹方法学。建筑施工过程涉及复杂的运输、装配、调度等工作，可谓千头万绪。建议基于现有的文献和标准，列明主要的施工过程、燃料消耗、运输车型等，建立符合我国建筑施工过程的碳足迹方法学。

三是建立使用阶段碳足迹方法学。建筑使用阶段周期长，包括了使用、维护、维修、重置、翻新、运行能耗和水耗七个过程。运行能耗和水耗的碳足迹核算方法已相对成熟，然而使用、维护、维修、重置和翻新过程的碳足迹尚处于研究阶段。应尽快开展相关科研工作，探索建筑使用阶段的全过程碳足迹，进而建立建筑使用阶段完善的碳足迹方法学。

四是建立终止阶段碳足迹方法学。建筑的终止阶段涉及多种碳源，包括电力消耗、燃料消耗、水耗、建筑垃圾运输与处理等。终止阶段的碳足迹在国际上虽已有相关的研究，然而尚未达成共识。建议尽快开展建筑物终止阶段的碳排放研究，参考国际现有方法，逐步形成一套可以为我国使用的建筑物终止阶段碳足迹方法学。

2.探索建筑碳排放基准机制

一是明确评估方法，保证基准值的可比性。合理有效的碳排放基准机制对于建筑的碳标签至关重要。但是，国际上的基准机制大多局限于某一国家或地区，因受到能源结构、建材的隐含碳排放、建筑类型、燃油的排放因子等多个因素影响，其他国家的建筑物碳排放基准值很难直接应用于我国的建筑碳标签基准机制建立。

二是综合基准定义方法，囊括不同建筑类型和使用寿命的建筑物。通过细化基准机制分类，逐步完善各类建筑的基准机制。定期更新基准值，保证基准值具有代表性。

3. 制定建筑的碳标签标准

一是政府发挥引导作用，组织开展建筑碳标签标准制定工作。建议政府相关部门发挥引领作用，从政策、经费等方面对建筑碳标签标准制定工作进行支持。整合现有的行业资源，组织开展建筑碳标签标准制定工作，自上而下推动建筑碳标签的标准化。

二是科研机构发挥智库优势，研究建筑碳标签标准机制。高校和科研院所应积极开展研究工作，对碳标签标准在目标与范围、计算公式、评估模型、计算工具、基准机制、碳标签预期成效等多个方面进行研究。

三是相关机构协作，完善建筑碳标签标准流程。建议相关的协会和组织设立跨部门的合作机制，成立专门的建筑碳标签管理机构，负责建筑碳标签的标准建立和后续的各项管理工作。

4. 鼓励行业参与，推广建筑碳标签

一是加强碳标签宣传教育，鼓励建筑行业积极参与。建筑碳标签的推广离不开建筑行业的支持。设计企业、开发商、承建商、建材企业、以及其他相关企业对于碳标签的认识水平决定了碳标签能否在行业内顺利推广。因此，应对建筑行业加强碳标签的宣传教育，组织企业相关人员学习建筑碳标签的知识，进而促进建筑碳标签在行业内的推广。

二是建立健全建筑碳标签培训体系。发挥科研单位、第三方认证机构、协会的作用，组织开展建筑碳标签培训课程。协会可以根据行业发展提出课程要求，设立课程认证机制，鼓励科研单位和第三方认证机构开设相关培训课程并对课程进行认证，从而形成一套健全的建筑碳标签培训体系，保证建筑碳标签课程的质量。

调查篇
Investigation Reports

B.5
2021年首轮碳标签企业端调查报告

王晓瑞　王璟珉　许 伟*

摘　要：　随着我国"30·60"目标的提出，碳中和已经成为未来国民经济高质量发展与产业升级的核心基调，作为这场变革的重要参与者，企业转型已势在必行。企业要做的，不仅仅是降低自身的排放，还需要通过市场、技术、模式等方面的创新来实现碳中和目标，并在此过程中创造价值。由于全球企业对于碳排放核算的重视，加速了碳管理会计理论的发展和应用，而基于碳管理会计理论建立起的碳标签制度也在我国逐渐形成。碳标签对我国企业意味着什么，它是否会成为企业减碳转型的推手？又是否能在未来成为企业下一个全球"绿色通行证"？本报告在调研大量企业的基础上，通过问卷与半结构性访谈相结合的方式收集文本数据，

* 王晓瑞，山东财经大学中国国际低碳学院副教授，法国巴黎文理研究大学巴黎第九大学管理学博士，研究方向为商业伦理、可持续发展政策、消费者行为与环境保护等；王璟珉，工学博士、经济学博士后，山东财经大学中国国际低碳学院教授、硕士生导师，研究方向为低碳经济与责任战略；许伟，山东财经大学工商管理学院硕士研究生，研究方向为低碳经济与责任战略。

并采用三个级别的"数据结构图"话语分析法对文本数据进行解释性的话语分析和理论探索，以获取企业端对碳标签的认知，并分析企业对开展碳标签认证工作的动力和诉求。

关键词： 碳标签　碳核算　碳管理会计理论　企业转型

一　引言

在新发展格局下，作为实现"30·60"目标的重要载体，企业要在这场变革的浪潮中迅速找准方向，迎接挑战，抓住机遇，探寻一条绿色低碳可持续的发展之路，就必须在其发展战略和日常管理中切实关注碳排放，而实现这一目标最有效的手段便是通过碳管理会计来对碳排放进行核算。近年来，国际和国内广泛兴起了碳管理会计（Carbon Management Accounting）的研究，这些研究为企业的技术和产业链升级、探索减碳之路提供了理论依据和实践指导。本次碳标签企业端调查也正是基于碳管理会计的理论框架构建开展的。

碳管理会计可以分为三大类。第一类是组织层面的碳会计核算，其目的在于测量和分析作为法人实体的企业整体的碳排放量，从而在政策层面帮助政策制定者设定总体的碳减排目标。[①] 2001年，世界首个真正意义上的组织层面的碳会计核算标准是温室气体核算体系（GHG Protocol），该体系于2004年进行了修订，并于2011年补充完成，是全球使用范围最广的国际温室气体核算工具，也是今天许多国家的政府和商业企业理解、量化和管理温室气体排放的主要标准。在这一主流标准发展完善的同时，世界上还出现了近30种企业碳核算方法，例如国际标准化组织的ISO 14064、法国的"碳损益表"

---

① Burritt, R. L., Schaltegger, S., Zvezdov, D., "Carbon Management Accounting: Explaining Practice in Leading German Companies", *Australian Accounting Review*, 2011, 21 (1).

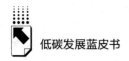

（Bilan Carbone），以及彪马（Puma）和雅高酒店集团（Accor）率先实践的基于生命周期评估（LCA）的"环境损益账户"和"碳足迹核算法"等①，中国于2018年推出的《绿色工厂评价通则》国家标准也属于此类。②

第二类是项目碳核算，例如《京都议定书》"联合执行机制"（Joint Implementation Mechanism）创建的二氧化碳补偿抵消的灵活机制或清洁发展机制（Clean Development Mechanism）项目，还有一些项目碳核算方法侧重于计算碳减排投资的预期影响或效果。以项目为单位的碳核算通常是从组织层面的碳核算剥离出来单独评估的，在核算方法上具有一定的实验性。

第三类是产品碳核算，其特点在于用生命周期评估法测量单一产品的碳排放量，目的主要在于帮助企业进行产品内部优化和设计，同时用于企业外部的碳标签认证以及面向消费者的碳排放信息披露。这一类核算中使用最广泛的两种方法：一是英国标准协会（BSI）的PAS 2050，二是基于温室气体协议倡议（GHG Protocol Initiative）的"产品生命周期标准"（Product Life Cycle Standard）。尽管产品碳核算局限于测算单一产品的碳排放量，但有些企业，例如连锁超市和便利店品牌Casino和Tesco都曾试图将这种单一产品层面的碳会计扩大到该企业所涉及的更多商品和服务之中③，从而大大提升这一类核算对促进企业和社会整体可持续发展的影响力。这一类碳管理会计也正是本次碳标签企业端调查所重点关注的类别——在与其他两类碳管理会计的对比中，本次调查希望了解中国企业，特别是电子电器类企业对基于产品的碳标签制度的看法，以及以碳标签制度为代表的产品碳核算对于企业发展战略和日常管理的影响。

---

① "Company GHG Emissions Reporting—A Study on Methods and Initiatives", Environmental Resources Management Limited, 2010, https://ec.europa.eu/environment/archives/funding/pdf/calls2009/specifications_en09073.pdf.

② 《绿色工厂评价通则》（GB/T36132—2018）。

③ Casino早在2008年就分析了其货架上的600余种产品（www.developpement-durable.gouv.fr/IMG/pdf/COMMUNIQUE_DE_PRESSE.pdf），Tesco计算了1100种产品的足迹并标记了其中的500种，但在2012年退出了碳标签方面的努力（http://www.theguardian.com/environment/2012/jan/30/tesco-drops-carbon-labelling）。

二 方法与数据

（一）研究设计

本次研究通过企业调研问卷（见附录1）与半结构性访谈（见附录2）相结合的方式收集文本数据，采用"滚雪球"法寻找报告人（即问卷和访谈对象）。① 具体而言，2021年为时6个月的企业端实地调研收集到了涉及惠普、长虹、海信、TCL、美的、万和、施耐德、南天电子、烽火通信、博亚照明等47家企业及第三方认证机构的相关负责人（企业名录见附录3）的文本数据。为保证本调查报告中企业数据与其行业特点的相关性和其具体来源的匿名性，在第三节的分析结果中，被提及的企业将按照其所属行业被随机编号（见附录3）。

（二）研究方法

本次调查主要采用三个级别的"数据结构图"（data structure）话语分析法对文本数据进行解释性的话语分析和理论探索。关于这种研究方法，Van Maanen指出，对任何一项严谨的质化研究而言，厘清"报告人作为当事人对访谈所涉及事件形成的'第一阶概念'（first-order conception）与研究人员对该话题或事件形成的'第二阶概念'（second-order conception）"之间的区别，这一点至关重要。② 在此基础上，Gioia等认为，数据结构图可以很好地表现前两个阶段的编码过程和第三步的"概念整合"（aggregation）之间的脉络，严格论证来自报告人的原始文本数据和研究人员的归纳分析之间的联系，从而使研究不再是单纯的文本数

---

① Sherman, R., *Uneasy Street: The Anxieties of Affluence*, Princeton University Press, 2017.
② Van Maanen, J., "The Fact of Fiction in Organizational Ethnography", *Administrative Science Quarterly*, 1979.

据的罗列，而是能够进一步找到案例中所体现的一致性及规律性。[1] 与前面两位学者的主张类似，Miles 等提出，在话语分析中应进行两轮编码，即研究人员先将原始本文数据的"开放编码"（open coding）分为几个大的概念模块，再通过进一步的"模式编码"（pattern coding）找到事件中所体现的具有普遍性的主题，这样才能使研究者归纳的访谈研究结论具有说服力。[2]

在这种研究方法的指引下，我们首先收集整理代表企业接受问卷和访谈的报告人对"碳标签""碳认证""碳核查"等相关企业政策与实践现状的表述，以及他们对这些现状的分析和看法，构成本次研究的文本数据库。继而对这些文本数据进行第一阶段的开放编码，随着编码进程的推进，一些具有共性的概念、议题和主张在这些文本中反复出现，这就构成了第二阶段的理论化编码分析过程中所试图寻找的模式。最后，第三步的分析将前两阶段的编码所呈现的表述模式整合成为一个具有普遍解释力的概念框架，从而帮助我们理解企业端有关碳标签相关概念、政策和实践的现状。第三部分和第四部分具体呈现的话语分析结果以及结论与讨论就是运用数据结构图这一分析工具得出的。

三 解释性话语分析结果

本部分具体展示了研究者基于典型的问卷和访谈原文探索、归纳从而整理出支撑解释性话语分析结果的过程。在第一阶段的开放编码之后，从受访企业处获得的文本数据呈现以下四个概念模块：①对气候和环境问题的认识；②对碳标签认证内容（包括标准、流程等）的了解；③对开展碳标签认证动力和阻力的分析；④对开展碳标签认证的内部努力认识和外部支持的诉求。本部分基于文本资料开放编码的探索性发现即基于此分类进行介绍。

---

[1] Gioia, D. A., Corley, K. G., & Hamilton, A. L., "Seeking Qualitative Rigor in Inductive Research: Notes on the Gioia Methodology", *Organizational Research Methods*, 2013.

[2] Miles, M. B., Huberman, A. M., Saldana, J., "Qualitative Data Analysis: A Methods Sourcebook (4th edition)", *Sage*, 2019.

（一）企业对气候和环境问题的认识

在访谈调查当中，除一家制造类企业外（MANU1），95%以上的受访企业代表均表示赞同"气候变化产生的影响是全球性的"这一观点，并且认为气候变化和环境问题并非遥不可及，而是一个对其企业的生存和发展有影响的话题。这些企业相信，就全球范围而言，碳排放超标会对气候产生比较大，甚至是非常大的影响。许多企业表示，其组织层面低碳意识的建立和提高源于国家政策的导向，"响应国家号召"是受访者最常提到的字眼。

"低碳意识提高始于'双碳'目标政策的提出——我们S省国资委出台的《关于省属企业碳达峰碳中和的指导意见》中要求在'双碳'目标下，企业要做在前面，年底要完成企业的'十四五'规划，其中必须有碳达峰碳中和相关计划。"（APPL1）

"我们是在2016年因为碳交易市场政策所以开始重点关注低碳发展的。认为环保和节能减排是国际标准（如国际标准ISO 14000）倡导的趋势。"（APPL12）

"从2018年绿色工厂评价开展以来，我们就开始有意识响应国家号召，履行企业社会责任，树立企业形象，发挥行业龙头企业的引导作用。"（ELEC1）

具体到推行碳标签制度对解决气候和环境问题的影响，全部受访企业代表都不同程度地表示，该制度的推行首先能够提高参与认证的同行业企业在节能减排、污染控制等绿色环保技术创新和应用方面的积极性，超过92%的企业认为碳标签认证制度对于环境保护具有长期效应。但是，这种对碳标签制度的高度主观认同目前还没有完全转化为实际行动，在全部受访企业当中，有20%的企业已经参加了碳标签认证，还有80%的企业未参加认证（见图1），这在很大程度上是因为碳标签认证在开展本次调查时还处于起步阶段。

鉴于碳标签是一种产品碳核算，约90%的企业认为，参与碳标签认证

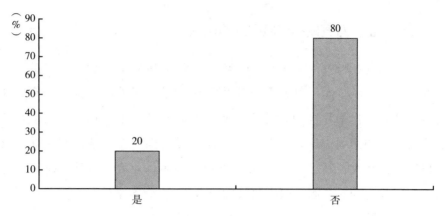

图1 贵司是否已参加碳标签认证企业

能够降低企业单位产品碳足迹。而在组织层面，认为碳标签认证能为企业的低碳发展带来积极影响的受访者比重有所下降——尽管大多数企业认为碳标签认证提高了企业低碳管理意识以及采用低碳技术的主观动力，但是许多企业认为碳标签认证对企业低碳管理能力的提升作用有限，而这与许多企业不能完全掌控的外在因素有关。

"我们很早就开始关注低碳发展问题。低碳发展对企业、制造行业的更新换代有重要的作用。但由于全生命周期法测算碳足迹的难度太大，将这种方法完全规范地应用于企业管理当中，目前来说还不太现实。"（APPL3）

"1997年《京都议定书》时期我们企业就开始有低碳发展的意识，就开始向低碳生产方向做出努力。但现实是，数据差异性很大，没有一个统一的标准。行业内应该做出相关标准与行业数据库，明确统一标准。"（MANU2）

（二）企业对碳标签认证内容的了解

如图2、图3所示，受访者认为自身企业对碳标签的了解情况各异，有40%以上的企业认为对碳足迹或者碳标签比较了解或非常了解，30%以上的企业对包括标准、流程等在内的碳标签认证内容比较了解或非常了解，但如图4所示，目前仅有8.57%的企业已经切实开展了产品碳标签认证工作，其他企业仍处在计划或观望中。

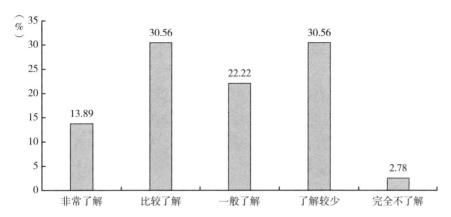

图 2　贵司是否了解碳足迹或者碳标签

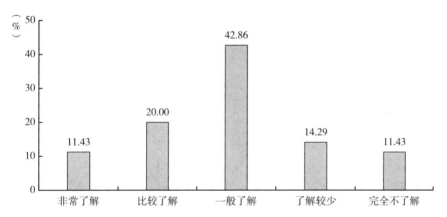

图 3　贵司是否了解企业应当如何进行碳标签认证

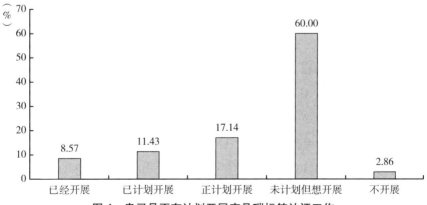

图 4　贵司是否有计划开展产品碳标签认证工作

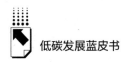

对企业而言，对碳标签认证的内容了解的核心在于对相应国际、国家和行业标准的掌握，相应地，"标准"是受访者最常提到的另一个字眼。在访谈提纲中提到的全生命周期法核算标准以及 ISO 14064 和 PAS 2050 在受访企业中的知晓度较高，且这种知晓并不仅限于听说和大致了解，而是具体到企业生产和管理流程中的实际应用，特别是将这些核算标准落实在企业的日常运营中。

"产品生产阶段占比在全生命周期中比较小，且生产与回收阶段碳排放核查实际操作有很大难度。要想在电子电器类商品中落实碳标签制度，其实可以不考虑生产和回收周期，只考虑产品使用期。在产品使用阶段直接参照能效标签进行碳排放量核算。政府或者行业协会也应该发布行业指导性的碳排放标准。"（ELEC2）

"在碳标签的产品生产阶段碳排放核算中，供应链上游的企业碳排放核查较难，其中涉及运输的方式与成本，电能的来源对碳核查造成的误差很大。生产制造阶段是对生产企业影响最大的阶段，所有企业做的低碳工作主要反映在此阶段。"（ELEC3）

"我们企业目前最多采用的是 ISO 系列的标准体系开展低碳工作。由于各种各样的原因与制定 PAS 2050 的 BSI 机构产生冲突，目前双方保持着一定的距离，对 PAS 2050 也不了解，如果有需要也不会拒绝这个导则的指导，目前暂时不想对这个标准做过多的了解。"（TECH1）

"我们公司主要采取的是 PAS 2050，因为它在边界上搭建的比较健全。我们重点针对 PAS 2050 这个导则做了研究，但对导则中回收阶段的指导规范、碳归属的问题不太清晰，无法依据这个标准中提到的变量计算回收阶段的碳排放量。"（TECH2）

"我们对 ISO 和 PAS 2050 都比较了解，它们都是国际上比较认可的评价标准，两个标准具体评价内容相差不多。企业采用哪项标准主要是依照消费端的要求来决定要做哪种认证。"（APPL4）

"我们对 ISO 和 PAS 2050 有关注，ISO 14064 是针对企业年内排放量标准，PAS 2050 是 2008 年公布的标准，针对企业具体的产品，我们未来基于全产业链，所以倾向于选择 PAS 2050 标准。"（MANU8）

（三）企业对开展碳标签认证动力和阻力的分析

在企业对自身开展碳标签认证驱动力的自我分析中可以看到，超过90%的企业不同程度地认为：①碳标签是符合国家的政策导向的（APPL1，APPL3，APPL4，APPL5，MANU2，MANU8，MANU9，TECH1，TECH2，TECH3，TECH4，TECH5，TECH6，TECH7，ELEC1，ELEC2，ELEC3，ELEC4，ELEC5，ELEC6，ELEC7，ELEC8，ELEC9）；②参加碳标签认证能够提升公司的社会形象（APPL2，APPL3，APPL4，MANU2，MANU8，TECH1，TECH4，TECH6，TECH7，ELEC1，ELEC5）；③这也是企业进行风险管理（APPL3）和提升生产效率（ELEC1）的有效方式；④在市场上，消费者会积极购买公司参与碳标签认证的商品（APPL2，APPL3，APPL4，MANU8，TECH2，ELEC1，ELEC2，ELEC3）；⑤将用于出口的商品加入碳标签认证体系有助于企业应对来自包括采购商和进口国在内的进口方在环保方面的现实要求（MANU3，TECH2，TECH3，ELEC2，ELEC4，ELEC5，尽管本次调研结果显示有超过三成的企业还从未遇到过这种与低碳认证相关的进口商壁垒，见图5）。这些都是促使企业开展碳标签认证的有力驱动。

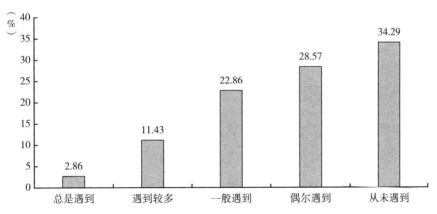

图5　贵司是否遇到来自进口商（采购商、进口国）的
有关碳标签、产品碳信息披露或产品低碳认证等要求

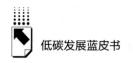

同时不可否认的是，认证是一个耗费精力和财力的过程，常常需要生产方式的大范围甚至是整体性变革，因此，许多受访企业表示，进行碳标签认证对企业权益会造成较大的影响（APPL2，APPL4，APPL5，MANU4，MANU5，MANU8，ELEC2，ELEC3），且由于目前碳标签认证尚处于试水阶段，制度还不健全，这对其可信度也有较大的影响（APPL2，ELEC4，ELEC5），这构成了企业参加碳标签认证的主要阻力。关于开展碳标签认证的动力和阻力，许多企业也表达了自己的观点。

"开展碳标签业务可促进节能水平提升，提高产业全链条的优势，可以节省原材料，智能制造代替人工，材料保障导致体积缩小，这让包装和运输都有所提升，而且安装便利。这就是全生命周期优势的体现。"（ELEC4）

"在认证前提前更换了生产线设备，这既提升了效益，增强了产品市场竞争力，又响应了国家的号召，树立了企业形象。我们参加碳标签认证的主要动力是获得政府具体帮扶专项资金的支持，这为我们降低了生产线全面升级的成本。"（TECH3）

"我们行业中的大多数企业不知道如何做低碳产品认证，且因为企业的逐利性，前期投入的成本也成了低碳产品认证的阻碍。"（MANU3）

"标准的不健全和局限性比较影响低碳产品的认证进度，因为在边界上没有做到全生命周期的核查核算，社会或者企业会质疑后面的数据评价，甚至是不认可这样的认证，所以需要加快建立健全全生命周期的低碳认证标准。"（APPL5）

（四）企业对开展碳标签认证的内部努力认识和外部支持的诉求

在中国，碳标签还属于新生事物。为了落实这一制度，企业需从内部的实际情况出发，审视自身能够为减少碳排放做出贡献的生产和管理环节。如图6所示，多数企业（超过38%）认为最有可能在生产环节降低碳足迹，其他依次是消费环节、销售环节、垃圾处理环节和循环处理环节。具体到企业的实际管理，虽然绝大多数企业都还没有为参加碳标签认证做出任何组织结构上的调整，但是有37%的企业表示想为参加认证设立专门的低碳管理部门

（见图7），且有将近70%的企业已经为参加碳标签认证参加过相关培训（见图8），全部企业都已经或打算重新梳理企业各环节可能的减碳措施（见图9）。

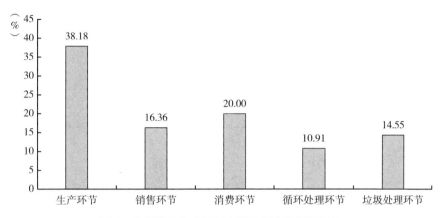

图6　贵司认为自身可以在哪些环节降低碳足迹

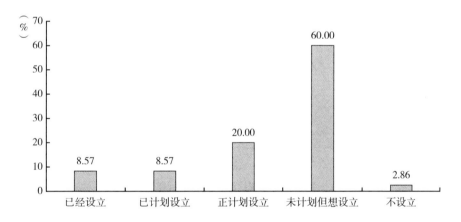

图7　为了参加碳标签认证，贵司是否设立了专门的低碳管理部门

"组织结构上有相关人员做低碳类的工作，但产品类的低碳认证企业做得相对薄弱一些，企业自身还在努力摸索中。对人才建设这方面，还不知道从哪方面入手，更多的是从标准中汲取需要的内容。"（TECH4）

"我们的技术管理部专门设置了低碳工作组，已经组织相关培训，不过仍然需要更多更专业的人才培训。"（ELEC5）

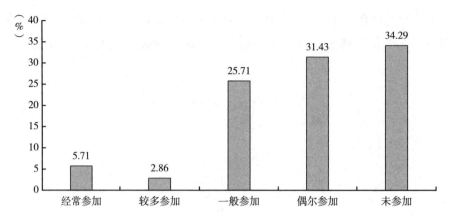

图8　为了参加碳标签认证，贵司相关部门是否参加了
多次低碳认证培训

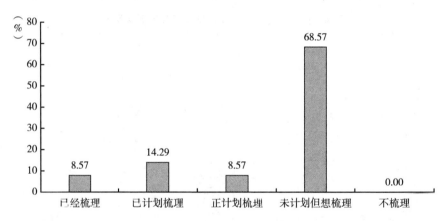

图9　为了参加低碳认证，贵司是否重新梳理了
各环节可能的减碳措施

在对外部支持的诉求上，企业从政府部门最迫切需要获得的支持是政府提供的业务培训，能够帮助它们尽快掌握最权威和最新的低碳标准（37.50%，见图10），最希望从行业协会（如中国电子节能技术协会）获得的帮助或服务则是行业指导（38.89%，见图11），最希望从专业组织（如中国碳标签产业创新联盟）获得的帮助或服务则是认证咨询（40.82%，见图12）。企业在调研中直言自身对外部支持的诉求。

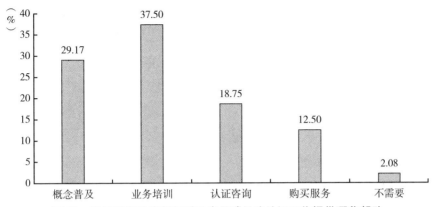

图 10 贵司希望政府部门对于产品碳足迹认证工作提供哪些帮助

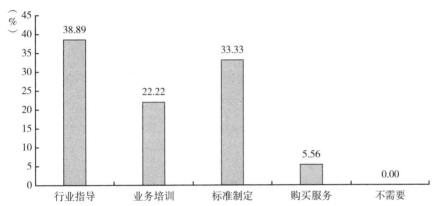

图 11 贵司期望从中国电子节能技术协会得到的帮助或服务有哪些

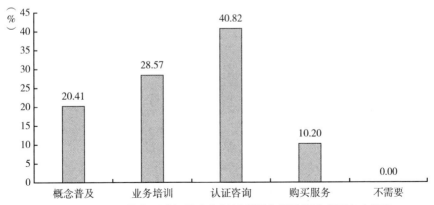

图 12 贵司期望从中国碳标签产业创新联盟获得的帮助或服务有哪些

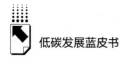

"我国与欧盟发达国家的国情不同，经济发展还占据着主导地位，去做低碳认证工作还不太容易实现，建议政府部门及行业协会做好充分的行业调研，去差异化地做强制性要求，逐步深入低碳工作。从供应链上游推广，逐步往下推进，对全行业的认证会具有积极的作用。"（TECH5）

四 结论与讨论

经以上话语分析可见，第一，在企业对气候和环境问题的认识方面，绝大多数企业认同企业经济活动与气候变暖和环境恶化之间的正相关关系，主观上也希望通过一系列的环保措施降低企业经济活动对气候和环境的负面影响，有些企业甚至在国家的低碳政策出台之前很早就有了较好的环保意识。关于碳标签制度，大多数企业也认同该制度对企业环保意识形成的促进作用；但具体到生产管理流程、低碳管理能力及成本收益权衡等实际操作层面，许多企业表示，单纯依靠碳标签这一产品层面的碳管理会计制度，也许很难从整体上改变现状，特别是相应行业数据库和行业标准的缺失，导致这一制度的推行难度较大。今后，无论是国家相关机构还是行业协会还是企业自身，在推行碳标签制度使其充分发挥对低碳发展的促进作用上都还有许多工作要做。

第二，在企业对碳标签认证内容的知晓和了解程度上可以看到，作为新生事物的碳标签对于企业而言还是一个亟待学习、掌握和实践的制度，目前真正已经开始实践这一制度的企业还是少数。企业对碳标签内容的了解集中在"该制度所采取的权威标准是什么"的问题上，对国际通行的几大标准的知晓程度很高，这表明对于企业而言，实现低碳生产主要是以合规为目的的。

第三，企业对开展碳标签认证动力和阻力的自我分析表明，在碳达峰碳中和背景下，企业开展认证的最大动力是迎合政策导向，国家及地方政府对包括碳标签在内的低碳战略的政策特别是资金支持，是企业在权衡低碳相关投资的不确定性和收益产出比后做出决定的关键性外在推动力。而开展碳标签认证的最大阻力则集中体现在相关制度的非强制性、相关标准的不完善，以及对消费端认可度的不确定性。

第四，企业为参加碳标签认证所采取的种种行动表明，企业对开展碳标签认证的内部努力的认识较高，尽管有许多内部努力尚处在未付诸实际行动的想法或计划阶段。在对外部支持的诉求上，企业展现出明确的区别性，即对政府要求权威标准方面的培训，对行业协会要求针对自身行业特点的指导，对与低碳认证直接相关的专业机构则希望获得认证方面的建议。这充分证明了企业在参与低碳工作，特别是碳标签认证工作方面的经济理性。

附录1　企业调研问卷

您好，本次问卷旨在了解和评价目前中国企业在低碳产品认证方面面临的问题，您的回复将为电子产品低碳产品的认证及相关政策的研究和制定提供重要参考。

填写说明：请您在合适的答案上打"√"，或在"_____"上填写适当的内容。未做特别说明的选题均为单项选择。为了确保问卷的有效性，请您务必根据问卷的提示，填写问卷中要求填写的全部题目。

调研组将按照学术规范，对您的个人信息、项目信息和企业信息保密。您的参与是本次研究的关键，衷心感谢您对本次问卷调查的支持！

企业名称：_____

所属行业：_____

1. 贵司是否已参加碳标签认证企业？

□是

□否

2. 贵司是否了解碳足迹或者碳标签？

□非常了解

□比较了解

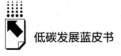

□一般了解

□了解较少

□完全不了解

3. 贵司是否了解企业应当如何进行碳标签认证？

□非常了解

□比较了解

□一般了解

□了解较少

□完全不了解

4. 贵司认为自身可以在哪些环节降低碳足迹？

□生产环节

□销售环节

□消费环节

□垃圾处理环节

□循环处理环节

5. 贵司是否有计划开展产品碳标签认证工作？

□已经开展

□已计划开展

□正计划开展

□未计划但想开展

□不开展

6. 贵司是否遇到来自进口商（采购商、进口国）的有关碳标签、产品碳信息披露或产品低碳认证等要求？

□总是遇到

□遇到较多

□一般遇到

□偶尔遇到

□从未遇到

7. 贵司希望政府部门对于产品碳足迹认证工作提供哪些帮助？（可多选）

☐概念普及

☐业务培训

☐认证咨询

☐购买服务

☐不需要

8. 贵司希望政府对开展低碳发展项目提供的支持有哪些？（可多选）

☐业务培训

☐金融工具

☐资金支持

☐项目推荐

☐不需要

9. 贵司期望从中国碳标签产业创新联盟获得的帮助或服务有哪些？（可多选）

☐概念普及

☐业务培训

☐认证咨询

☐购买服务

☐不需要

10. 贵司期望从中国电子节能技术协会得到的帮助或服务有哪些？（可多选）

☐行业指导

☐业务培训

☐标准制定

☐购买服务

☐不需要

11. 为了参加碳标签认证，贵司是否设立了专门的低碳管理部门？

□已经设立

□已计划设立

□正计划设立

□未计划但想设立

□不设立

12. 为了参加碳标签认证，贵司相关部门是否参加了多次低碳认证培训？

□经常参加

□较多参加

□一般参加

□偶尔参加

□未参加

13. 为了参加低碳认证，贵司是否重新梳理了各环节可能的减碳措施？

□已经梳理

□已计划梳理

□正计划梳理

□未计划但想梳理

□不梳理

14. 碳标签认证以来贵司是否切实采取了一系列行为，降低了产品碳足迹？

□已经采取

□已计划采取

□正计划采取

□未计划但想采取

□不采取

15. 贵司在进行碳标签认证的同时是否降低了企业主要污染物排放（SO_2、PM、NO_x）？

□降低非常多

☐降低比较多

☐降低一般多

☐降低非常少

☐未降低

16. 贵司未来是否会采取多种方式实现产品碳中和？

☐已经采取

☐已计划采取

☐正计划采取

☐未计划但想采取

☐不采取

17. 贵司是否会参加二次认证？

☐已经参加

☐已计划参加

☐正计划参加

☐未计划但想参加

☐不参加

18. 贵司是否会参加其他碳标签体系认证？

☐已经参加

☐已计划参加

☐正计划参加

☐未计划但想参加

☐不参加

19. 贵司对中国碳标签产业创新联盟现存服务是否满意？

☐非常满意

☐比较满意

☐一般满意

☐比较不满意

☐非常不满意

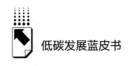

附录2 电子电器行业企业负责人半结构性访谈提纲

一、企业基本情况

二、企业对环境问题的认识

1. 贵公司对气候变化问题的总体看法是怎样的？

2. 贵公司何时开始认识到低碳发展对于企业的重要性？具体而言，您认为为什么重要？

3. 贵公司对包括碳标签在内的低碳认证态度如何？为什么？（例如从消费者认可度、同行业竞争、国家政策、出口壁垒等角度谈谈您的认识）

三、企业低碳发展的基本情况

1. 您认为从企业层面可以开展的低碳行动主要包括哪些？您的判断标准从哪里来？

2. 至今，企业主要开展了哪些低碳活动？是在战略层面还是在营销层面或其他层面的考量更多一些？为什么？

3. 贵公司是否开展过碳足迹盘查与核查、碳标签评价等工作？如果有，能够告知开展的具体原因和主要动力是什么？以及这些工作在企业整体低碳工作中的意义是什么？

4. 在开展前后，您认为市场对企业的认可度是否有改变？企业自身有哪些收益？（尽量详细，包括通过盘查摸清家底，了解企业在管理中存在的不够精细等问题，也包括通过相关工作减低碳排放，提高能效，降低成本等）

5. 您认为电子电器行业在推广低碳产品认证中最大的问题是什么？

6. 贵公司是如何克服这些困难？或者仍然有困难，那您认为如何突破？

7. 您认为在贵公司所在的产业链条上，开展全生命周期法的碳足迹盘查最大的困难在哪里？从专业角度来看，什么样的方法论更适合对贵公司所在的产业链条进行碳足迹盘查与核查？

8. 您了解 ISO 14064 和 PAS 2050 吗？您对国际上温室气体量化的指南还了解哪些？您认为它们之间是否有区别？贵公司是如何判断和决定采用哪一个国际标准？这个过程中有什么困扰？

9. 贵公司在低碳工作推进中的组织结构和人员安排是怎样的？您认为当前的人才队伍建设是否能满足贵公司低碳发展的要求？

10. 您认为，如果继续保持当前的自愿性减排机制，全行业能否有更多企业加入低碳产品认证工作？

11. 如果需要您为我国政府相关部门提出建议，您认为推进我国电子产品低碳认证工作的主要路径应该是怎样的？

12. 您认为您所在的行业协会在推进过程中应该承担哪些工作？

13. 贵公司在开展低碳产品认证相关工作中，是否有参与国际合作？为什么会参与或不参与？

14. 如果有，请您最后简单评价贵公司开展低碳产品认证等工作的成效，谢谢！

附录3　参与本次电子电器行业调研的企业名录

企业名称	行业	编号
海天塑机集团有限公司	制造业	
太原太航流量工程有限公司	制造业	
淄博纽氏达特行星减速机有限公司	制造业	
中海润达新材料科技有限公司	制造业	
山东福瑞德测控系统有限公司	仪器仪表	MANU1-9
河北珠峰仪器仪表设备有限公司	仪器仪表	
山东舜泰汽车有限公司	汽车制造	
苏州邦得新材料科技有限公司	建材制造业	
内蒙古蒙牛乳业(集团)股份有限公司	乳制品制造业	

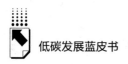

续表

企业名称	行业	编号
大唐黑龙江电力技术开发有限公司	能源	TECH1-7
国网区块链科技(北京)有限公司	能源	
北京格瑞普达科技有限公司	技术咨询	
福建省招标采购集团有限公司	技术咨询	
中碳绿林宝低碳科技有限公司	环保技术咨询	
北京赛西认证有限责任公司	环保技术咨询	
玲珑集团德州科贸有限公司	房地产	
广东万和新电气股份有限公司	电子电器	APPL1-14
云南南天电子信息产业股份有限公司	电子电器	
TCL科技集团股份有限公司	电子电器	
四川长虹电器股份有限公司	电子电器	
戴尔(中国)有限公司	电子电器	
美的集团	电子电器	
西门子(山东)开关插座有限公司	电子电器	
江苏集萃智能液晶科技有限公司	电子电器	
中山市科讯光照明科技有限公司	电子电器	
海信视像科技股份有限公司	电子电器	
中节能衡准科技服务(北京)有限公司	电子电器	
北京睿电博通科技有限公司	电子电器	
淄博京科电气有限公司	电子电器	
施耐德电气(中国)有限公司	电子电器	
烽火通信科技股份有限公司	电子信息	ELEC1-17
山东亚华电子股份有限公司	电子信息	
智洋创新科技股份有限公司	电子信息	
湖南奇亚电子商务有限公司	电子信息	
盛阳科技电子有限公司	电子信息	
环谷电子科技有限公司	电子信息	
河北九成金标电子科技有限公司	电子信息	
深圳市爱德威电子科技有限公司	电子信息	
欣旺达电子股份有限公司	电子设备	
神思电子技术股份有限公司	电子设备	
寿光艾龙饮水设备有限公司	电子设备	
天马微电子股份有限公司	电子设备	

176

企业名称	行业	编号
宁波科强电池有限公司	电子设备	
杭州龙向科技有限公司	电子设备	
明朔(北京)电子科技有限公司	电子设备	ELEC1-17
江苏博亚照明电器有限公司	电子设备	
康威电子有限公司	电子设备	

B.6
2021年首轮碳标签消费端调查报告

王晓瑞 王璟珉 许 伟*

摘 要: 随着我国"30·60"目标的提出,公众对于低碳生活的意识得到了进一步的提升,消费者对于产品的碳信息也越发关注。碳标签将商品的温室气体排放量在产品标签上用量化的指数标示出来,旨在引导消费者进行低碳的购物选择、鼓励消费者绿色低碳负责任的消费。本报告通过对五个地区的消费者进行问卷调查,收集相关数据,了解消费者对标有碳标签的商品与服务,特别是低碳电子设备溢价的感知、购买意愿和支付意愿,形成碳标签消费端调查报告。通过本报告的研究,有助于我们更好地理解在"双碳"目标下的消费者行为和环境伦理,及消费者对于碳标签的认知。

关键词: 碳标签 消费者认知 消费者行为 环境伦理

一 引言

自 2008 年 Thaler 和 Sunstein 在他们的开创性著作《助推:我们如何做出最佳选择》[①] 中提出"助推"(nudge)这一概念以来,行为变化的研究进

---

* 王晓瑞,山东财经大学中国国际低碳学院副教授,法国巴黎文理研究大学巴黎第九大学管理学博士,研究方向为商业伦理、可持续发展政策、消费者行为与环境保护等;王璟珉,工学博士、经济学博士后,山东财经大学中国国际低碳学院教授、硕士生导师,研究方向为低碳经济与责任战略;许伟,山东财经大学工商管理学院硕士研究生,研究方向为低碳经济与责任战略。

① Thaler, R. H., Sunstein, C. R., *Nudge: The Final Edition (Revised edition)*, Penguin Books, 2021.

入了一个新时代。对于旨在解决典型的集体行为问题以应对自然环境恶化和气候变化的公共政策和商业战略而言，这一概念为整个人类社会的可持续性发展所亟须进行的结构性变革指明了一条不那么痛苦的道路。

作为一种旨在帮助消费者更好地了解各种产品生命周期中的 CO_2 排放量，从而在消费者当中进一步推广低碳产品、实现低碳生活方式转变的工具，"碳标签"可以被视为"助推"理论中"选择架构"（choice architecture）的化身。这不仅体现在碳标签所标注的信息是基于对消费品和服务的生命周期碳足迹的科学估算，使其具有科学性，还体现在如果运用框架理论将碳标签在社会情境中进行巧妙设置，可以在民众（居民/消费者）中起到温和的道德提醒和行为改变的作用。[1] 基于以上原因，我们选择"碳标签"作为本次消费端调查问卷的主要切入点，相应地，本次研究的对象是民众对碳标签及其所标注信息的感知与行为回应。

在包括中国在内的新兴市场中，尤其是对普通大众而言，碳标签似乎仍然是一个新概念。根据其在国内外的发展现状，我们看到，碳标签目前还没有统一的规范，常常以与电子电器类产品的"能效标识"相似的形式呈现于产品或服务的包装或内容介绍中，其所标注的信息主要是该商品在其生命周期内或服务期间的二氧化碳等温室气体排放量。为了能够在本次调查中初步把握国内消费者对于碳标签商品的看法，我们通过问卷调查收集五个地区的消费者调查数据，以此来体现费者对碳标签所标注的低碳商品和服务——特别是低碳电子电器类商品——溢价的感知、购买意愿和支付意愿。这里特别需要指出的是，选择电子电器类商品作为本次研究重点关注的商品，一是因为近年来与世界其他地区相比，中国的电子设备生产和消费都经历了强劲的增长[2]；二是基于北京商道纵横信息科技有限责任公司 2020 年的调查结

---

[1]　Heath, C., Heath, D., *Switch: How to Change Things When Change is Hard* (1st edition), Currency, 2010.

[2]　Yang, C., He, C., "Transformation of China's 'World Factory': Production Relocation and Export Evolution of the Electronics Firms", *Tijdschrift Voor Economische en Sociale Geografie*, 2017, 108 (5).

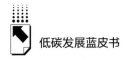

果——该调查报告显示，与其他不同类型的商品和服务相比，消费者对电子电器类商品具有最强的可持续溢价支付意愿。[1]

二　方法与数据

（一）问卷设计

问卷包括三个部分，共 33 个问题。附录中提供了该问卷的详细信息。将消费者对碳标签商品的感知、购买意愿和支付意愿通过 5 个问题来衡量，其中，前 2 个问题调查消费者对"碳标签"知晓与否，以及其对碳标签的认知是否与研究者对碳标签的定义基本吻合，构成"消费者碳标签商品感知"变量；第 3 个问题调查消费者对贴有碳标签商品的购买意愿，构成"消费者碳标签商品购买意愿"变量；第 4~6 个问题调查消费者对电子电器类碳标签商品的支付意愿及其原因，构成"消费者碳标签商品支付意愿"变量。随后的 8 个问题与人口统计学有关，如年龄、职业、学历、收入水平等。

我们基于既往相关文献对低碳意识[2]、风险态度[3]、环保标签制度的收益感知[4]和有效性感知[5]等的研究，对问卷问题的设计进行了分析、借鉴与凝练，从而设计了本次调查中用来衡量消费者的日常习惯和消费观的 19 个问题（$X_1 \sim X_{19}$）。其中，5 个问题采用"4 点李克特量表"，量表的范围为

[1] 《2020 中国可持续消费报告：小康社会之下的可持续消费新趋势》，北京商道纵横信息科技有限责任公司官网，2020 年 12 月，http://www.syntao.com/newsinfo/1010421.html。

[2] Bai, Y., Liu, Y., "An Exploration of Residents' Low-carbon Awareness and Behavior in Tianjin, China", *Energy Policy*, 2013, 61, pp. 1261-1270.

[3] Weber, E. U., Blais, A. R., Betz, N. E., "A Domain-specific Risk-attitude Scale: Measuring Risk Perceptions and Risk Behaviors", *Journal of Behavioral Decision Making*, 2002, 15 (4).

[4] Canavari, M., Coderoni, S., "Consumer Stated Preferences for Dairy Products with Carbon Footprint Labels in Italy", *Agricultural and Food Economics*, 2020, 8 (1).

[5] Lee, M. C., "Factors Influencing the Adoption of Internet Banking: An Integration of TAM and TPB with Perceived Risk and Perceived Benefit", *Electronic Commerce Research and Applications*, 2009, 8 (3).
Maniatis, P., "Investigating Factors Influencing Consumer Decision-making While Choosing Green Products", *Journal of Cleaner Production*, 2016, 132, pp. 215-228.

1.5、3、4.5、6，包括"从不""偶尔""经常""总是"，目的在于用行为频率来测量受访者日常生活中的低碳意识；14 个问题采用"6 点李克特量表"来减少统计偏差，量表的范围为 1~6，包括"完全不符合""很不符合""不太符合""比较符合""很符合""完全符合"，分别用来测量受访者在做出电子电器类商品的购买决策时的风险态度，以及消费者对在商品市场中推广碳标签制度这一政策，在个体和社会层面的预期收益和有效性的价值感知。

（二）问卷收集

作为探索性质的实证研究，本次问卷调查采用"滚雪球"取样法[①]，问卷发放通过移动互联网实现，在问卷星（www. wjx. com）平台进行。IP 地址显示，绝大多数受访者现居城市，来自北京及其周边、山东半岛、中西部城市、长三角和珠三角五个地区。在将不完整的问卷从本研究中剔除后，我们最终获得有效问卷 449 份。

在对所有有效问卷的初步统计中，我们注意到，总样本显示最高学历为大专和本科的占受访者的比例较大，约为 64.6%，远高于截至目前最新全国人口变动情况抽样调查样本数据显示的 15.47%。[②] 考虑到样本同质性对研究结果有效性的影响，这一样本特征有可能成为本次研究结果在适用性问题上的主要局限因素。因此，我们希望后续会有更多不同取样方式的研究，为本次探索性研究的结论提供更多的佐证或挑战。

本研究采用 SPSS 22.0 软件进行信度和效度检验。信度检验评估问卷是否稳定可靠，采用"克朗巴赫"系数来评估测量量表的信度。本项研究的"克朗巴赫"信度系数为 0.886，高于 0.7 的可接受阈值，表明衡量个人的日常习惯和消费观的 19 个问题的量表是可靠的。另一方面，效度检验主要通过探索性因素分析来测量量表的结构效度。进行因子分析的先决条件是满足 Kaiser-Meyer-Olkin（KMO）的抽样充分性分析和"巴特利特球形度"测试。本研究

① Sherman，R.，*Uneasy Street*：*The Anxieties of Affluence*，Princeton University Press，2017.
② 《国家统计局第七次全国人口普查公报（第六号）》，国家统计局网站，http://www. stats. gov. cn/tjsj/tjgb/rkpcgb/qgrkpcgb/202106/t20210628_1818825. html。

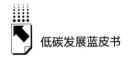

中 19 个项目的 KMO 值为 0.9，高于 0.7 的标准阈值。"巴特利特球形度"测试的显著性水平为 0，小于 0.05，表明问卷的项目适合进行因子分析。

因变量设定为消费者对碳标签商品的感知、购买意愿和支付意愿，我们将测量受访者的日常习惯和消费观的 19 个项目进行了探索性因素分析，提取主成分并与人口统计变量相结合，以便将独立成分纳入逻辑回归模型。方法如下：因子分析是一种从一组变量中提取共同因子的统计技术。本研究中测量消费观的项目定义为 X_1，X_2……X_{19}。

因子模型可以表示为

$$X_1 = a_{i1}f_1 + a_{i2}f_2 + \cdots + a_{im}f_m + u_i$$

其中，f_1，f_2，$\cdots$，f_m 是被测项目的共同因素；u_i 是特殊因子（即剩余项）；a_{im} 是加载因子。

通过因子分析，可以将观测变量的信息转化为因子值 f_1，f_2，$\cdots$，f_m。随后，可以采用这些因素来代替原始观察变量，以便进行逻辑回归分析。

当模型的因变量是非连续二元或多元时，传统的回归分析并不适用。逻辑回归采用"罗吉斯蒂克变换"的思想，使得 $\ln E(y) / [1 - E(Y)]$ 成为 X_1，X_2，$\cdots$，X_k 的线性函数。因此，处理二元相关（或多元）变得可能。逻辑回归模拟方程如下：

$$\ln p / (1-p) = \beta_0 + \sum_{i=1}^{m} \beta_i f_i$$

其中，f_i 是因子的值，m 是因子的个数，β 是待估计的回归系数，p 是因变量 $y=1$ 时的概率。

三　定量分析结果

（一）描述性统计

问卷设计为两部分。第一部分测量的是受访者对碳标签商品的感知、购买意愿和支付意愿。表 1 给出了这一部分的描述性统计结果。调查结果显示，72.38%的受访者从未听说过碳标签，这证实了碳标签产品在中国尚未被广泛推广的事实。[①] 受访者在问卷中会看到几个不同国家和地区

表1 描述性统计

	问题		样本数	占比(%)
感知	您是否听说过带有"碳标签"的商品？	否	325	72.38
		是	124	27.62
购买意愿	在购物时，您认为自己是否会查看商品的碳标签，并将这些信息纳入您的购买决策中？	否	279	62.14
		是	170	37.86
支付意愿	在同类产品中，您是否愿意为其中的"低碳产品"（用碳标签明确标注）支付更高的价格？	否	167	37.19
		是	282	62.81
	假设现在您正要购买一部新上市的智能手机（定价约为3000元），碳标签明确标注其为同类产品中的低碳产品。如果您愿意为其支付更高的价格，您能够接受的最高价格区间是多少？	不高于3100元	76	26.95
		3100~3200元	69	24.47
		3200~3300元	42	14.89
		3300~3400元	20	7.09
		3400~3500元	21	7.45
		3500~3600元	19	6.74
		3600元以上	35	12.41
	假设现在您正要购买一部新上市的智能手机，碳标签明确标注其为同类产品中的低碳产品。您不愿意为其支付更高的价格的具体原因是？	我在意气候和环境问题，但感觉碳标签仅仅是个营销噱头，只会让商家得利而不会利于环保	45	26.95
		我在意气候和环境问题，但感觉碳标签所标注的信息很有可能无法反映真实的碳排放情况	39	23.35
		推广低碳产品也许会利于环保，但我个人对解决气候和环境问题的贡献很有可能微乎其微	24	14.37
		相对于产品低碳环保与否，我更关心性能和价格	55	32.93
		其他	4	2.40

---

① Bai, Y., Liu, Y., "An Exploration of Residents' Low-carbon Awareness and Behavior in Tianjin, China", *Energy Policy*, 2013, 61, pp. 1261-1270.

Zhao, R., Geng, Y., Liu, Y., Tao, X., Xue, B., "Consumers' Perception, Purchase Intention, and Willingness to Pay for Carbon-labeled Products: A Case Study of Chengdu in China", *Journal of Cleaner Production*, 2018, 171, pp. 1664-1671.

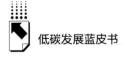
常见的碳标签图例，以及对碳标签的如下介绍："根据国内外各地的理论和初步实践，碳标签所标注的信息主要是该商品在其生命周期内的碳排放量（如 CO_2 等温室气体排放量）"。之后，受访者再重新回答碳标签产品的购买意愿和溢价支付意愿的问题。

有趣的是，尽管在初步了解碳标签的相关理论和实践后，仍有 62.14% 的受访者表示，在购物时不会查看商品的碳标签信息并将其纳入购买决策中，但是，在紧随其后的"低碳产品"购买意愿问题上，62.81% 的受访者表示，愿意为同类商品中用碳标签明确标注的低碳产品支付更高的价格。这种对购买行为的自我评价也许可以解读为，大多数受访者在权衡商品的价格、性能、外观、品牌及碳排放等多重因素时，并不会单纯因为其所心仪商品的碳排放水平较高而放弃该商品；但如果有多个在其他因素中旗鼓相当的商品，碳排放量较低的商品会成为其购买首选，尽管价格会相对高一点。这一推测在既存相关文献中已有所体现①，有待在今后细分地域、行业、产品等的研究中，以及采用其他数据收集和处理方法（如访谈及实验等）的研究中进一步论证。

接下来，我们选取了购买智能手机（定价约为 3000 元）这一较为典型的电子电器类商品的购买决策场景为例，来测量支付意愿的溢价水平。我们看到，在 62.81% 的表示愿意为同类商品中的低碳电子电器商品支付更高价格的受访者当中，有 66.31% 的受访者接受定价 10%（300 元）及以下的溢价，另有 12.41% 的受访者愿意接受 20% 以上的溢价。

以上这些看似有些矛盾的发现表明，尽管这些受访者对碳标签产品的总体认知度较低，但如果市场上出现低碳电子电器类商品，六成以上的受访者愿意以稍高的价格购买。而在不愿意为低碳产品支付更高价格的受访者中，

---

① Chen, N., Zhang, Z. H., Huang, S., Zheng, L., "Chinese Consumer Responses to Carbon Labeling: Evidence from Experimental Auctions", *Journal of Environmental Planning and Management*, 2018, 61 (13).

Vlaeminck, P., Jiang, T., Vranken, L., "Food Labeling and Eco-friendly Consumption: Experimental Evidence from A Belgian Supermarket", *Ecological Economics*, 2014, 108, pp. 180-190.

最主要的顾虑因素在于环保和性价比之间的取舍（"相对于产品低碳环保与否，我更关心性能和价格"，32.93%），另外三个选项分别占 26.95%、23.35% 和 14.37%，仅有 2.4% 的受访者选择了其他原因，表明问卷中所列举选项基本涵盖了不愿为低碳产品支付更高价格的受访者的主要顾虑因素。这些对消费者自述行为动机的直接测量，与既往研究溢价支付意愿及其影响因素的大量文献[1]形成较好的互补，为这些研究所得出的结论及行为动机推论提供了佐证。

  问卷的第二部分包括 19 个询问消费者日常习惯和消费观的问题。我们在询问购买电子设备决策过程的相关问题中，特别向受访者展示了能效标识（这在中国电子电器类商品上是强制性的），以更好地了解消费者已知的产品标签对其消费行为，特别是对其购买电子电器类商品时消费决策的影响。表 2 给出了对这 19 个问题项进行因子分析后的提取结果，问卷第 15~33 题分别对应表中 X_1—X_{19}。结果表明，提取 3 个主成分后的累积方差为 53.10%，其中 X_3、X_{11} 两个问题没有通过效度检验，因子分析的输出结果与最初量表设计不完全一致，X_{12}—X_{19}，X_6—X_{10} 和 X_1—X_5（除去 X_3）分别对应公共因子 f_1—f_3，如表 2 所示。根据因子分析输出结果，X_1—X_5（除去 X_3）、X_6—X_{10} 依然分别命名为日常生活中的低碳意识（f_3）和电子电器类商品购买决策时的风险态度（f_2）；X_{12}—X_{19} 命名为受访者对碳标签制度的预期收益及其有效性的感知程度（f_1）。

---

[1] Canavari, M., Coderoni, S., "Consumer Stated Preferences for Dairy Products with Carbon Footprint Labels in Italy", *Agricultural and Food Economics*, 2020, 8 (1).
Gregory-Smith, D., Manika, D., Demirel, P., "Green Intentions under the Blue Flag: Exploring Differences in EU Consumers' Willingness to Pay more for Environmentally-friendly Products", *Business Ethics*, *Review*, 2017 (3).
刘鹤、范莉莉：《碳标签产品"溢价"支付意愿及其影响因素研究》，《价格理论与实践》2018 年第 5 期。
张孝宇、吕亚东、马佳、马莹：《大都市碳标签蔬菜的消费影响因素研究——基于上海市消费者的实证分析》，《中国食物与营养》2020 年第 2 期。

表2　因子分析矩阵

	元件				
	f_1	f_2	f_3	f_4	f_5
X_{13}	0.796				
X_{16}	0.788				
X_{19}	0.779				
X_{12}	0.764				
X_{17}	0.761				
X_{18}	0.756				
X_{15}	0.685				
X_{14}	0.648				
X_6		0.754			
X_9		0.739			
X_7		0.699			
X_8		0.634			
X_{10}		0.541			
X_5			0.499		
X_4			0.678		
X_2			0.648		
X_1			0.629		
X_3				0.683	
X_{11}					0.868

（二）回归分析

逻辑回归分析的因果关系分为三个阶段。

第一阶段主要关注"消费者碳标签商品感知"（即对碳标签知晓与否）这一二分类因变量的逻辑回归分析。代表消费者低碳意识（X_1、X_2、X_4、X_5）、风险态度（X_6—X_{10}）、感知水平（X_{12}—X_{19}）的三个公共因子（f_1—f_3），连同人口统计学变量，被视为该二元逻辑回归模型的四个自变量：

- 日常生活中的低碳意识
- 电子电器类商品购买决策时的风险态度

• 对碳标签制度预期收益及有效性感知

• 人口统计学变量

第一阶段"消费者碳标签商品感知"的逻辑回归分析结果见表3。结果显示，只有"年龄"这一人口统计学变量对碳标签商品的感知（即是否听说过碳标签）这一因变量有显著影响，46岁以上的受访者对碳标签商品的感知程度略高于平均水平。其他因素，如消费者的低碳意识及风险态度等，并不显著影响这一因变量。本次调查问卷的分析结果指向以下可能的解释：自2020年底以来，"碳中和"成为在各大媒体广泛曝光的热词，消费者（尤其是对主流新闻媒体和时政较为关注的中年消费者群体）对碳排放相关的信息可能更加敏感，因而在2021年初开展的本次调查中呈现对碳标签产品更高的感知度。

表3 消费者碳标签商品感知逻辑回归分析

	B	S. E.	Wald	df	Sig.	Exp（B）
性别	0.014	0.236	0.004	1	0.953	1.014
年龄	0.239 **	0.114	4.401	1	0.036	1.27
最高学历	0.039	0.187	0.043	1	0.836	1.039
职业	-0.113 *	0.059	3.641	1	0.056	0.893
收入	-0.117	0.094	1.552	1	0.213	0.89
个人状况	-0.046	0.11	0.177	1	0.674	0.955
低碳意识	0.247	0.146	2.86	1	0.091	1.281
风险态度	0.058	0.186	0.096	1	0.756	1.059
收益及有效性感知	0.353 *	0.184	3.664	1	0.056	1.423
Constant	-3.966	1.125	12.419	1	0	0.019

注：$Chi^2 = 2.372$，$df = 8$，$Sig = 0.967$，Nagelkerke $R^2 = 0.081$ 分类预测值为72.6%。*、**、*** 分别表示在10%、5%、1%的水平下显著。

回归分析的第二阶段侧重于探索影响"消费者对碳标签商品的购买意愿"这一二分类因变量的主要因素。三个显著因子、人口统计学变量连同碳标签商品感知被视为自变量。

• 日常生活中的低碳意识

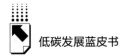

- 电子电器类商品购买决策时的风险态度
- 对碳标签制度预期收益及有效性感知
- 人口统计学变量
- 碳标签商品感知

从表 4 所示的回归系数和显著性水平来看，碳标签商品感知、风险态度和低碳意识这三个因素，显著影响消费者对碳标签商品的购买意愿。其中，碳标签商品感知是最关键的因素，几乎所有听说过碳标签的受访者都表示会查看商品的碳标签，并将这些信息纳入购买决策中。这一发现表明，随着碳标签制度的普及，人们在逐渐熟悉并了解到其所标注的信息的意义后，会在做出购物决策时考虑相应产品的碳足迹。这一结果还表明，关于碳标签的消费者教育，也许可以让消费者在当今日益崇尚"低碳消费"的消费文化中更加明智地做出消费决策。①

表 4　消费者碳标签商品购买意愿的逻辑回归分析

	B	S. E.	Wald	df	Sig.	Exp(B)
低碳意识	0. 307 **	0. 149	4. 258	1	0. 039	1. 359
风险态度	0. 401 **	0. 188	4. 553	1	0. 033	1. 494
收益及有效性感知	0. 225	0. 182	1. 526	1	0. 217	1. 253
性别	0. 099	0. 233	0. 182	1	0. 67	1. 104
年龄段	0. 051	0. 111	0. 213	1	0. 644	1. 053
最高学历	0. 242	0. 189	1. 639	1	0. 2	1. 274
职业	0. 07	0. 057	1. 496	1	0. 221	1. 072
收入	0. 026	0. 091	0. 084	1	0. 771	1. 027
个人状况	-0. 167	0. 107	2. 419	1	0. 12	0. 846
碳标签商品感知	1. 438 ***	0. 24	35. 796	1	0	4. 213
Constant	-7. 221	1. 197	36. 36	1	0	0. 001

注：Chi^2 = 6. 52，df = 8，Sig = 0. 589，Nagelkerke R^2 = 0. 232 分类预测值为 71. 9%。*、**、*** 分别表示在 10%、5%、1%的水平下显著。

---

① de Boer, J., de Witt, A., Aiking, H., "Help the Climate, Change Your Diet: A Cross-sectional Study on How to Involve Consumers in a Transition to a Low-carbon Society", *Appetite*, 2016, 98, pp. 19-27.

此外，风险态度与购买意愿的正相关性这一发现与 Zhao 等[1]基于 Weber 等[2]"五维风险态度量表"（包括财务决策考虑、健康和安全考虑、享乐考虑、伦理考虑、社会决策考虑）设计的测量"消费者对贴有碳标签牛奶的感知"的问卷分析所得出的结果一致：Zhao 等发现，消费者风险态度的不确定性会影响对碳标签产品的感知，进而推测那些更愿意在日常生活中尝试新事物、新品牌的人，更有可能听说过并且接受贴有碳标签的商品，而本次问卷的分析结果从购买意愿（而非听说过与否）的角度进一步指示，以希望尝试某种新鲜事物而购买为行为表征的"亲风险态度"可能会直接促成碳标签商品购买行为的实现。低碳意识是受访者形成购买意愿的第三显著因子，表明消费者已有环保、低碳的行为习惯，对其是否愿意查看商品的碳标签，并将这些信息纳入购买决策中这一行为习惯有直接影响。这与 Maniatis [3]、Shuai 等[4]和 Zhao 等的结论基本一致，但本次调查的结果突出了用行为频率来测量日常生活中的低碳意识——而非受访者对低碳意识的自我评价——对购买意愿的影响，减弱了受访者在回答问题时的道德溢出效应[5]，在研究设计上更具有说服力。

回归分析的第三阶段侧重于了解"如果市面上有用碳标签明确标注为同类产品中的低碳产品的手机，消费者愿意为其支付的溢价水平"这一多分类因变量的影响因素。三个显著因子、人口统计学变量、碳标签商品感知连同碳标签商品购买意愿被进一步用作自变量。

---

[1] Zhao, R., Geng, Y., Liu, Y., Tao, X., & Xue, B., " Consumers' Perception, Purchase Intention, and Willingness to Pay for Carbon-labeled Products: A Case Study of Chengdu in China", *Journal of Cleaner Production*, 2018, 171.

[2] Weber, E. U., Blais, A. R., & Betz, N. E., "A Domain-specific Risk-attitude Scale: Measuring Risk Perceptions and Risk Behaviors", *Journal of Behavioral Decision Making*, 2002, 15 (4).

[3] Maniatis, P., "Investigating Factors Influencing Consumer Decision-making While Choosing Green Products", *Journal of Cleaner Production*, 2016, 132.

[4] Shuai, C. M., Ding, L. P., Zhang, Y. K., Guo, Q., Shuai, J., "How Consumers are Willing to Pay for Low-carbon Products? —Results from a Carbon-labeling Scenario Experiment in China", *Journal of Cleaner Production*, 2014, 83, pp. 366-373.

[5] Mullen, E., Nadler, J., "Moral Spillovers: The Effect of Moral Violations on Deviant Behavior", Northwestern Law & Econ Research Paper, 2008.

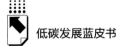

- 日常生活中的低碳意识
- 电子电器类商品购买决策时的风险态度
- 对碳标签制度预期收益及有效性感知
- 人口统计学变量
- 碳标签商品感知
- 碳标签商品购买意愿

由于支付意愿可以用溢价的区间来表示，本次有序回归根据问卷结果定义了0元、0~200元、200~400元、400~600元、600元以上（边界不含）五个溢价水平，然后将这五个不同水平的溢价区间作为因变量。由于"平行线测试模型"在所有变量都被输入时无法运行，因此模型在消除所有无关紧要的变量后会再次运行。平行线测试的P值为0.947，大于0.05，表示所有回归方程相互平行，即自变量的回归系数与分界点无关，因此满足进行有序逻辑回归的前提条件。[1]

表5给出了受访者对碳标签标注的低碳产品支付意愿的分析结果。其中，受访者对碳标签制度预期收益及其有效性感知和碳标签感知（即是否听说过碳标签）这两个变量显著影响其愿意支付的溢价水平，其相应的回归系数均为正，指示消费者对碳标签制度实施的预期个人及社会收益越高、对其有效性的信心越强，以及对碳标签制度的知晓度越高，则其溢价支付意愿水平就会越高。据此以及联系回归分析第二阶段的结果，我们可以得出以下推论：通过有效的社会行为政策助推以及教育宣传、社交媒体推广[2]等途径，可以促进全社会的低碳行为模式转变，提高消费者对选购低碳产品收益及有效性的心理预期和信心，以及提高消费者对碳标签含义的正确认识，有助于消费者提高对低碳产品溢价的接受程度。就人口统计学变量而言，回归

① Tehrani, A. F., Ahrens, D., "Enhanced Predictive Models for Purchasing in the Fashion Field by Using Kernel Machine Regression Equipped with Ordinal Logistic Regression", *Journal of Retailing and Consumer Services*, 2016, 32, pp. 131-138.

② Geels, F., "A Socio-technical Analysis of Low-carbon Transitions: Introducing the Multi-level Perspective into Transport Studies", *Journal of Transport Geography*, 2012, 24, pp. 471-482.

分析结果显示，收入水平对于受访者购买碳标签产品时的溢价支付水平有显著影响。这其中，只有个人每月的到手收入（包括亲人给予的资助）为6000~9000元的群体达到统计意义，这可能是因为手机是一种具有较强需求弹性的商品［尤其是相对于 Zhao 等测试的牛奶产品而言］，而作为月收入位于中间区间的群体，其可用于购买电子电器类商品的预算使其在中高档手机市场上拥有非常充裕的选择，这让他们拥有较大的空间考虑手机价格相对于其性能、品牌象征意义以及个人道德消费诉求等诸多因素的"广义性价比"，因而成为对"低碳溢价"最为敏感的群体。

表5　消费者愿意为低碳产品支付的溢价水平逻辑回归分析

	Estimate	Std. Error	Wald	Df	Sig.
低碳意识	−0.05	0.124	0.159	1	0.691
风险态度	0.093	0.163	0.324	1	0.569
收益及有效性感知	1.124 ***	0.169	44.319	1	0
［您是否听说过带有"碳标签"的商品？ =1］	−0.533 **	0.209	6.475	1	0.011
［您是否听说过带有"碳标签"的商品？ =2］	0ᵃ			0	
［收入 =1］	−0.165	0.498	0.11	1	0.741
［收入 =2］	−0.512	0.302	2.874	1	0.09
［收入 =3］	−0.798 ***	0.29	7.544	1	0.006
［收入 =4］	−0.277	0.323	0.739	1	0.39
［收入 =5］	0ᵃ			0	

注：＊、＊＊、＊＊＊分别表示在10%、5%、1%的水平下显著。α表示此变量为冗余，设为0。

值得注意的是，在溢价支付意愿问题中所涉及的碳标签商品的选择上，相较于其他相关研究所关注的购买频次高、单价低（约3元）的食品类产品，本次问卷中涉及的是购买频次低、单价高（约3000元）的电子电器类产品（手机），而消费者在后者的选购过程中往往会投入更多的精力去了解产品信息，以便做出更加理性的购买决策，这使得在这些研究中被普遍注意到的"亲风险态度"（或者说单纯因为想尝试某种新鲜事物而立即做出购买决策的消费倾向）对溢价支付意愿的影响变得并不显著。因此，我们推测，随着碳标签制度在不同商业领域的普及，以及消费者对碳标签商品知晓度的不断提高，相对于购买频次较高、单价较低的食品类商品，对于购买频次较低、单价较高的电子电器类商品而言，由于消费者本身就更加习惯于在选购过程中收集更多信息而非立即决策，所以更有可能真正将碳标签标注的商品碳排放信息与性能、价格、品牌、服务以及能效标识一起作为综合考虑因素，纳入购买决策中。换言之，如果说消费者目前在食品的购买决策中呈现对碳标签商品的购买意愿和溢价支付意愿在很大程度上是因为新奇以及对价格的不敏感，而这种基于"亲风险态度"的购买和支付意愿有可能随着新奇感的退去而降低；那么消费者目前在电子电器类商品的购买决策中所呈现的碳标签商品购买意愿和溢价支付意愿相对而言可能更加理性和持久。

四 结论与讨论

从上述探索性定量研究的结果可以看出，2021年中国消费者对碳标签的看法表现出一些值得注意的特征。

第一，在许多受访者的感知中，碳标签似乎可以被看作一种对践行环保消费模式的提醒，而这种提醒作用并不因其图形设计或信息框架设计的不同有太大改变[1]，因为碳标签在消费过程中的出现本身就代表了一种新的概念设计，可以自然地唤起受访者作为一个有环保意识、有道德的消费者的积极情绪。这一点可以在以上第三节的结果中得到充分的体现，同时也反映在受访者做完本次问卷之后的评论中——在数据收集期间，许多受访者在完成问卷后都留下了评论，以表达他们愿意在今后的消费活动中投入更多环保方面的考虑，比如有受访者说"我以后一定会更加关注我购买的产品上是否有碳标签"以及"很高兴有机会回答这个问卷，我学到了很多关于碳标签的知识"等。这表明碳标签可能有潜力有效地促进在中国的消费者群体当中

① Canavari, M., Coderoni, S., "Consumer Stated Preferences for Dairy Products with Carbon Footprint Labels in Italy", *Agricultural and Food Economics*, 2020, 8（1）.
Echeverría, R., Hugo Moreira, V., Sepúlveda, C., Wittwer, C., "Willingness to Pay for Carbon Footprint on Foods", *British Food Journal*, 2014, 116（2）.

建立道德消费文化，许多消费者常常试图通过更多地了解如何为环境保护做出贡献来建立和维护他们作为"环保消费者"的自我认同。

第二，尽管道德消费的普及通常基于价值（或社会建构的自我认同）和对社会规范下广泛接受的社会实践的认可，但这次消费者对碳标签感知的调查显示，道德消费在中国的普及方式似乎与在西方国家的情形大不相同：在许多西方国家，道德消费所代表的意识形态，源于自反性、反资本主义和反主流文化的草根运动，这些自发于民众的情绪会敦促企业做出相应的反应，从而使资本主义经济系统对人力资本和自然资本的剥削得到一定程度上的抑制；在中国，道德消费理念的传播呈现自上而下推动的模式，这种推动模式常常需要通过公共行为政策的形式实现，这些公共行为政策不仅用于告知消费者与道德消费决策相关的信息，而且还用于促进中央政府对地区干部、企业以及个体公民进行环境保护问题的教育，从而引导和规范他们的行为。

第三，从消费者的动机来看，中国试点碳标签似乎有两条很有前景的商品线：第一个是在食品行业中——以往的研究表明，就像现有的营养标签能够帮助消费者出于健康考虑而养成查看营养信息的习惯一样，碳标签可以遵循这一逻辑，通过激励消费者获得关于环境保护方面更好的自我认知，从而建立生态友好的生活方式；另一个是电子设备和家用电器——正如本研究的结果所示，就像能效标签帮助消费者养成查看能效信息的习惯以更好地管理家庭能源消费支出一样，碳标签也可以遵循这一逻辑，通过让消费者关心其所消费的商品和服务的碳排放情况，鼓励他们在日常生活中践行环境保护，从而使他们得到随之而来的社会认可。

作为展示基于消费者调查数据的探索性研究的结果和推论的调查报告，本调查所呈现的内容同时显示出一定程度的局限性，这也指出了未来相关研究的方向。第一，尽管本次调查关注了低碳助推设计的"伦理和美学"维度，但并未探索"趣味"维度（例如通过游戏化和社会信用体系实现的环保助推机制）——后者是一个非常值得学术界进一步探索的方向。第二，正如比尔·盖茨在其2021年的著作《气候经济与人类未来》中富有洞察力地指出的那样，与其要求消费者愿意支付额外的成本来解决环境问题，不如

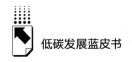
依靠技术创新和政府政策来降低"绿色溢价"①，这也许是处理环境问题和气候变化问题更有希望和更加有效的方向。

附录　消费者"碳标签感知"
调查问卷

您好，本问卷用于了解您作为消费者对于"碳标签"商品的感知。完成整个问卷大概需要 8 分钟。感谢您对科研工作的支持！

（a）消费者特征

编号		问题	选项
受访者对贴有碳标签商品的感知	1	您是否听说过带有"碳标签"的商品？	A. 是 B. 否
	2	根据国内外各地的理论和初步实践，您认为碳标签所标注的信息主要是该商品在其生命周期内的碳排放量（如 CO_2 等温室气体排放量，见下图）吗？ 日本　台湾　英国　美国 瑞典　韩国　德国　法国	A. 是 B. 否
	3	在购物时，您认为自己是否会查看商品的碳标签，并将这些信息纳入您的购买决策中？	A. 是 B. 否
	4	在同类商品中，您是否愿意为其中的"低碳商品"（用碳标签明确标注）支付更高的价格？	A. 是 B. 否

---

① Gates, B., *How to Avoid a Climate Disaster*: *The Solutions We Have and the Breakthroughs We Need* (Large type / Large print edition), Knopf, 2021.

续表

编号		问题	选项
受访者对贴有碳标签商品的感知	5	假设现在您正要购买一部新上市的智能手机(定价约为3000元),碳标签明确标注其为同类产品中的低碳产品。如果您愿意为其支付更高的价格,您能够接受的价格区间是多少?	A. 不高于3100元 B. 3100~3200元 C. 3200~3300元 D. 3300~3400元 E. 3400~3500元 F. 3500~3600元 G. 3600元及以上
	6	假设现在您正要购买一部新上市的智能手机,碳标签明确标注其为同类产品中的低碳产品。您不愿意为其支付更高的价格的具体原因是?	A. 我在意气候和环境问题,但感觉碳标签仅仅是个营销噱头,只会让商家得利而不会利于环保 B. 我在意气候和环境问题,但感觉碳标签所标注的信息很有可能无法反映真实的碳排放情况 C. 推广低碳产品也许会利于环保,但我个人对解决气候和环境问题的贡献很有可能微乎其微 D. 相对于产品低碳环保与否,我更关心性能和价格 E. 其他_____
受访者人口统计学特征	7	您的现居住地?	_____(省)_____(村/镇/城市)
	8	您的性别?	A. 男 B. 女
	9	您的年龄?	A. 18~25岁 B. 26~35岁 C. 36~45岁 D. 46~55岁 E. 56岁及以上
	10	您的最高学历(或正处于的教育阶段)?	A. 初中或以下 B. 高中或中专 C. 大专或大学本科 D. 硕士研究生及以上
	11	您的职业?	A. 学生 B. 自由职业者 C. 教师、医生或科研人员 D. 公务员 E. 企业主 F. 企业主管或职员 G. 退休 H. 其他_____

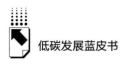
续表

编号	问题	选项
	12	您个人每月的到手收入(包括亲人给予的资助)是多少?	A. 3000 元以下 B. 3000~6000 元 C. 6000~9000 元 D. 9000~12000 元 E. 12000 元以上
受访者人口统计学特征	13	您的个人状况?	A. 单身 B. 恋爱中 C. 已婚,没有子女 D. 已婚,有一个孩子 E. 已婚,有两个孩子(或以上) F. 其他
	14	与您居住在一起的家庭成员有?(可多选)	A. 独居 B. 爱人或恋人 C. 父亲和/或母亲 D. 爱人、父亲和/或母亲 E. 子女 F. 合租 G. 其他_____

注:上表第一列为合并单元格,"受访者人口统计学特征"跨越编号12、13、14三行。

(b)消费者行为

编号	问题	备注
X_1	请选择您做出以下行动的频率: 将空瓶、纸壳箱、旧衣服、旧床单等废品收集起来,卖给或者送给收废品的人或机构	
X_2	重复利用自来水,例如用洗脸、洗菜、洗衣服的水来冲厕所	
X_3	在最后离开一个室内空间的时候,关灯、关空调等,不管是在家,还是在办公室、教室等公共场所	用行为频率来测量日常生活中的低碳意识
X_4	在实体店或网上购物(包括外卖下单)的时候,使用自己的购物袋,或者重复利用塑料袋,或者备注不用一次性包装和餐具	
X_5	在选购电子电器类商品时,查看商品的"能效标识"(如下图),并将该信息纳入我的购买决策中	

续表

编号	问题	备注
X_6	作为电子电器类商品的消费者,我的自我评价是—— 我喜欢新理念,乐于接受新设计和新产品	风险态度
X_7	我倾向于尝试新品牌	
X_8	比起迅速做出消费决定("看好了就买"),我更倾向于在实际购买前多看产品测评、多比较	
X_9	我希望在实际购买前,尽可能准确和充分地了解该商品的能源效率信息	
X_{10}	我希望在实际购买前,尽可能准确和充分地了解商品的碳排放信息	
X_{11}	假设今天我决定购买某个碳标签商品,那么很有可能是因为我觉得新鲜和好奇,而不是其他原因	
X_{12}	总体而言,作为一个普通消费者—— 我相信,在各类商品中广泛推广碳标签制度,能够促进全社会环保观念的进步	碳标签制度预期收益感知
X_{13}	我相信,购买碳标签明确标注的同类产品中的低碳产品,从长远来看能够减少碳排放	
X_{14}	我周围的人大多都知道并且赞同我的低碳消费观	
X_{15}	我认为我的低碳消费行为会让我周围的人也同样关注低碳消费	
X_{16}	我知晓并且在意我的消费行为对生态环境产生的影响	碳标签制度有效性感知
X_{17}	在同类商品中进行选择时,我会衡量和比较它们对生态环境可能产生的影响	
X_{18}	我更愿意消费环境友好型的商品和服务,尽管有可能花费高一些(例如购买同类产品中的低碳产品),或者方便程度低一些(例如使用地铁和单车通勤而非打车或驾车)	
X_{19}	我愿意为保护生态环境做一些努力或牺牲,尽管短时间内看不到任何效果	

评 价 篇
Assessment Reports

B.7

2021年碳标签星级评价标准
编制与推行情况

何 青*

摘　要： 随着国家碳达峰碳中和战略的提出，公众的低碳意识逐渐提
升，产品的碳排放越来越受到关注；欧盟"碳边境调节机制"
等贸易壁垒也要求出口企业主动核算和披露产品碳排放信息。
为了更直观地披露产品碳排放绩效，鼓励消费者选择低碳产
品，中国电子节能技术协会率先发布了电器电子产品碳标签评
价标准，开展了碳标签评价和发证工作。本报告介绍了碳标签
星级评价标准的编制和推行情况，分析各评价标准的内容和要
求，为推进国内各行业的碳标签工作提供参考和借鉴，更好地
响应国家碳达峰碳中和远景目标，引导产业供应链低碳转型，

---

* 何青，广州赛宝认证中心服务有限公司技术经理、温室气体核查员，具备 10 余年温室气体审
定核查经历，主要从事 CDM/CCER 项目审定/核证、重点企业碳排放核查、ISO 14064 标准核
查、ISO 14067 产品碳足迹核算、城市温室气体清单编制、民航碳排放核查、绿色制造评价、
以及碳达峰碳中和相关标准开发、课题研究等工作。

培育绿色消费理念。

关键词： 碳足迹　碳标签　生命周期评价　星级评价

一　碳标签评级及应用情况

（一）国际上碳标签评级及应用情况

碳标签是产品碳足迹结果的直观展示，把商品在生命周期内的温室气体排放量在产品标签上用量化的数值标示出来，以标签的形式向消费者展示产品的碳排放信息。碳标签主要有两类：一类是标示产品的实际碳足迹数值，另一类是标示产品的碳足迹绩效情况。

英国是产品碳标签标识的领跑者，英国的碳信托公司在 2007 年就推出了两种碳标签——碳检测标签（CO_2 Measured）和碳减量标签（Reducing CO_2），后来又推出了低碳标签（Lower Carbon）和碳中和标签（Carbon Neutral）。

（1）碳检测标签（CO_2 Measured）：表示产品的碳足迹经过测量和认证。

（2）碳减量标签（Reducing CO_2）：表示产品的碳足迹逐年减少，并且产品生产者承诺持续减少产品的碳足迹。

（3）低碳标签（Lower Carbon）：表示产品生命周期碳足迹排放量显著低于市场同类产品的排放量。

（4）碳中和标签（Carbon Neutral）：表示产品碳足迹逐年减少，并且主要的排放已经通过采购碳信用额抵消。

英国乐购公司（Tesco）已为 500 余种产品粘贴了碳标签，数十家企业自愿参与了碳信托的碳标签认证。

法国 2008 年就开始碳标签相关活动，由零售连锁超市 Casino 和 Leclerc 发起，两个公司分别设计了不同的碳标签形式。Casino 的碳标签标示了单位产品（每 100g）的碳足迹排放量，Casino 对自有品牌中的约 3000 种商品进

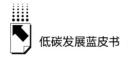

行了碳标识。Leclerc 开发了自己的碳标签标准，用于核算产品的温室气体排放量，碳标签上的温室气体排放量由彩色的柱状图表示，每种颜色代表对应的温室气体排放量。2010 年，法国率先通过了一个关于碳标签的法案，成为首个为碳标签立法的国家。2021 年，法国议会批准了一项气候法案，将包括服装和纺织品在内的商品和服务引入强制性"碳标签"。

2008 年，"德国产品碳足迹试点项目"——一个德国的政府组织，发起了碳标签工作方案，推出了德国的碳标签标识，该标识并没有标示温室气体排放数值，仅声明产品的碳足迹经过了评估。

上述各国的各种碳标签形式中，多数都属于第一类：标示产品的实际碳足迹数值。减碳标签、低碳标签和碳中和标签属于标示产品碳绩效的碳标签类别，但是产品的碳绩效通常都是与产品生产者自身逐年情况纵向比较，或与市场平均比较，没有实现与市场上同类产品的碳足迹进行定量的横向比较。欧美其他国家也类似，主要推出的都是直接标示产品实际碳足迹数值的标签，未推出与同类产品横向量化比较甚至按碳绩效划分等级的标签。

（二）国内碳标签推行情况

我国碳标签推行较晚，目前为止还没有对任何地区、行业或产品实施强制性的碳标签要求。部分龙头企业率先开展了产品碳足迹核算的自愿性尝试，另外部分消费电子类企业由于产品出口欧盟的需要，根据客户要求须提供产品碳足迹信息，因而开展了产品的碳足迹核算工作。

2018 年 11 月，中国电子节能技术协会发布《电器电子产品碳足迹评价通则》团体标准，确定了中国首例电器电子行业"碳足迹标签"试点计划。随后，陆续发布了 4 个电子产品的碳足迹评价标准——《电器电子产品碳足迹评价　第 1 部分：LED 道路照明产品》《电器电子产品碳足迹评价　第 2 部分：电视机》《电器电子产品碳足迹评价　第 3 部分：微型计算机》《电器电子产品碳足迹评价　第 4 部分：移动通信手持机》。此外还有 2019 年发布的《碳标签标识》，正式开展电器电子产品的碳标签示范工作。

中国电子节能技术协会推行的碳标签标识包含了产品碳足迹的数值，也包含了产品碳足迹的绩效情况，以碳标签等级来标示，标签等级由高到低依次为三星、两星、一星，分别对应低碳产品、减碳产品和碳足迹披露产品。高等级（三星）体现行业的最佳水平要求，是各企业现阶段的努力目标，中间等级（两星）体现行业的平均水平要求，最低等级（一星）体现行业的最低水平要求。

除了行业协会的推动外，比较发达的地市也准备逐渐开展碳标签工作，响应国家碳达峰碳中和远景目标，引导产业供应链低碳转型，培育绿色消费理念。

广州市正在开展碳标签体系研究及试点示范项目，推动广州市内企业的产品碳标签工作，力图帮助企业梳理产品上下游的碳排放情况，帮助企业在绿色贸易大潮中站稳脚跟，同时通过消费者对于减碳产品的选择和购买，倒逼企业进行技术升级，节能减排，减少产品碳足迹排放量，促进全社会"双碳"目标早日达成。

广州市拟推出三种碳标签形式：碳披露标签、减碳标签、碳中和标签。碳披露标签要求企业声明产品或服务产生的二氧化碳排放量。减碳标签分为碳减量标签、碳领跑标签、近零碳标签，其中碳减量标签要求企业声明该产品全生命周期排放在基线水平上减碳一定比例，企业须通过改进生产技术或替换原材料等手段达到目标，达到低于同类一般产品的碳排放量；碳领跑标签要求该产品在全生命周期碳排放控制方面领先（例如低于同类产品均值或行业均值20%或以上）；近零碳标签要求企业综合利用低碳技术、方法和手段以及增加森林碳汇等碳中和机制减少碳排放，实现近零排放。碳中和标签要求企业除自身积极开展节能减排外，通过增加成本预算，购买经由第三方验证有效的碳减排项目所产生的碳信用，来抵消或中和自身运营或产品全生命周期中的剩余碳排放量。

广州市拟推出的碳标签同样包含产品碳足迹数值信息和碳足迹绩效情况，但目前碳标签评价标准通则和各产品评价规则还在制定当中，暂未公布。除广州市外，深圳也在着手开展碳标签试点工作，目前处于前期准备阶

段，暂未出台正式的文件和评价标准。浙江省政府于 2021 年 12 月发布了《关于加快建立健全绿色低碳循环发展经济体系的实施意见》，文件提出"在外贸企业推广'碳标签'制度，积极应对欧盟碳边境调节机制等绿色贸易规则"。

二 电器电子产品碳标签星级评价标准编制

2018 年 11 月，中国电子节能技术协会发布《电器电子产品碳足迹评价通则》（以下简称《通则》），规定了电器电子产品碳足迹核算的术语和定义、原则、产品碳足迹计算、产品碳足迹评价程序、产品碳标签评价通报等内容。《通则》规定了产品碳足迹评价应遵循"关键生命周期"理念、相关性、准确性、真实性和透明性这五项原则。在电器电子产品碳足迹核算要求外，规定了碳足迹评价分等级设定的要求，确定了碳足迹等级设定原则。此等级设定原则为产品碳足迹评价标准确定了基本框架和要求。《通则》之后，中国电子节能技术协会已发布了 LED 道路照明产品、电视机、微型计算机和移动通信手持机的产品碳足迹评价标准。

（一）LED 道路照明产品碳标签评价标准

《电器电子产品碳足迹评价　第 1 部分：LED 道路照明产品》起草单位有中国电子节能技术协会、湖州明朔光电科技有限公司、安徽朗越能源股份有限公司、国发宏研（北京）低碳科技中心。按照《电器电子产品碳足迹评价通则》的框架，此标准包含范围、规范性引用文件、术语和定义、原则、碳足迹评价边界、碳足迹评价范围、技术要求共 7 个章节。

根据《通则》的要求，产品碳足迹评价的系统边界包括五种形式：①涵盖整个生命周期阶段（"从摇篮到坟墓"）的产品碳足迹评价；②从原材料获取到产品离开生产组织（"从摇篮到大门"）的产品碳足迹评价；③从生产阶段到使用阶段的产品碳足迹评价；④生产阶段的产品碳足迹评价；⑤使用阶段的产品碳足迹评价。

产品的全生命周期包含原材料、制造、运输、使用和废弃五个阶段。LED 道路照明产品使用过程消耗的电力导致的碳排放是产品全生命周期碳足迹排放的主要部分，产品原材料消耗隐含的碳排放采用不同模型或数据库得出的结果差异较大，产品制造过程中的排放占比较小，产品运输和废弃阶段的碳排放数据难以获取，且估算数据的不确定性较大。

根据《通则》要求，电器电子产品碳足迹评价结果作为碳标签等级划分的依据，碳标签等级的划分需综合考虑数据的可得性、准确性和可比性。基于上述因素，LED 道路照明产品碳足迹评价边界仅选择 LED 道路照明产品使用过程，即从道路照明产品安装完成开始使用到使用寿命终结的碳足迹。

LED 道路照明产品使用阶段的碳排放根据产品使用阶段的耗电量计算，主要参数包括产品实际功率和使用寿命，为便于不同厂家产品的比较，产品使用寿命统一取 30000 小时。电力的二氧化碳排放因子按照《通则》的要求，统一取全国平均电网排放因子 $06101tCO_2/MWh$。

LED 道路照明产品的碳标签按照碳足迹分为 3 个等级，分别是三星、二星和一星，其中三星碳标签碳足迹数值（GHG 排放）最低，二星次之，一星最高。标准按照额定光通量将 LED 道路照明产品分为 5 个规格，每个规格按照色温划分为 3 个类别，共划定 15 个不同光通量和色温下的类别，并给出了每个类别下碳标签等级的碳足迹排放值。

截至 2021 年底，湖州明朔光电科技有限公司、安徽朗越能源股份有限公司、江苏开元太阳能照明有限公司、江苏博亚照明电器有限公司等路灯产品已按照《电器电子产品碳足迹评价 第 1 部分：LED 道路照明产品》实施碳足迹评价，并获得了"碳标签评价证书"。

（二）电视机产品碳标签评价标准

《电器电子产品碳足迹评价 第 2 部分：电视机》起草单位有广州赛宝认证中心服务有限公司、中国赛宝实验室、TCL 王牌电器（惠州）有限公司、中国电子节能技术协会。该标准按照《电器电子产品碳足迹评价通则》

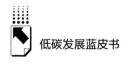

的框架，主要规定了电视机碳足迹核算的术语和定义、原则、产品碳足迹计算、产品碳足迹评价程序、产品碳标签通报等内容。

电视机产品碳足迹评价的系统边界包含对电视机生产阶段和使用阶段的碳足迹评价，即从电视机组装、电视机使用到寿命终结的碳足迹。由于电视机原材料阶段隐含的排放数据来源不同会导致结果差异较大，并且电视机产品运输和废弃阶段的数据难以获取，不确定性较大，不利于不同厂家生产的电视机之间的横向比较，因此，标准的系统边界仅包含制造和使用阶段，不考虑原材料、运输和废弃阶段。碳足迹评价范围包括电视机生产阶段的化石能源消耗、电视机生产阶段的外购电力消耗、电视机使用阶段的电力消耗。

电视机的生产工艺主要为零部件来料加工，主要温室气体排放源为化石燃料燃烧排放（例如天然气）和购入电力隐含的排放，通常不涉及制程排放，因此，电视机产品在生产阶段的碳排放根据生产阶段单台产品的化石能源消耗和外购电力消耗数据确定。

电视机在使用阶段消耗电力产生的碳排放为电视机生命周期内主要的排放源。由于大部分电视机没有硬开关，或者消费者日常使用过程中很少用硬开关关闭电视机电源，电视机使用阶段的电力消耗包括开机状态和待机状态两种模式。参考电视生产企业的市场调查结果，电视机使用阶段按每日 5 小时开机、19 小时待机计算，电视机平均寿命按 10 年计。电视机的开机动态功率和被动待机功率通常来自厂家实验室自检或外检报告。

电视机产品碳足迹为 1 台电视机生产阶段化石燃料燃烧排放、净购入电力产生的排放，以及使用阶段电力消耗产生的碳排放之和。

电视机产品的碳标签等级按照《通则》的设定原则和要求，根据产品碳足迹分为三个等级，即一星、二星和三星，其中一星碳标签碳足迹数值（GHG排放）最高，二星次之，三星最低，分别对应碳足迹披露产品、减碳产品与低碳产品。

电视机的规格、型号、屏幕尺寸等都影响电视机的碳足迹排放量，为了不同规格型号的电视机之间能进行碳标签等级的判定，参考《GB 24850—2020 平板电视与机顶盒能效限定值及能效等级》，在电视机产品碳标签等级设定中引入了发光面积的参数。平板电视能源效率的单位为 cd/w，按照屏幕的平均亮度（单位为 cd/m^2）与屏幕有效发光面积（单位为 m^2）之积计算。在碳标签等级设定中并没有直接照搬能效等级的判定方法，即直接采用 cd 为参数计算单位 cd 的碳排放，而是摒弃了屏幕平均亮度参数，只采用有效发光面积参数。屏幕平均亮度越高，必然导致产品使用过程的能耗和碳排放越高，因此，摒弃屏幕平均亮度参数也体现了在标准制定过程中的低碳理念，鼓励在满足产品性能和消费者使用要求的前提下生产生命周期总排放更低的产品。

电视机产品碳标签等级根据电视机单位发光面积的 GHG 排放判定，单位发光面积的 GHG 排放为根据标准计算出的 1 台电视机产品碳足迹量除以有效发光面积，单位为 $kgCO_2e/m^2$。标准设定了 $900kgCO_2e/m^2$ 和 $1100kgCO_2e/m^2$ 两个判定值。单位发光面积的 GHG 排放小于 $900kgCO_2e/m^2$ 可获得三星碳标签，为低碳产品，体现了行业的最佳水平；单位发光面积的 GHG 排放大于 $1100kgCO_2e/m^2$ 可获得一星级标签，为碳足迹披露产品，体现行业的最低水平要求；单位发光面积的 GHG 排放在 $900\sim1100kgCO_2e/m^2$ 之间可获得二星碳标签，为减碳产品，体现行业的平均水平。

2021 年，TCL 王牌电器（惠州）有限公司的 10 款液晶电视机产品按照《电器电子产品碳足迹评价 第 2 部分：电视机》实施碳足迹评价，并获得了"碳标签评价证书"，该公司也成为国内第一个电器产品碳标签评价获证企业。TCL 首批 10 款电视机产品碳标签中，4 款产品获得了三星级碳标签，5 款产品获得了二星级碳标签，1 款产品获得一星级碳标签。

（三）微型计算机碳标签评价标准

《电器电子产品碳足迹评价 第 3 部分：微型计算机》起草单位有中国电子节能技术协会、国发宏研（北京）低碳科技中心、碳足迹（北京）科技有限公司、中国质量认证中心。标准规定了微型计算机碳足迹核算的术语和定义、原则、系统边界、计算方法、数据收集、数据质量要求及数据发布等内容，适用于台式微型机和便携式微型计算机的碳足迹核算。

微型计算机碳足迹核算的功能单位为单个微型计算机，不包括所配备的

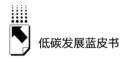

附件及包装材料。碳足迹系统边界设定为制造、分销和使用阶段。制造阶段包括产品的直接生产过程及辅助生产过程所产生的排放。分销阶段包括产品分销过程中因运输产生的排放，不包括产品在分销商的储存及产品由分销商到下一级分销商或消费者等产生的排放。使用阶段包括产品正常使用过程中产生的排放，不考虑产品维护和修理过程产生的排放。

微型计算机制造阶段的碳排放主要来自计算机及零部件生产过程的化石燃料燃烧、工业过程排放及外购电力。微型计算机的关键部件主要包括主板、显示屏、硬盘、光驱、电源适配器、锂电池、外壳构件，其中主板、显示屏、硬盘光驱等为核心零件。化石燃料燃烧排放的活动数据包括化石能源消耗量，工业过程排放活动数据包括产品产量、排放温室气体的化学物质使用量等，外购电力的活动数据主要是电力消耗量。

分销过程包括微型计算机通过运输工具（火车、汽车、轮船、飞机等）运送到一级分销或消费者手中产生的排放。该阶段的 GHG 排放主要是来自运输工具的化石燃料燃烧排放和电力消耗。

使用阶段主要是微型计算机消耗电力产生的间接排放，使用阶段电力消耗量根据平均每小时耗电量、年使用小时数和使用寿命计算。微型计算机平均每小时的耗电量应由微型计算机生产商精确测算得到。年使用小时数应考虑微型计算机的客户人群，如对于工作客户来说，为 300 天×8 小时/天。

微型计算机碳足迹评定等级参照《通则》的要求设定 3 级，分别为碳足迹披露产品、减碳产品与低碳产品。其中，碳足迹低于 50% 的同类型产品为减碳产品，碳足迹低于 80% 的同类型产品为低碳产品。微型机应首先区分出台式微型机和便携式微型机。其中，便携式微型机还要根据内存、CPU 缓冲宽度和硬盘大小进行区分。

《电器电子产品碳足迹评价　第 3 部分：微型计算机》遵循了《电器电子产品碳足迹评价通则》的框架要求，对微型计算机的碳足迹核算和碳标签星级评价给出了方法和要求。按照本标准核算出的微型计算机产品碳足迹包含了产品生命周期阶段中的原材料获取、生产、分销和使用四大阶段，仅摒弃了废弃和回收阶段的碳排放。

标准对微型计算机的碳标签星级评价仅给出了与同类型产品比较的百分比数据，未给出量化的等级设定值。由于产品碳足迹核算和碳标签标准制定在我国尚处于试点推行阶段，完成碳足迹核算的产品数量较少，把碳足迹的量化结果制成标签并粘贴在产品标签上的产品更是少之又少，在碳标签评价工作中，按照标准核算出本产品的碳足迹结果是比较容易的，但是企业往往很难获取同类型产品的碳足迹结果，很难与其他企业生产的同类型产品进行定量比较。因此，此标准对微型计算机产品的碳标签星级评价的指导性存在较大的困难。截至2021年底，暂未有微型计算机完成碳标签评价。

（四）移动通信手持机碳标签评价标准

《电器电子产品碳足迹评价　第4部分：移动通信手持机》起草单位有中国电子节能技术协会、国发宏研（北京）低碳科技中心、碳足迹（北京）科技有限公司、中国质量认证中心。标准规定了移动通信手持机碳足迹核算的原则、系统边界、计算方法、数据收集、数据质量要求及数据发布等内容，适用于移动通信手持机的碳足迹核算。

移动通信手持机碳足迹核算的功能单位为单个移动通信手持机，不包括所配备的附件及包装材料。碳足迹系统边界设定为制造、分销和使用阶段。制造阶段碳排放包括产品的直接生产过程及辅助生产过程所产生的排放。分销阶段碳排放包括产品分销过程中因运输产生的排放，不包括产品在分销商的储存及产品由分销商到下一级分销商或消费者等产生的排放。使用阶段碳排放包括产品正常使用过程中产生的排放，不考虑产品维护和修理过程产生的排放。

移动通信手持机制造阶段的碳排放主要来自移动通信手持机及零部件生产过程的化石燃料燃烧、工业过程排放及外购电力。制造阶段过程包括贴片、组装、测试、刷软以及包装等直接生产过程及相关辅助生产过程产生的排放。该阶段主要有集成电路、铝金属、电路板和导电线、显示屏、主板等的制造。化石燃料燃烧排放的活动数据包括化石能源消耗量，工业过程排放活动数据包括产品产量、排放温室气体的化学物质使用量等，外购电力的活

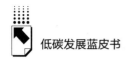

动数据主要是电力消耗量。

分销过程包括移动通信手持机通过运输工具（火车、汽车、轮船、飞机等）运送到一级分销商或消费者手中产生的排放。该阶段的 GHG 排放主要是来自运输工具的化石燃料燃烧排放和电力消耗产生的排放。

使用阶段主要是移动通信手持机消耗电力产生的间接排放，使用阶段电力消耗量根据移动通信手持机单次充电的电力消耗量、一年的充电次数和使用寿命（单位为年）计算。一年的充电次数根据一年 365 天的总小时数除以单次充电后的适用时间和单次充电时间之和，此两个参数由生产厂商测算，标准未给出参考值。使用寿命标准给出了一般为 3 年的参考值。

移动通信手持机的碳标签等级设定首先要求根据手机的内存大小和屏幕分辨率分类，标准给出了分类的具体量化数据。同样内存和同种屏幕的移动通信手持机的碳足迹大小设定为 3 个等级：碳足迹披露产品、减碳产品与低碳产品。其中，碳足迹低于 50% 的同类型产品为减碳产品，碳足迹低于 80% 的同类型产品为低碳产品。

移动通信手持机和微型计算机一样，碳足迹系统边界包含了产品生命周期阶段中的原材料获取、生产、分销和使用四大阶段，仅摒弃了废弃和回收阶段的碳排放。

评价标准和微型计算机的碳标签星级评价一样，仅给出了与同类型产品比较的百分比数据，未给出量化的等级设定值。截至 2021 年底，暂未有移动通信手持机完成碳标签评价。

三 产品碳标签星级评价标准应用与推行

（一）已发布的电器电子产品碳标签标准应用情况

中国电子节能技术协会已发布的四个电器电子产品碳足迹评价标准比较如表 1 所示。

表1　电器电子产品碳足迹评价标准比较

	LED 道路照明产品	电视机	微型计算机	移动通信手持机
系统边界（阶段）	使用	生产、使用	原材料获取、生产、分销、使用	原材料获取、生产、分销、使用
碳标签等级	三级	三级	三级	三级
等级判定方法	GHG 排放	单位 GHG 排放	同类型产品比较	同类型产品比较
碳标签等级标准值	是	是	否	否
已完成案例	4	10	0	0

LED 道路照明产品和电视机产品标准在系统边界上做出了取舍，考虑到数据的可获得性、准确度和不同厂家产品可比较性等方面，LED 道路照明产品仅涵盖产品使用阶段，电视机产品仅涵盖产品生产和使用阶段。参考产品能效等级标准，给出了量化等级设定指标值，产品制造商根据标准核算出产品的碳足迹排放后可直接根据标准的等级设定指标值确定本产品的碳标签星级。

微型计算机和移动通信手持机标准考虑的系统边界更全面，涵盖了产品生命周期的主要阶段，包括原材料获取、生产、分销和使用。根据苹果公司发布的 iPhone 手机碳足迹信息，手机产品在原材料获取、生产、分销和使用阶段的碳足迹排放占产品生命周期排放的 99% 以上，电子产品废弃回收阶段的排放占比小于 1%。因此，依据标准微型计算机和移动通信手持机核算出的产品碳足迹排放更能反映产品的实际碳足迹排放水平。但是标准没有量化碳标签评级指标，仅给出了与同类型产品比较的百分比要求，实际应用过程中由于较难获取市场上同类型产品的碳足迹结果进行横向比较，产品制造商在核算出产品碳足迹排放量后很难依据标准判定本产品的碳标签等级，可能这也是目前还没有完成的碳标签案例的原因之一。

产品碳标签目前还处于试点推行阶段，部分有影响力的龙头企业对公司生产的产品进行了碳足迹核算，并在通过产品标签标识或单独报告等形式向消费者通报产品的碳足迹信息。由于缺乏统一的碳标签星级评价规则，目前市场上鲜有标注星级碳标签的产品。例如苹果公司作为产品碳足迹核算和减排责任的领跑者，定期发布每款产品的环境报告，通报产品的碳足迹排放信息，但并未建立星级评价规则并标注产品碳标签星级。所以标注编制应考虑目前的基础水平，既要满足碳足迹标准要求，推广生命周期评价的理念，也要便于产品制造商使用。

（二）产品碳标签星级评价标准编制的重点与难点

产品碳标签星级评价的基础是产品的碳足迹核算以及同类产品的碳足迹绩效比较。产品碳足迹核算通常参照国际通用的产品碳足迹核算标准，如《ISO 14067：2018 温室气体产品碳足迹——量化要求和指南》《PAS 2050：2008 商品和服务在生命周期内的温室气体排放评价规范》，或者 GHG Protocol 发布的《产品生命周期核算和报告标准》。碳足迹核算过程中通常需用到生命周期评价数据库，采用数据库提供的排放因子核算产品生命周期各过程，尤其是原辅材料隐含的温室气体排放，常用的数据库有瑞士 Ecoinvent、欧洲生命周期文献数据库 ELCD、德国 GaBi 扩展数据库（GaBi Databases）、美国 USLCI 数据库等，国内开展 LCA 研究和应用需要中国本土的基础数据库，其中由四川大学创建、亿科环境科技有限公司持续开发的中国生命周期基础数据库（Chinese Life Cycle Database，CLCD），是首个公开发布并被广泛使用的中国本地化的生命周期基础数据库。国内还有多家科研单位与企业开发了 LCA 数据库，包括中科院生态环境研究中心开发的中国 LCA 数据库（CAS RCEES），北京工业大学开发的清单数据库，同济大学开发的中国汽车替代燃料生命周期数据库，宝钢开发的企业产品 LCA 数据库等。

在准确核算产品碳足迹量的基础上，实施碳标签星级评价需要对同类产品的碳足迹绩效进行横向比较。由于碳足迹评价在全球范围内均属于起步推行阶段，同类产品的碳足迹结果通常难以获取，市场上已公开发布碳标签的产品亦少之又少。因此，制定一个科学合理的评价体系来对产品碳足迹进行等级划分是碳标签星级评价标准面临的最大难题。

1. 产品碳足迹评价标准比较

产品碳足迹评价标准目前有三个比较权威并且广泛应用的标准，分别是 ISO 14067、PAS 2050 和 GHG Protocol 发布的《产品生命周期核算和报告标准》，其中 ISO 14067 和 PAS 2050 运用得更为广泛。ISO 14067 标准第一版在 2018 年正式发布，PAS 2050 标准在 2008 年首次发布并在 2011 发布了更新版本。在 ISO 14067 正式出台前，PAS 2050 是常用的权威产品碳足迹的评价规范。PAS 作为一种具有协商性质的标准规范，在英国现行的标准体系中，其权威程度和法律效力低于国际标准（ISO 系列标准）、欧盟标准（EN 系列标准）和英国标准（BS 标准）。目前国际标准化组织的许多 ISO 标准的原型就是英国 BS 标准，而 BS 标准一般是由 PAS 标准发展而来。ISO 14067 与 PAS 2050 也是一脉相承。

在量化原则方面，ISO 14067 和 PAS 2050 概括了应用 ISO 14040 和 ISO 14044 规定的 LCA 方法学进行评价的原则。PAS 2050 提出相关性、完整性、一致性、准确性以及透明度五个原则。而 ISO 14067 不仅包含 PAS 2050 五个原则，还对生命周期观点、相关方法和功能单位、迭代计算方法、科学方法选择顺序、避免重复计算、参与性、公平性等做了规定。

ISO 14067 和 PAS 2050 都依据生命周期评价（Life Cycle Assessment，LCA）。PAS 2050 报告的有效期为 2 年，并且规定如果碳排放总量发生 10% 以上计划内变化或者 5% 以上计划外变化，并且持续超过 3 个月，需要重新评估，而 ISO 14067 对有效期没有相关规定。

在系统边界的界定方面，PAS 2050 详细描述了系统边界，包括生产材料、能源、资产性产品、制造与服务提供、设备运行、运输、储存、使用阶段和最终处置阶段，并明确至少占到预计功能单位生命周期内 GHG 排放和清除的 95%。ISO 14067 仅要求应包括所有在定义系统边界内的、可能对温室气体排放和清除有显著贡献的单元过程。

在数据和质量要求方面，PAS 2050 根据 ISO 14044：2006 中的数据质量要求，将评价指标划分为初级活动水平数据和二次数据，其中，优先从以下几方面考虑：时间覆盖面、地理特点、技术覆盖面、信息的准确性、精确性

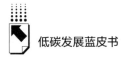

等，还应考虑完整性、一致性、再现性，并提醒温室气体排放评价宜尽可能使用现有的质量最好的数据。ISO 14067 引用 ISO 14044：2006 中的数据质量要求，除以上几方面考虑还要求检验数据代表性和不确定性，并提出进行碳足迹研究的组织应具有数据管理系统。

总体来说，ISO 14067 和 PAS 2050 在较多细节上存在差异，但两个标准主要给出了产品碳足迹核算的基本框架和要求。编制碳标签星级评价标准相当于编制一类产品的碳足迹产品种类规则（PCR），评价标准以 ISO 14067 或 PAS 2050 的要求为基础，细化产品的碳足迹量化要求，在功能单位、系统边界、数据选取原则等方面遵循 ISO 14067 或 PAS 2050 的原则和要求。

2. 碳足迹核算数据库

产品碳足迹核算过程中为了力求准确，应对重要的原材料和零部件的生产过程实地调研，获取一手数据。但不可避免地会用到生命周期的数据库因子，补充无法实施调研的原辅材料或能源的背景数据。常用的数据库如下。

Ecoinvent 数据库。由瑞士 Ecoinvent 中心开发的商业数据库，数据主要源于统计资料以及技术文献。Ecoinvent 数据库中涵盖了欧洲以及世界多国 7000 多种产品的单元过程和汇总过程数据集，包含各种常见物质的 LCA 清单数据，是国际 LCA 领域使用最广泛的数据库之一，也是许多机构指定的基础数据库之一。最新版本 Ecoinvent 3.8，包含欧洲及世界多国的 18000 多个单元过程数据集以及相应产品的汇总过程数据集。Ecoinvent 数据库能够提供丰富、权威的国际数据支持，适用于含进口原材料的产品或出口产品的 LCA 研究，也可用于弥补国内 LCA 数据的暂时性缺失。

ELCD 数据库。由欧盟联合研究中心（JRC）联合欧洲各行业协会提供，是欧盟政府资助的公共数据库系统。ELCD 涵盖了欧盟 300 多种大宗能源、原材料、运输的汇总 LCI 数据集，包含各种常见 LCA 清单物质数据，可为在欧洲生产、使用、废弃的产品的 LCA 研究与分析提供数据支持，是欧盟环境总署和成员国政府机构指定的基础数据库之一。最新版本 ELCD 3.0 包含了 440 个汇总过程数据集，数据主要来源于欧盟企业真实数据。

GaBi 数据库。由德国 Thinkstep 公司开发的 LCA 数据库，GaBi 提供超过 15000 条过程和数据，大多基于与合作的公司、协会和公共机构收集的原始数据。GaBi 还提供 20 多个专业拓展数据库，专业数据库包括各行业常用数据条，扩展数据库包括了有机物、无机物、能源、钢铁、铝、有色金属、贵金属、塑料、涂料、可再生材料、建筑材料、纺织业数据库、制造业数据库、电子行业数据库、美国 LCI 数据库、印度 LCA 数据库等。

USLCI（U.S. Life Cycle Inventory）数据库。由美国国家再生能源实验室（NREL）与合作伙伴开发，代表美国本土技术水平，包含了 950 多个单元过程数据集及 390 个汇总过程数据集，涵盖常用的材料生产、能源生产、运输等过程。

中国生命周期基础数据库（CLCD）。最初由四川大学创建，之后由亿科环境科技有限公司持续开发，是一个基于中国基础工业系统生命周期核心模型的行业平均数据库，目标是代表中国生产技术及市场平均水平。2009年，CLCD 研究被联合国环境规划署（UNEP）和 SETAC 学会授予生命周期研究奖。CLCD 数据库成为国内唯一入选 WRI/WBCSD/GHG Protocol 的第三方数据库，也是首批受邀加入欧盟数据库网络 ILCD 的数据库，是国内外 LCA 研究者广泛使用的中国本地化的生命周期基础数据库。通过亿科的进一步开发，如今的 CLCD 数据库包括国内 600 多个大宗的能源、原材料、运输的清单数据集。CLCD 数据库建立了统一的中国基础工业系统生命周期模型，避免了数据收集工作和模型上的不一致，从而保证了数据库的质量。尤其是提出了量化的数据质量评估指标，为数据收集、案例研究、产品认证等提供了数据质量判断依据和控制方法。CLCD 数据库支持完整的 LCA 分析和节能减排评价指标，包含中国本地化的资源特征化因子、归一化基准值、节能减排权重因子等参数。

由上可见，目前国内外 LCA 数据库较多。虽然我国 LCA 研究起步较慢，但随着工信部绿色制造政策的推进和国家碳达峰碳中和战略的实施，我国 LCA 研究将迅速发展。通常，在已有本土化 LCA 数据库的情况下，开展国内的产品碳足迹核算时，应首要选择代表本土化的数据库，保证数据的准确性和可比较性，如果不能满足需要再考虑使用国外的数据库。但是，由于

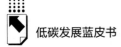

国内可用的数据库数据条目还较少，很多原材料或零部件的背景数据不得不选择国际的数据库，开展碳足迹核算的单位与不同的国际数据库合作，选择不同的数据库会存在背景因子不一致的问题，导致核算出的结果缺乏可比性。这是在碳标签星级评价标准编制时必须考虑的问题之一。

产品碳足迹核算、碳标签标准制定以及星级评价是一项需要付出长期努力和积累的工作。欧美发达国家开展碳标签行动十多年来，为碳足迹的核算完成了标准制定、数据库建立等基础性工作。中国的碳标签起步较晚，但在全社会绿色低碳转型的大形势下发展迅速。有责任的龙头企业率先开展产品的碳足迹研究和碳标签试点工作，中国电子节能技术协会率先制定并发布了《电器电子产品碳足迹评价通则》以及4个产品的评价标准，并在2021年完成了近30款产品的碳标签证书签发，为其他行业及地方的碳标签工作提供了良好的借鉴和案例。

碳标签星级评价标准的制定还面临基础数据不足、本土数据库不完善、碳足迹绩效难以横向比较等诸多困难。艰难方显勇毅，磨砺始得玉成。在国家"双碳"战略的大背景下，公众和企业低碳意识逐渐提升，低碳行业的同仁们将继续努力，深耕产品碳排放的基础领域，助力全社会绿色低碳转型和高质量发展。

B.8
2021年电器电子行业碳标签实施效果评价体系构建

袁永娜　王璟珉　杨兆福*

摘　要： 作为促进低碳发展的重要手段之一，建立实施效果评估体系对于判断碳标签制度的有效性至关重要。采用合适的方法评价碳标签的实施效果，可以影响碳标签的设计、低碳政策体系的制定以及碳减排目标能否实现的评估。本报告从碳标签制度设计和实施效果、利益相关方响应以及经济联动效应等角度构建了碳标签实施效果评价体系、适用条件和政策含义。采用访谈、问卷调研和实验等方法，从多利益主体视角分析电器电子行业实施碳标签在核算数据库、政策、企业、消费者与第三方认证机构等方面出现的问题，并提出了强化低碳发展意识、加强低碳人才培养、积极开展国际合作等方面的建议。展望了从政府、协会、企业端、消费端等相关方的协同努力来实现合理有效的碳标签制度的未来愿景。

关键词： 碳标签　电器电子行业　实施效果评估　利益相关方

一　碳标签实施效果的一般评价体系

碳标签作为促进低碳发展的重要工具之一，本质上是一种信息政策，其

---

* 袁永娜，博士，中国科学院大学公共政策与管理学院副教授、硕士生导师，研究方向为自然资源管理与可持续发展；王璟珉，工学博士、经济学博士后，山东财经大学教授、硕士生导师，研究方向为低碳经济与责任战略；杨兆福，中国科学院大学公共政策与管理学院硕士研究生，研究方向为自然资源管理与可持续发展。

作用机理是为利益相关方提供碳排放信息，以支持利益相关方做出有利于低碳发展的决策。因此，碳标签的实施效果需要从三个方面进行识别和评估：①碳标签制度设计与实施效果。作为重要的信息政策，碳标签标识设计、碳核算方法制定、低碳等级设定、相关核查制度设计和标识信息内容规定、与其他碳标签的关联等都会直接影响其是否能够给相关方绿色行为决策提供及时的、充分的有效信息，并最终影响其促进绿色发展的作用。②利益相关方响应与碳标签实施效果。依托碳标签提供的碳信息，利益相关方如何响应和决策，决定了实施碳标签的直接效果。③经济关联与碳标签实施效果。碳标签标识的信息与产品全部或部分生命周期碳排放有关，利益相关方基于碳标签标识信息的决策会通过产业关联和供需关联等对整个国民经济结构、能源消耗结构和资源环境等产生间接影响，并通过进出口贸易、国际资本流动等国际经济关联对整个世界经济发展状况和碳排放产生影响。这三方面的影响层层递进，作为信息类的政策，提供有效的碳排放信息是前提和基础，而利益相关方对于碳排放信息做出的响应将直接决定碳标签的微观效果，会通过经济关联、供需关联、国际经济关联等对整个国民经济和可持续发展状况产生影响。碳标签实施效果评价非常复杂，在评价过程中，上述三类效果是否是由或者多大程度上是由碳标签的实施带来的仍存在较大的争议。我们试图从以上三个方面构建碳标签实施效果的一般评价体系（见表1）。

表1 碳标签实施效果评价体系

	方面	具体描述
碳标签实施效果评价体系	碳标签制度设计与实施效果	碳标签设计的科学性、有效性和可行性
		碳标签认定企业（或产品）市场份额
		市场上不同碳标签的相互作用和关联
	利益相关方响应与碳标签实施效果	居民响应与碳标签实施效果
		企业响应与碳标签实施效果
		政府响应与碳标签实施效果
		国际市场响应与碳标签实施效果
	经济关联与碳标签实施效果	实施碳标签通过供需关联、产业关联和国际经济关联对经济发展、环境以及碳排放等方面产生的影响

（一）碳标签制度设计与实施效果

市场上存在多种碳标签，尤其是不同碳标签推定主体推出的碳标签对象、目标和设计等存在较大差异，这就使得碳标签制度的评价必须考虑市场上不同碳标签制度之间的差异、关联和竞争合作关系。因此，对单个碳标签的评价主要包括三个方面的内容。①该碳标签设计的科学性、有效性和可行性。主要包括碳标签标识设计能否吸引消费者，产品生命周期碳排放核证方法的科学性和合理性以及数据库建设情况，碳标签设计低碳等级和标识碳排放信息的合理性，碳标签认证给企业带来的成本，为推广碳标签所付出的努力等方面。②加入该碳标签认定企业数量以及占市场同类碳标签的产品数量的比重。如果加入该碳标签认证的产品或服务数量越多，占市场比重越高，该碳标签的市场影响力越大，其执行效果也就越好。③市场上不同碳标签的相互作用和关联。碳标签之间通过互认等方式建立关联，对于企业一次认证可以贴两个或者多个标签，从而为企业降低成本，扩大碳标签的双重影响，但这种做法的利弊仍需要更为深入的评估。这三个方面存在层层递进的关系，第一方面是后两方面的前提和基础。

碳标签发挥作用的前提是为利益相关者提供及时、充分的有效信息，主要体现在以下三个方面。①利益相关者可供选择商品中贴有碳标签商品所占的比重，该比重越高，那么决策者占有的碳排放信息也越多，从而可以通过对比做出相对较优的决策。②碳标签是自愿性还是强制性。通常情况下，强制性碳标签要求覆盖商品全部贴签，市场上贴签产品和服务比重也越高，其执行效果要高于自愿性碳标签认证。③理解碳标签标注信息需要付出的成本。碳标签标注信息是否简明扼要、是否易于理解、是否需要额外的信息、是否标注在显眼位置等，对利益相关方的解读和理解，并据此做出相关决策具有非常重要的意义。此外，可供选择的商品中所贴碳标签的推行机构、碳排放核算标准、不同碳标签的可比性都有所不同。目前许多国家都有推出碳标签，不同国家的碳标签核算标准和核算数据库都存在较大的差异；即使是同一个国家内部也存在不同主体推出的碳标签，比如我国就有行业协会推出的

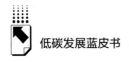

碳标签（如中国电子节能技术协会）、地方政府推出的碳标签（如广东、上海和北京）等。利益相关方为理解碳标签标注信息所需付出成本越低，碳标签制度实施效果也就相对较好。

（二）利益相关方响应与碳标签实施效果

1. 居民响应与碳标签实施效果

企业与居民之间在环境和产品碳排放方面存在严重的信息不对称，实施碳标签能够弥补或者修正市场在为消费者提供产品信息方面的缺陷和失误，引导消费者在信息充分的环境下做出气候友好型的购买决策。在碳标签制度中，企业承担了核算产品碳足迹与实施碳标签而产生的额外费用，那么部分费用也需要通过居民支付碳标签产品的溢价来得到补偿。如果居民不愿意支付或者为碳标签商品支付过少溢价，那么在市场上则表现为居民对低碳产品的需求不足，企业没有充分的动力去发展绿色生产，推广低碳产品，减少温室气体排放，最终影响整个碳标签制度的有效运行。只有当居民愿意购买碳标签商品并为其支付相应的溢价时，碳标签制度才可以有效运行。因此，要评价碳标签的实施效果，就需要对消费者的低碳购买意愿和支付意愿进行评价。

碳标签的作用机理就是给予消费者所购买产品的排放信息，以促使消费者选择更少碳排放的产品替代高碳排放产品，而企业为了获得在同类产品中的竞争优势，会采取相应的手段降低产品在原材料获取、加工与处理、运输以及回收处理的全生命周期中的温室气体排放，从而达到减排的目的。居民身为碳标签产品的最终购买者，居民的接受程度直接影响企业在其产品上使用碳标签的意愿，并最终影响企业的减排行为。积极有效的碳标签可以强化、引导居民树立正确的低碳意识，而居民的低碳意识又会影响碳标签的执行效果，尤其是居民对碳标签商品的购买意愿与溢价程度，后者对碳标签的实施效果起到近乎决定性的作用。

碳标签除了可以有效表示商品的碳排放信息，还可以反映出环境问题的严重性，增加公民对环境的知情权，使公民进一步意识到其消费对气候变化的潜在影响，从而增加公民的低碳意识，促使公民除了购买碳标签商品外，还可以通过其他方式加强对环境的保护，提升居民绿色消费意愿，做出更有利于环境的决策，最终将公民纳入了节能减排体系。

2. 企业响应与碳标签的实施效果

企业作为碳标签制度实施对象，通过低碳产品认证为产品标注碳标签，向社会披露产品碳排放信息。目前，企业进行低碳认证和贴碳标签多为自愿选择，企业对碳标签的响应情况对碳标签的实施效果具有重要影响。选择为产品贴碳标签的企业越多，市场上供利益相关方选择的碳标签产品也就越多，碳标签提供的信息服务效果也会越好。企业是否给产品贴碳标签受制于国内和国际市场响应和企业的社会责任感。实施碳标签会使得企业对内进行低碳生产、低碳供应链和低碳管理等，对外有利于树立良好的社会形象和扩大国内外市场。因此，企业实施碳标签的效果主要包括企业的内部和外部实施效果。

企业内部实施效果主要包括三个部分，分别是对企业低碳管理的技术能力、对企业成本以及对企业与员工低碳意识的影响效果。首先，企业为了降低产品的碳排放，一定会采取低碳技术来降低生产过程中的能源损耗并对二氧化碳等温室气体排放进行技术处理，但传统的生产与管理模式存在生产效率低的问题，会造成一定程度上的能源损失和不必要的碳排放，所以为了尽可能降低全生命周期中的总碳排放，实施碳标签会对企业低碳管理和技术能力产生一定的优化作用。其次，虽然为产品贴碳标签前的碳足迹核查与认证会增加企业的成本，但是通过这个过程可以使企业了解存在哪些必要步骤消耗了过多的能源和资源，或者是否存在浪费能源和资源的不必要步骤，并根据这些情况实施相应的优化措施，以降低产品生产过程中的成本，将传统的、昂贵的以及效率低的不可再生能源转为使用较先进的、更便宜的以及效率高的可再生能源，同时优化供应链管理，以降低成本。在政策开始阶段，实施碳标签的成本较大，但随着企业碳标签政策的深入实施，实施碳标签会逐渐降低成本，表现出优化企业成本的效果。最后，企业良好的氛围与员工的积极参与可以使公司能够在竞争激烈的市场中可持续发展。一般来说，当员工感到自己的工作能力得到认可并可以对社会产生积极的作用时，他们就会有动力不断提高自身的工作能力与态度。实施碳标签制度的公司会更加积极主动地面对已经出现或者未来存在的重大隐患，并不断运用相应的政策措施来解决这些问题，为了激励员工了解并参与碳标签制度，公司还会引入培训计划与奖励制度。这些努力有助于提高企业与全体员工低碳意识，增强员工的工作热情和动力。

企业外部实施效果主要是指实施碳标签对企业经营与销售的影响，体现在有利于树立良好的企业形象，提升市场竞争力；有利于企业绕开碳壁垒，进军国际市场。一方面，碳标签可以被视为提高企业形象和竞争力的营销工具。随着碳达峰、碳中和目标的提出，降低碳排放等问题成为广大公民、政府所关注的重要问题，越来越多的公民提高了环境保护意识并逐渐进行低碳生活的实践，实施碳标签可以提高企业在消费者心中的形象，增强企业的竞争力，更加有利于吸引投资。同时，实施碳标签顺应了国家鼓励企业低碳发展的呼吁，不仅可以更好履行社会责任，塑造积极的企业形象，还可能得到政府的政策优惠、资金支持或者荣誉授予，更大程度上提高企业形象和竞争力。另一方面，虽然目前在大部分的国际贸易中没有规定进行交易的产品必须实施碳标签，但是在全球碳中和的大背景下，碳标签制度在国际贸易中推行已是一种必然趋势。发达国家拥有先进的低碳技术与更加清洁的能源，实施碳标签制度后，发达国家拥有明显的竞争优势并且可以运用此优势限制发展中国家的对外贸易，甚至禁止未贴签货物进口或高额的碳边境调节税，谋取自身利益，形成碳壁垒，加剧国际贸易不平衡。[①] 因此，尽早实施碳标签有利于中国企业尽快减少产品碳排放，打破碳壁垒，为进入国际市场扫清障碍。综上所述，将碳标签对企业内部实施效果与外部实施效果综合起来，是评价碳标签实施效果的另一重要维度。

3. 政府部门响应与碳标签的实施效果

从国际碳标签发展经验来看，碳标签的发起者可能是政府、NGO 组织

---

① 戴越：《国际贸易中碳标签制度的影响及对策》，《经济纵横》2014 年第 5 期。

和大中型企业等。政府是低碳政策制定者、组织者和监管者，它直接或者间接推动碳标签的发展。碳标签的发展可以为政府、企业和民众建立起联合减排的低碳经济发展模式奠定基础。政府对碳标签的响应主要包括三个方面的内容。

第一，为碳标签提供有力的制度保障。碳标签的发展需要诸多保障措施和政府有力的推动。政府高度重视碳排放信息的披露、碳核算方法的统一，积极引导需求端的低碳发展，为此制定了强有力的保障措施，以推动碳标签的发展。目前碳标签制度发展快，取得较好效果的多为政府主导和推动型，如法国国内实施强制碳标签，要求进口商品必须标注碳排放量等重要信息。

第二，政府制定低碳政策体系的框架中对碳标签的重视程度。碳标签可以为政府低碳政策体系的制定提供政策抓手，政府也可以通过多种政策协同构建来推动碳标签的发展，从而实现多种低碳政策工具的良性互动，如通过碳标签产品标识的碳排放信息考虑构建个人参与碳排放权交易等方式，扩大政策管控碳排放的范围，为未来碳中和政策的制定和碳核算等奠定基础；或者依托标签标注碳排放信息从需求端征收碳税，从而凸显碳标签政策优势，使得碳标签制度的实施效果得到更大的发挥。

第三，政府购买对碳标签产品的重视程度。政府也是最终产品的购买者之一，政府优先购买标注碳标签的低碳商品，有利于低碳发展，推动碳标签制度的发展，起到示范作用，提升企业的低碳发展意识和贴碳标签的积极性，从而提升碳标签的实施效果。

4. 国际市场响应与碳标签的实施效果

气候问题是一个全球性问题，需要人类共同努力来面对。《巴黎协定》在坚持"共同但有区别的责任及其相应能力"的原则基础上，首次明确了发达国家和发展中国家在统一的制度框架内承担各自的贡献，即各国参与的"国家自主贡献模式"。然而，目前的自主减排贡献难以实现将全球平均气温上升幅度限制在1.5度以内和控制在2度以内的目标。面对严峻的碳减排目标，气候合作和气候外交的重要性日益凸显。国际市场响应对碳标签的实施效果有重要的影响，主要体现在以下三个方面。

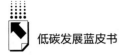

第一，碳标签与绿色贸易壁垒。目前许多发达国家和地区将减少碳排放作为阻碍国际贸易正常运行的借口，制造碳壁垒（碳边境调整税、标准或者标签制度等）来影响发展中国家或者竞争国家的产品出口。碳标签也成为一种绿色壁垒，一些国家或地区如欧盟等正逐渐将碳标签作为一种贸易壁垒，规定进入该国市场的商品必须贴碳标签，从而影响国家进出口和国际经济关联。企业为了绕开碳标签贸易壁垒，就必须贴碳标签，这会使得碳标签的影响逐步提升。

第二，碳标签与国际市场低碳意识。即使没有碳标签贸易壁垒，随着各国政府在《巴黎协定》框架下设置多种气候目标，越来越多的政府出台低碳发展措施，鼓励低碳发展行为，这都使得低碳产品会获得国际市场越来越高的认可度。碳标签标识信息对于低碳产品认证和低碳消费行为决策都有重要的支撑，碳标签产品在国际市场上获得的认可度会越来越高，从而使得企业层面有更高的贴碳标签的意识，使得碳标签制度得到更快的发展，而碳标签的影响力也会更大。国际市场低碳意识越高，碳标签制度推行越容易，其影响力和执行效果就越好。

第三，碳标签与国际碳影响力。虽然气候问题是一个全球性问题已成为共识，各国也发布了自主贡献目标，制定了一系列政策措施，但是，目前就碳核算、碳认证和碳标准的规定并未统一。碳标签标注的信息是基于特定的核算方法、认证体系和低碳标准，标识特定碳标签产品可以获得国际市场的认可，也意味着本国的核算方法、认证体系和碳标准的国际影响力的提升，也意味着该碳标签对国际碳减排的贡献更加显著。

（三）经济关联与碳标签实施效果

实施碳标签达到减少碳排放目的最主要的机制是披露产品碳排放信息，使消费者做出更有利于低碳消费的决策，从而通过供需关联倒逼企业绿色生产。碳标签标识通常是基于全部或者部分生命周期的碳排放。企业为了提升自身市场竞争力，会加强能源管理和供应链管理等以降低产品的碳排放，获得更多的市场认可，这会通过产业关联对整个国民经济的经济结构产生影响，比如能源消耗结构、产业结构以及资源环境产生影响。此外，气候问题的全球属性使得碳标签制度会通过国际经济关联对全球碳排放和经济发展状况产生影响，各利益相关方的响应会通过供需关联、产业关联和国际经济关联等对一国甚至全球经济发展状况、能源结构、资源消耗、环境和碳排放等产生影响。

这些影响不仅与碳标签制度的设计和利益相关方响应有关，而且与现实中的供需关联、产业关联和国际经济关联有关。第一，消费者对产品低碳响应越高，碳标签通过消费者响应达到的直接碳减排效果越好，通过需求倒逼生产实现的碳排放效果也会越高，那么该产品应该是碳标签制度实施的重要对象。第二，产品生产的产业链条越长，涉及高碳排放生产环节越多，产品端标识的碳排放信息越高，减排空间越大，碳标签制度倒逼生产清洁化的效果会越好。第三，国际市场的碳标签贸易壁垒越高，对低碳产品偏好越高，那么，出口企业为了进入国际市场就需要贴碳标签，并采取措施降低产品碳排放，以获得国际市场的认可，从而碳标签制度对全球碳排放的影响也越高，实施效果也就越好。

（四）碳标签实施效果的影响因素与关联

碳标签实施效果与碳标签的设计、利益相关方响应与经济关联等紧密相关。碳标签的设计是取得较好执行效果的前提，只有科学设计的碳标签才能提供准确、及时和有效的碳排放信息，才能为利益相关方低碳决策提供科学支撑，同时也是获得利益相关方认可和支持的重要基础。

利益相关方响应是以碳标签标识的碳排放信息为基础的，会对碳标签实施的可行性产生影响，并通过经济关联对宏观经济、资源环境和碳排放产生影响。利益相关方响应对碳标签执行效果评估带来以下三个方面的不确定性。①利益相关方存在异质性，因此，基于碳标签信息的利益相关方响应存在较大差异。②目前碳标签是自愿选择的，消费者可以选择购买或者不购买低碳消费产品，企业可以选择对产品贴签或者不贴签，政府可以选择是否支持或者在多大程度上支持碳标签的发展。在众多潜在利益相关方中有多少利益相关方决策受到碳标签标识信息的影响也存在不确定性。③现实中多种低

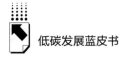

碳政策并行且相互影响，利益相关方对碳排放信息的响应及其带来的行为改变在多大程度上归结于碳标签仍有待更为深入的探讨。因此，利益相关方响应评估及其带来的碳排放影响在某种程度上可以判断碳标签执行效果的潜力，目前很多消费响应对碳排放影响的研究多为减排潜力的评估，基于评估结果可以加快对高减排潜力产品碳标签的发展。

利益相关方决策响应会通过经济关联对整个国民经济发展和环境产生影响，是对碳标签执行效果的综合评估。这种影响是以碳标签的科学设计和利益相关方如何响应为基础的，并与碳标签标识产品的供需关联、产业关联和国际经济关联等有关，通常经济关联越高，减排空间越大，碳标签实施效果也会越好。

碳标签实现碳减排目标链条比较长，其实施效果评估具有综合性和复杂性。碳标签的设计、利益相关方响应与经济关联等对碳标签实施效果的影响是层层递进的关系，这三者与碳标签实施效果关联的评估内容不同，执行效果评估可能存在交叉和关联影响。碳标签的设计与执行效果需要充分评估碳标签设计的科学性、有效性和可行性等，这是各方积极响应的基础和前提。利益相关方响应也会对碳标签的可行性产生影响。通过经济关联带来的宏观经济环境评估包括实施碳标签带来的碳减排效果、资源环境协同效应以及对能源消费结构和经济发展的影响，这种影响与利益相关方行为响应参数变化有直接的关联。这三者与碳标签实施效果评估可以从不同侧面对碳标签制度设计提供科学支撑。

在碳标签的不同发展阶段其执行效果的评估侧重点也会存在差异。在碳标签发展的初级阶段，市场上贴签产品比较少，碳标签设计的科学性是评估的重点，这也是碳标签制度设计首要考虑的问题。随着实践的发展和认识的深入，碳排放核算、低碳认证体系和低碳标准的设计等也会随之调整和改变。此时利益相关方的响应评估更多衡量的是碳标签的直接减排潜力，以及评估哪个行业或者哪类产品贴签带来的减排利益最大、减排成本最小，从而判断碳标签应该重点覆盖的产品或部门。随着碳标签的发展和成熟，碳标签的利益相关方响应通过经济关联带来的宏观经济和碳排放影响等进行综合评估就成为重点，尤其是与其他低碳政策体系的作用机理、对碳减排目标的影响、为了实现碳减排目标配合实施何种政策组合成为评估的重点。

不同碳标签执行效果评估内容具有不同的政策含义，不同层面碳标签的评估内容也不同。对特定碳标签的评估更多侧重于碳标签设计的有效性和可行性，对特定行业碳标签执行效果的评估更侧重于行业的技术属性、碳标签的利益相关方响应和可能的减排潜力等。而对整个碳标签制度的评估则更侧重全面、系统和综合评估，兼顾不同碳标签之间的关联、其他认证体系和低碳政策之间的关系以及通过经济关联对宏观经济、资源环境和碳排放的影响。因此，根据特定的需要和目标选择合适的方法对碳标签执行效果评估非常重要。

二　碳标签实施效果的主要评价方法与比较分析

碳标签制度实现减排目标的传导机制链条比较长，使得其效果评估比较复杂，评估方法的选择与评估的对象有关。针对碳标签实施效果的三个方面的评估方法也有所不同，且可能是多种方法的组合。就碳标签的设计与实施效果而言，对碳排放核算方法是否合理、碳标签设计是否有效以及对碳标签推广力度等的评估采取的方法是专家打分法。而专家选择、打分内容描述、各项内容赋权是否具有独立性和说服力等直接影响评估结果，是选择碳标签实施效果评价方法中需要重点关注的问题。

利益相关方响应与碳标签实施效果评估的理想分析方法需要综合情景分析法、实验法和环境评估模型。以消费者响应与碳排放效果评估为例，碳标签带来的碳排放和环境影响，需要分析消费者在获取和未获取碳排放信息后做出的消费选择差异对碳排放的影响。消费者响应的变化需要综合运用实验法和情景分析法。但是消费者具有高度异质性，市场最终对碳标签的反应变化前后情景难以设定，难以用确定的数量表示。碳标签是否会带来环境质量的预期改善是一个复杂的问题，因为整个市场的结果不仅取决于一系列生态和供应链因素，也取决于需求和供应内部对碳标签的反应之间的相互作用，以及碳标签影响环境质量的潜在机制。即使确定了因消费者行为改变而引起的碳排放的变化，但到底多少归因于碳标签政策而非其他市场环境的变化很难确定。即便确定了对比情景和实验方法，碳标签带来的环境效应如何通常会采取环境评估方法，而不同的评估方法也会存在一定局限性，会对评估结果产生影响。如 Spaargaren 等学者以大学食堂为实验对象，为食堂所有食品加上碳标签，碳标签会使午餐碳排放降低 3%，并运用 EI-CCD（Environmental Impacts of Changes in Consumer Demand）模型分析食品之间的替代性，如果改变碳标签产品，其碳减排的评估结果也会有一定的差异。[1]

由于企业、居民与政府对低碳技术与管理能力、低碳意识、溢价程度与竞争力等方面的作用很难用具体的指标衡量，所以一般是对这些企业、居民与政府进行问卷调查或者访谈调研，但是已经实施碳标签的企业往往在业内具有较高的影响力，并且较为需要碳标签来提高其影响力和国际贸易的能力，参加调研的居民与政府也往往分布在大城市或者经济发展水平较高的城市，那么调研结果往往只代表实施碳标签对此类主体的作用效果，所以指标体系的构建缺乏普遍性。

分析实施碳标签制度对企业、居民以及政府响应的影响可以从多个维度评价，找出目前政策实施的优势与不足，可以为政府进一步完善碳标签制度做出贡献，从而最大限度地发挥碳标签的优势并且弥补作用过程中的不足。但是，这类方法也存在缺点。当我们建立碳标签实施效果评价体系时，很难确定碳标签对企业、政府以及居民作用效果在评价体系中所占的比例，目前大部分研究都是运用专家量化打分这种方式来衡量每种直接效果的作用份额，但是量化打分环节中打分人员的选择、量化的标准以及打分的主观性都会影响评估效果的可信性。

碳标签执行效果的评估不仅与碳标签设计和利益相关方响应有关，而且还涉及宏观经济关联。量化测度经济关联与碳标签执行效果的关系需要构建

---

① Spaargaren, G., Van Koppen, C. S., Janssen, A. M., et al., "Consumer Responses to the Carbon Labelling of Food: A Real Life Experiment in a Canteen Practice", *Sociologia Ruralis*, 2013 (53).

宏观能源——经济——环境的综合评估模型，此类模型通常可以模拟分析基于价格或者数量的评估模型。碳标签政策首先需要将自身影响通过实验比较和微观行为转化为综合评估模型中的行为参数或者价格或数量变化，然后基于此运用综合评估模型进行情景模拟，通过情景比较判断碳标签实施效果。当然，经济关联对碳标签执行效果评估的影响也会存在两方面的局限性：一方面，经济关联对碳标签评估的影响是以碳标签设计和利益相关方响应评估为前提的，而后两者的评估存在的局限性也会成为经济关联对碳标签执行效果评估的局限性，如情景选择、碳标签对利益相关方行为参数的影响、利益相关方异质性等都会对评估结果的可信度产生影响；另一方面，综合评估模型的选择、各子模型之间的衔接、模型中大量参数选择的合理性等也会对结果的可信性产生影响。因此，需要采用多种方法如敏感性分析来降低多种不确定性因素对评估可信度的影响。

特定碳标签评估方法具有不同适用性和局限性，碳标签不同实施效果的评估需要不同的评估方法或评估方法的组合。评估方法的选择和局限性会影响评估结果的解读。根据碳标签发展的特定阶段和评估目标，采用适合的评估方法对碳标签特定执行效果进行评估尤为重要，它会影响碳标签设计、低碳政策体系的制定以及碳减排目标的评估。

三　我国电器电子行业碳标签实施效果与存在的问题

（一）电器电子行业实施效果评价界定与本研究采用的方法

我国电器电子行业碳标签发展处于起步阶段。中国电子节能技术协会于2018年开始推动我国"碳足迹标签"计划，于2019年牵头多家政、产、学、研相关单位共同发起成立了中国碳标签产业创新联盟。我国碳中和目标的发布提升了企业进行低碳认证的积极性。我国碳中和目标发布前仅有2家企业进行了中国电子节能技术协会发起的碳标签认证。碳中和目标发布后，

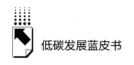

2021年就有11家企业的28个产品进行了中国电子节能技术协会发起的碳标签认证。

本部分主要是通过利益相关方响应来判断电器电子行业贴签的响应和可能减排潜力,并结合调研分析电器电子行业实施碳标签存在的问题,并对其未来发展做出展望。电器电子产品拥有完整的生产路径和框架,其碳排放特点与传统产品存在很大的不同,对于电器电子产品来说,80%~90%的碳排放来自消费者使用阶段的电能消耗,而且电器电子行业更新换代速度快,尤其是部分零部件生命周期仅仅为几个月,这可能对低碳认证提出了新的挑战。

基于第一部分和第二部分的分析,比较各种评价体系优缺点以及数据的可得性,同时为实现科学合理的分析,本研究分别在电器电子行业企业、第三方认证机构、消费者三方进行了深度调研。在企业端,通过中国电子节能技术协会发放企业问卷,基于回收的33份有效问卷的分析设计了访谈提纲,针对施耐德、惠普、长虹、广东万和、南天电子、TCL、美的、烽火通信、海信、明朔光电10家企业进行了具体访谈(访谈提纲详见附件1),同时访谈了2家第三方认证机构的相关负责人(访谈提纲详见附件2),并且通过在线的方式向消费端发放问卷,最终回收有效问卷334份。

(二)利益相关方响应与我国电器电子行业碳标签实施效果

1.企业响应与实施效果

根据调查结果可以得到,低碳认证有利于提升企业低碳管理意识和管理能力,采用先进低碳技术,减少企业碳排放。

在问卷调研的33家企业中,有5家企业已经参与过低碳产品认证,其中4家企业非常认同实施碳标签提高了企业低碳管理意识和管理能力,增强了企业采用低碳技术的动力,提升了降低碳排放在企业决策时的作用,尤其是在企业采购中影响重大,提升了企业全员质量意识,提升了公司产品的国内市场认可度,实现了参加碳标签认证的初衷。已经有1家企业设立了专门的低碳管理部门,2家已经计划设立,2家正计划设立;碳标签认证以来,2家企业已经采取行动以降低产品碳足迹,3家计划采取行动以降低产品碳足迹，均计划采取多种方式实现产品碳中和。

低碳认证有利于提升企业社会形象，提高企业在消费市场中的竞争力。5家参与低碳认证的企业中，4家非常认同低碳认证和低碳管理会提升产品质量和性能，提升企业的社会形象，提升企业的技术优势和消费者对产品的满意度，同时有利于企业绕开碳壁垒，进军国际市场，尤其是进军欧盟等重视气候变化的发达国家市场。

碳标签认证有利于企业绕过碳壁垒，进入国际市场。在被问及"贵司是否遇到来自进口商（采购商、进口国）有关碳标签、产品碳信息披露或产品低碳认证等要求？"时，33家被调研企业中，3家表示经常遇到，26家一般或者偶尔遇到，仅有4家从未遇到。而碳标签标注的低碳产品认证信息对于企业开拓欧盟、日本、韩国等对气候变化要求比较严苛的市场具有重要意义。

低碳认证可能会提升企业成本，但同时会带来一些好处，利大于弊，从而已参加过低碳认证的企业有参与二次认证的积极性，且积极性很高。电子行业耗能主要为电力，低碳管理可能会促进资源节约和能源消耗减少，可能会有一定的成本节约。被调研的5家已参与认证企业中，2家认为低碳管理标准提升不会降低公司的生产成本，3家认为会提升企业生产成本。2家企业不认同低碳认证给企业带来了负担和问题。已参与过认证的企业仍愿意参与二次认证。1家企业已经参加二次认证，另外4家企业已经计划或正在计划参加二次认证。

同时我们选取了10家电子产品行业龙头企业进行了访谈，其中大部分龙头企业表示很早就意识到了低碳发展对于企业的重要性，有部分企业是从企业社会责任视角探求低碳发展的重要性，并开展减碳工作。有9家企业表示开展过系列低碳活动，其中包括加大技术与产品开发、可再生能源和材料利用以及在办公环境中使用低碳产品等。其中有5家企业已经进行过碳足迹盘查、核查或碳标签评价等工作，开展原因主要包括响应国家政府号召、树立社会企业形象以及增强国际竞争力；有3家企业表明通过生产低碳产品，巩固了行业内市场地位，降低了生产成本，提高了企业效益。而其他企业表示有意愿或已经开始寻找合作单位进行碳核查工作。

当然，上述分析是基于对已参加碳标签或低碳认证的企业调研得出的结论，它也可能存在以下问题。①已经进行低碳认证的企业在行业内具有较高的影响力，具有较高的战略眼光和社会责任，较早进行了低碳认证。②这些企业在行业内的技术水平较高，产品碳足迹较低，具有较高的竞争力，需要为进行低碳认证或碳标签认证付出的额外成本较低，有些可以获得政府专项资金的支持，碳标签可以提升其产品辨识度，因此，进行低碳认证或碳标签认证的积极性较高。③这些企业进行低碳认证或者为产品贴碳标签可能是不得不采取的行动，如为了进军国际市场、参与政府采购竞标等，但进行低碳认证或者碳标签认证会产生其他外部影响。因此，对规模相对小、技术水平相对落后企业的影响仍需审慎地分析。

2. 消费者响应与实施效果

我国消费者低碳和环保意识比较强。334 位被调研者中，85%以上的高度认同以下论述（见图 1）："我相信，购买碳标签明确标注的同类产品中的低碳产品，从长远来看能够减少碳排放"，"我知晓并且在意我的消费行为对生态环境产生的影响"，"在同类商品中进行选择时，如果有可靠和充分的参考信息，我会衡量和比较它们对生态环境可能产生的影响"。

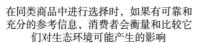

在同类商品中进行选择时，如果有可靠和充分的参考信息，消费者会衡量和比较它们对生态环境可能产生的影响

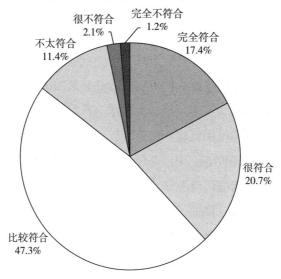

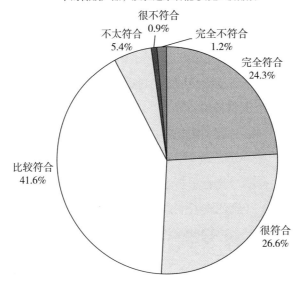

消费者相信购买碳标签明确标注的同类产品
中的低碳产品，从长远来看能够减少碳排放

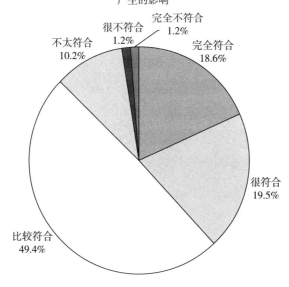

消费者知晓并且在意消费行为对生态环境
产生的影响

图1　消费者低碳与环保意识

资料来源：根据调研所得。

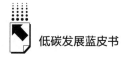

虽然消费者对自身消费引起的碳排放和气候变化影响有一定的认知，但是很难将碳排放与其日常生活的消费联系起来。碳标签制度把商品在生命周期中所排放的温室气体排放量在产品标签上用量化的指数标示出来，以标签的形式告知消费者产品的碳信息，而我国消费者不了解碳标签的具体内容。在334名被调研者中，只有93人听说过碳标签，并且这些人对碳标签标注信息内容的认识程度也是各有不同。

在对被调研者详细普及了碳标签的知识后，消费者对于购买碳标签产品有着浓厚的兴趣（见图2）。其中，能效是消费者使用电器电子产品首要关注的问题，有269人表示"我希望在实际购买前，尽可能准确和充分地了解该商品的能源效率信息（例如查看能效标识）"，占被调研者的80.5%。334人中，191人表示"我希望在实际购买前，尽可能准确和充分地了解该商品的碳排放信息（例如查看碳标签）"，占被调研者的比重也达到了57.2%。185人表示"假设今天我决定购买某个带有碳标签的商品，那么很有可能是因为我觉得新鲜和好奇，而不是其他原因"，占被调研者的比重为55.4%。

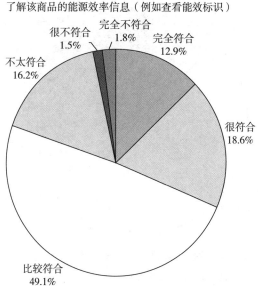

消费者希望在实际购买前，尽可能准确和充分地
了解该商品的能源效率信息（例如查看能效标识）

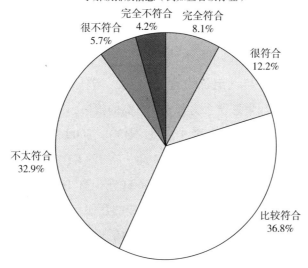

消费者希望在实际购买前，尽可能准确和充分地
了解碳排放信息（例如查看碳标签）

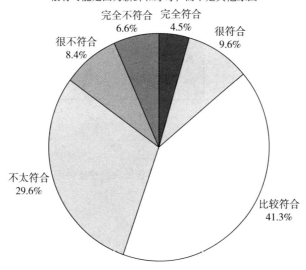

假设消费者决定购买某个带有碳标签的商品，那么
很有可能是因为新鲜和好奇，而不是其他原因

图2　消费者对碳标签的态度

资料来源：根据调研所得。

　　碳标签标注的产品碳排放信息可以引导消费者的低碳消费模式，消费者愿意为低碳产品支付溢价（见图3）。334名被调研者中，有220人表示"在同类产品中，愿意为其中的'低碳产品'（用碳标签明确标注）支付更高的价格"。此外，我们以手机消费为例进行了实验：假设现在您正要购买一部新上市的智能手机（定价约为3000元），碳标签明确标注其为同类产品中的低碳产品。如果您愿意为其支付更高的价格，您能够接受的最高价格区间是多少？220名被调研者中（见图3）：3000~3100元，有62人；3100~3200元，有48人；3200~3300元，有32人；3300~3400元，有14人；3400~3500元，有14人；3500~3600元，有18人；3600元及以上，有32人。可以看到，消费者进行低碳消费的意愿比较强烈，碳标签标注的碳排放信息有利于消费者获得更多的碳排放信息，进行低碳消费。

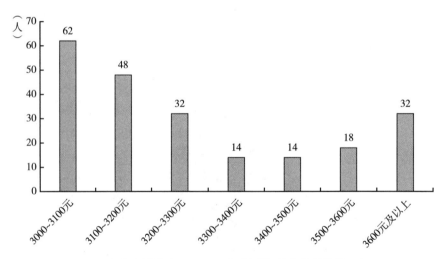

图3　消费者愿意为3000元手机低碳标签支付溢价的区间

资料来源：根据调研所得。

　　碳标签除了可以有效表示商品的碳排放信息，还可以使公民进一步意识到其消费对气候变化的潜在影响，从而增加公民的低碳意识，促使公民除了购买碳标签商品外，还可以通过其他方式加强对环境的保护，最终将公民纳入节能减排体系（见图4）。在调研的334人中，有310人表示"我相信，

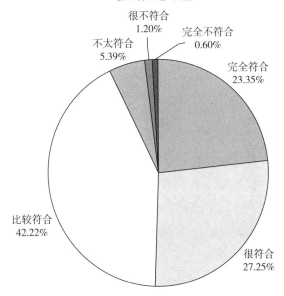

消费者认为广泛推广碳标签制度，能够促进全社会环保观念的进步

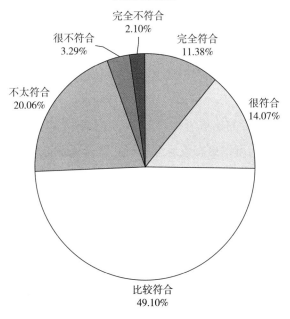

消费者认为低碳消费行为会让我周围的人也同样关注低碳消费

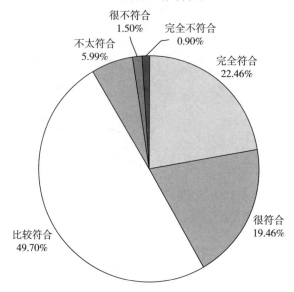

图 4　消费者对碳标签作用的意识

资料来源：根据调研所得。

在各类商品中广泛推广碳标签制度，能够促进全社会环保观念的进步"，占被调研者的92.8%。334人中，有274人表示"我认为我的低碳消费行为会让我周围的人也同样关注低碳消费"，占被调研者的比重为74.6%。306人表示"我愿意为保护生态环境做一些努力或牺牲，尽管短时间内看不到任何效果"，占被调研者的比重为91.6%。可以看到大部分消费者认为在实行碳标签制度后，人们可以更有效地意识到过量碳排放的严重性，从而可以宣传低碳理念并采取除购买碳标签商品之外的其他形式减少碳排放。

当然，在消费端问卷发放中，也存在一定局限性。因为是基于便利性原则，课题组主要是通过微信朋友圈、QQ好友等社交网络进行问卷发放与回收，这在一定程度上会影响统计意义上的总体代表性。毕竟课题组成员多为高校教师和研究机构人员，其社交网络相对而言无法涉及所有类型的样本人群。如果今后需要进一步调研，这一点可以通过开展抽样调研的方式来进行优化。

3. 政府与国际市场响应与碳标签

在目前全球迈向碳中和的背景下，2020年9月，中国宣布到2030年前达到碳排放峰值，到2060年前实现碳中和，在中国提出碳达峰、碳中和目标之后，日本、美国、加拿大以及韩国等发达国家也相继提出到2050年前实现碳中和目标的政治承诺。中国积极推动气候合作，为国际气候协定达成做出了不可替代的贡献，树立了良好的国际形象，在气候变化国际合作中的影响力不断提升。然而，由于我国碳排放核算研究起步较晚，国际碳排放量数据的核算结果与我国官方数据相比明显偏高，致使我国在国际合作中趋于被动。此外，碳壁垒成为新的经济全球化的阻力，如欧盟的碳边境调节税、法国强制碳标签等。而我国目前仍然缺少具有全球影响力的碳排放核算方法和减排措施，对电器电子产品的低碳认证是一个很好的突破口。

国际碳标签主要贴在日常生活用品上，关于电器电子产品的碳标签仍然较少。我国电子信息产业在全球具有非常重要的地位，相对竞争力较强，对我国出口贡献较大。而且作为相对低碳和低能耗行业，电子产品进行低碳认证的成本不高，对行业冲击不大，有利于企业进行低碳管理，绕开关税壁垒，进军国际市场。碳标签制度的实施可以使我国企业从被动参与到主动应对。在我国减排压力巨大、国际经济和政治背景日趋复杂的背景下，确定电子产品的低碳标准和核算方法，大力推进电子产品的低碳认证标准的制定，率先对电子产品强制披露碳信息，贴碳标签，有利于提升我国未来在国际气候方面的话语权和国际形象。

4. 对碳排放与资源环境的潜在影响

终端能源消费电力化、电力生产清洁化是实现我国碳中和目标的重要措施之一。电子产业的发展对于这一举措具有重要意义。电子产品产业链条长，且生产端碳排放所占比例较消费端的碳排放小。电子产品种类繁多，且碳排放各有特点。生产端碳足迹降低空间较高。根据本研究的调研，以LED灯为例，某被访已认证企业通过低碳集约化管理，采用行业先进技术等，不仅降低碳排放，而且减少了能源和原材料的使用，大大节约了成本，

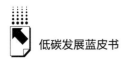

而该企业的碳标签对于企业进入日本市场起到了锦上添花的作用。该企业生产端碳足迹比行业平均水平低了 30%~40%。当然这只是一家企业的情况，并不能体现整体。但正如前文所讲电子行业的产业链和产品种类特点，目前还无法掌握电子行业温室企业减排的精确数据，只能间接进行粗略测算和评估。

电子信息产业直接碳排放较低，不是高碳排放和高耗能行业，但其能源和资源消耗并不小，导致的碳排放或者行业碳足迹仍有较大的降低空间。以计算机、通信和其他电子设备制造业为例，2018 年能源消耗为 4623.13 万吨标煤（发电煤耗法），煤合计 23.72 万吨，油品合计 33.6 万吨，天然气合计 334.11 万吨，电力 1391.21 亿千瓦时。居民电力消耗和电子产品的使用直接相关，而 2018 年居民生活电力消耗为 10057.55 亿千瓦时。根据 IPCC 测算方法，2018 年我国电子行业直接碳排放为 623.73 万吨 CO_2。假定火力发电和一次电力结构与全国平均水平相同，2018 年电子行业中与电力相关的碳排放（居民生活用电和电子行业直接耗电的碳排放）则高达 60462.99 万吨 CO_2。该数值没有考虑电子行业所需其他原材料等消耗的碳排放以及供下游厂商使用所产生的碳排放。因此，从碳足迹视角来看，电子行业直接碳排放不高，但由于产业链条长，导致碳足迹较高。而碳标签或者详细的碳排放信息披露有利于整个链条上各个利益相关方自行调整自身行为以减少碳排放，而这对于我国碳中和的目标非常重要。

（三）电器电子行业碳标签存在的问题

1. 碳足迹核算数据库的缺失

本研究访谈了 10 家企业，大多数企业认为推广碳标签以及碳足迹核查的困难主要在于：低碳产品认证整体体系架构不够完善，没有统一的标准，并且目前数据库的数据代表性不高，广泛度不足，供应链上游的企业碳排放核查较难，在数据实时更新上，更是尚未实现。所以说，碳足迹核算数据库缺失是导致低碳认证推进困难的根本原因之一。目前我国低碳认证多以产品部分生命周期为基础。低碳认证或者碳标签标注信息应以全生命周期核算为基础更为合理。全生命周期的界定非常重要，它包括了前端原材料的碳排放，这需要大量前端原材料碳排放数据库的支持，尤其是涉及不同产地不同厂商生产的多种产品。而我国目前缺乏碳排放全生命周期核算前端原材料碳排放的核算方法和数据库，这大大限制了以全生命周期为基础的碳标签的发展。

2. 低碳认证标准和政策支持力度不足

大部分调研企业认为在推进我国电子产品低碳认证过程中，政府没有建立健全奖励和鼓励机制以及低碳认证标准，没有对行业进行充分且深入的调研。同时，电子行业协会没有及时和有效地向政府反映企业进行产品低碳认证工作时遇到的难题，没有积极地起到宣传、发声与引导的作用，使得企业低碳意识低下。

国家层面低碳认证标准和政策力度不足，进展缓慢。我国大陆低碳认证制度起步比较晚，和低碳产品认证直接相关的规定主要包括：2013年国家发展改革委和国家认监委印发了《低碳产品认证管理暂行办法》（发改气候〔2013〕279号），以及国家质量监督检验检疫总局和国家发改委令2015年发布的《节能低碳产品认证管理办法》。基于此，已发布的国家低碳产品认证标准仅包括通用硅酸盐水泥（CNCA-LC-0101）、平板玻璃（CNCA-LC-0102）、铝合金建筑型材（CNCA-LC-0103）、中小型三相异步电动机（CNCA-LC-0104）、建筑陶瓷砖（板）（CNCA-LC-0105）、纺织面料（CNCA-LC-0106）、轮胎（CNCA-LC-0107）。产品种类和数量非常少，对于电子产业而言更是缺少相关标准制定。这当然主要是和基于LCA的方法学在长且复杂的电子产品产业链上实施的困难性有很大关系，但也在一定程度上说明我国在制度引导方面缺少对基础方法学的深入研究。

虽然低碳标准本身具有非常严格的界定和规范，但多样化的低碳标准和多样化的碳标签，不利于企业和居民决策。不同行业和产品的碳排放足迹具有不同的特点，不同的核算方法均有其适用性，不同的行业或者产品应采取不同的核算方法，不同的认证机构对同一企业的碳核查也存在差异，而这些复杂的标准和碳排放核算方法本身也会导致利益相关方对碳排放信息披露的可信性和可比性产生怀疑。此外，低碳标准或者碳标签标注的信息内容等存在较大差异，目前低碳认证标准有企业标准、行业标准、地方标准、团体标准、我国国家标准、其他国家标准、国际标准等，目前使用上述标准的碳标签或者低碳标识的产品都有，但数量都很少。这些标准之间的可比性、标注碳标签内容的可比性和易理解性等都成为碳标签制度能否顺利推进的关键。

3. 企业实施碳标签动力不足

本研究在碳中和目标公布前发放了项目调研问卷，仅回收 10 份；碳中和目标公布后二次发放调研问卷，回收 23 份有效问卷。在碳中和发布前，企业虽然有进行低碳认证的意愿，但动力不足。大部分企业认为，由于国内目前根深蒂固的理念是发展经济为先，并且企业是以利益为导向的，如果继续保持当前的自愿性减排机制，自愿减排企业的数量可能会逐渐增加，但自愿减排的主观动力会远远不足。除了龙头企业外，还在发展中的中小型企业很难主动加入低碳产品认证工作中来。市场上只有小部分龙头企业在做低碳产品认证工作，许多利益导向型的中小企业对低碳产品认证的动力不足。

碳中和目标发布以来，未开展认证企业未来参与认证的积极性比较高，但对自身行为与碳排放的关系和低碳认证的认识不足。在 28 家未参与认证的企业中，6 家企业已计划或正在计划开展产品低碳认证，21 家企业未计划但想开展，只有 1 家企业表示未来不想开展低碳认证。然而，28 家企业中只有 10 家企业比较了解碳足迹或者碳标签，6 家企业一般了解碳足迹或者碳标签；7 家企业比较了解应当如何进行碳标签认证，12 家企业一般了解应当如何进行碳标签认证；其余企业完全不了解或者了解较少。

虽然有许多企业在碳中和目标发布后开始计划开展产品低碳认证，但进行低碳认证的动力仍然不足。除了大部分龙头企业有树立低碳形象和国际竞争需要的动力来推动实施碳标签外，利益导向的中小企业要考虑的收益成本更加复杂。目前企业实施碳标签要考虑的问题是市场的反应和消费市场或者下游厂商的反应，为低碳认证需要付出的成本，以及是否值得等问题。同时低碳认证相关人才缺乏。被访谈的 9 家企业中，关于低碳工作推进的人才队伍问题，已经有 6 家企业设立了专门的可持续发展部门并开展相关的低碳培训，但是专业人才较少，如有需要都要请外部第三方指导。只有2家企业比较了解国际上不同的温室气体排放评价，具体采用哪个标准是基于国际认同力和消费端的认同方向来决定的。

4. 消费者对于碳标签的了解不足

在334名被调研的消费者中，仅有93人听说过碳标签，而且这些人对碳标签标注信息内容的认识程度也是各有不同。目前，绿色产品或者绿色属性标识只有达到国家标准才可以标注相应的绿色标识，这种标识便于识别和理解，但是无法让消费者进一步比较绿色标识产品之间的绿色属性的优劣。根据结果显示，我国居民具有较高的低碳意愿，也愿意进行低碳消费，但是市场上碳标签产品较少，所以在消费决策时缺少碳排放信息的参考，难以支持消费者在更大范围内的产品比较和购买决策。此外，消费者对能效标识、低碳标识、绿色标识、披露碳排放信息认知不足，由于较高的交易费用和信息成本，也抑制了低碳消费行为的发展。大力推进碳标签或者低碳认证工作，加大宣传力度，如何使得碳标签标注的信息更容易理解和服务消费者决策成为目前需要解决的重要问题。

5. 第三方认证机构发展困难

在第三方认证机构的调研中，我们发现第三方认证机构愿意积极推动碳标签政策的实施，但在推广低碳认证时面临的困难重重。首先，国家对于低碳认证方面政策较少，并且力度不足，使得机构在碳标签认证方面进展缓慢。其次，目标企业低碳认证认知不足，积极性不够，机构缺乏盈利机会。最后，认证机构自身面临众多核算方法学和纷繁复杂的低碳标准，并且低碳认证在第三方认证机构业务中所占比重低，导致其推广低碳认证的动力不足。

四 结论与展望

本报告从碳标签的设计、利益相关方响应以及经济关联等三个方面建立了碳标签实施效果的一般评价体系，探讨了碳标签实施碳减排目标的影响机

理，并对各种评价方法的优缺点进行了对比。碳标签执行效果的评估需要结合碳标签发展的不同节点、不同的评估目的和不同的评价对象等采取合理的评估方法，做出科学的评估结果。

本报告从电器电子行业出发，对该行业的碳排放特点进行了分析，并基于上述评价体系优缺点以及数据的可得性，通过对行业主管部门、企业、消费者和研究机构等的调研、专家征求意见等方式，对实施碳标签的企业层面的实施效果、公众的认知和行为态度改变、整体减排效果、在国际上的具体影响以及碳标签推行过程中存在的问题做出科学合理的分析。结果表明，在过去一段时间里，碳标签工作在我国电子行业得到了有序开展，并形成了行业协会层面的团体标准。这其中的驱动因素有来自外部的压力，也有来自企业内生动力。对于不少出口型电子产品企业而言，产品低碳认证已经成为产品销往欧美等国的必然要求；对于具体分支行业的领头企业来说，企业家战略格局和责任意识成为其主动参与低碳认证，甚至推动行业相关标准制定的必然选择。然而，从整个电器电子行业推广效果来看，实施碳标签的企业依然占少数，碳标签认证意识不够广泛，企业重视不足。同时要认识到，推广效果尚不理想和在我国推行时间较短、碳标签仍处于初级阶段有较大关系。

在"双碳"目标以及国际贸易环境日益复杂的背景下，大力推进我国电子产品低碳认证势在必行。当前，我国碳排放交易市场或监管市场尚未涵盖电子行业，通过实施碳标签的方式可以有效促进该行业中电子产品温室气体排放量的监管与控排，推进该行业低碳绿色可持续发展。而作为一项系统工程，未来我国需要通过多方联动。首先，建立规范统一的行业标准、国家标准，为有效实施碳标签制度构建坚实的制度基础。其次，加大政策支持力度，通过建立政府引导的市场化机制，提升企业参与的积极性和持续性。同时强化企业的居民低碳发展意识，加强低碳人才培养。最后，积极开展国际合作，结合国际优秀经验开展多维创新，通过政府、协会、企业端、消费端等相关方的协同努力来实现合理有效的碳标签制度。

附录1 企业端调研提纲

电器电子行业企业调研大纲

访谈时间：

访谈对象：

访谈人：

访谈内容：

一、企业基本情况

请大概介绍一些企业基本情况

二、企业低碳发展的基本情况

（1）贵公司何时开始认识到低碳发展对于企业的重要性？具体而言，您认为为什么重要？

（2）您认为从企业层面可以开展的低碳行动主要包括哪些？您的判断标准从哪里来？

（3）至今，企业主要开展了哪些低碳活动？是在战略层面还是在营销层面或其他层面的考量更多一些？为什么？

（4）贵公司是否开展过碳足迹盘查、核查、碳标签评价等工作？如果有，告知开展的具体原因和主要动力，以及这些工作在企业整体低碳工作中的意义是什么？

（5）在开展前后，您认为市场对企业的认可度是否有改变？企业自身有哪些收益？（尽量详细，包括通过盘查摸清家底，了解企业在管理中存在的不够精细等问题，也包括通过相关工作减低碳排放，提高能效，降低成本等实际收益等）

（6）您认为电器电子行业在推广低碳产品认证中最大的问题是什么？

（7）贵公司是如何克服这些困难？或者仍然有困难，那您认为如何突破？

（8）您认为在贵公司所在的产业链条上，开展全生命周期法的碳足迹盘查最大的困难在哪里？从专业角度来看，什么样的方法论更适合对贵公司

所在的产业链条进行碳足迹盘查与核查？

（9）您了解 ISO 14064 和 PAS 2050 吗？您对国际上温室气体量化的指南还了解哪些？您认为它们之间是否有区别？贵公司是如何判断和决定采用哪一个国际标准？这个过程中有什么困扰？

（10）贵公司在低碳工作推进中的组织结构和人员安排是怎样的？您认为当前的人才队伍建设是否能满足贵公司低碳发展的要求？

（11）您认为，如果继续保持当前的自愿性减排机制，全行业能否有更多企业加入低碳产品认证工作？

（12）如果需要您为我国政府相关部门提出建议，您认为推进我国电子产品低碳认证工作的主要路径应该是怎样的？

（13）您认为您所在的行业协会在推进过程中应该承担哪些工作？

（14）贵公司在开展低碳产品认证相关工作中，是否有参与国际合作？为什么会参与或不参与？

（15）如果有，请您最后简单评价贵公司开展低碳产品认证等工作的成效，谢谢！

附录2　认证机构端调研提纲

第三方认证机构调研大纲

访谈时间：

访谈对象：

访谈人：

访谈内容：

一、认证机构基本情况

成立时间、发展情况等

二、开展低碳认证的基本情况

（1）贵单位获得哪些机构的低碳产品认证？为什么会选取这些机构的认证？

（2）不同认证机构的认证方法测算、标准设定、覆盖的产品有哪些差异？这些方法和标准有哪些差异和关联？哪些有可能进行互认的潜力？

（3）目前参加贵单位认证的企业有多少家，主要是哪些产品，集中在哪些地区？是否方便提供参与低碳认证的企业名单？

（4）低碳认证在贵单位认证业务中所占的比重？

三、参与认证企业的情况

（1）贵单位如何寻找潜在的低碳认证企业？参加贵单位低碳认证的企业有哪些特点？它们选择碳认证的初衷都有哪些？是否有对它们认证情况前后的需求满足程度的跟进？

（2）贵单位对企业进行低碳认证前会对企业的相关低碳管理行为进行梳理、培训和建议吗？或者在确定要做认证前会先进行哪些必要工作？

（3）贵单位低碳认证成本对于潜在企业而言，在行业内处于什么水平？企业如何认识这些成本、负担、收益？它们如何评价贵单位的低碳认证服务效果？

（4）您认为如何评价碳认证效果是较为科学合理的？而目前的评价是怎样的，还有哪些有待完善的地方？

（5）贵单位对低碳认证企业认证后有后续的跟踪服务吗？低碳企业获得低碳认证后有哪些影响？（低碳技术、低碳生产、低碳管理、市场反应等）

（6）贵单位是否对低碳消费进行过相关调研？哪些方面，有什么发现？

四、关于推动低碳认证存在的问题

（1）低碳认证推广和贵单位其他认证相比存在哪些问题？

（2）能否介绍一下您对目前国内外低碳认证市场和机构发展情况的了解程度？您是否了解国内低碳认证标准和低碳授权机构的数量和质量？

（3）您认为贵单位在推动低碳认证中最大的困难或障碍是什么？

（4）您认为从我国整体碳认证的角度来看，遇到的主要问题有哪些？在双碳目标提出的背景下，您认为这些困难或障碍会在哪些层面上有所缓解？

（5）您对推进我国企业碳认证的路径和对策有哪些好的建议？

国际借鉴篇

International References Reports

B.9
2021年部分国家碳标签制度
及推行保障机制

王璟珉　胡康颖*

摘　要： 2007年，英国在全球范围内开启了碳标签制度的先河，此制度
　　　　　一经推出，便迅速受到越来越多国家的重视与推崇，成为全球性
　　　　　潮流。目前，碳标签已在全球43个国家或地区推广。在碳标签
　　　　　制度推广和应用上具有典型代表性的国家包括英国、德国、瑞
　　　　　典、瑞士、法国、美国、韩国、日本、澳大利亚。本报告按地理
　　　　　位置划分，详细分析了上述各国的发展历程，对各国制度从缘起
　　　　　时间、负责机构、标签设计、实施对象、覆盖范围、影响效用等
　　　　　方面进行综述，并将其保障机制归结为国家战略、认证标准、企
　　　　　业参与、环保意识四个方面。本报告的分析结果可以为我国提供
　　　　　借鉴，有利于我国加快碳标签制度的探索与实践，助力绿色发展

---

* 王璟珉，工学博士、经济学博士后，山东财经大学教授、硕士生导师，研究方向为低碳经济
与责任战略；胡康颖，山东财经大学工商管理学院硕士研究生，研究方向为碳定价与企业可
持续发展。

和"30·60"碳达峰、碳中和目标的实现。

关键词： 碳标签制度　碳足迹　保障机制

一　欧洲部分国家碳标签制度及其保障

（一）英国

1. 英国碳标签制度的开展

英国作为最早推行低碳经济、推动应对气候变化行动的国家，也是最早推行碳标签的国家，在全球范围内开启了碳标签制度的先河。由于开启时间最早，发展至今，英国碳标签在标准化、制度化方面较为成熟。2001 年，英国负责推广和管理碳标签的碳信托公司（Carbon Trust）在英国能源和气候变化部的资助下正式成立，负责设计碳减排方案、制订发展战略、创新低碳项目，以促进各部门更好地利用能源资源，减少温室气体的排放。2007 年，碳信托公司首次推行碳减量标签制度，该标签设计为"足印"形象，加贴于产品外包装、销售点或网站资讯上，使消费者易于辨认及理解其"碳足迹"寓意。该标签包括 5 个核心要素，即足迹形象、碳足迹数值、"Carbon Trust"公司认可标注、制造商做出的减排承诺、碳标签网络地址。英国大批零售商纷纷响应此制度并采取行动，与此同时，公众也大力支持，碳信托公司乘势而行，在薯片、洗发露、奶昔、果汁、灯泡、洗洁精等消费类产品中试验推广第一批碳标签产品。同年7 月，奶酪洋葱薯片的碳足迹被测量后，成为全球第一个加贴碳标签的食品产品。

发展至今，碳信托已经能够提供 7 种碳标签服务（见图 1），即二氧化碳测量值标签、二氧化碳减量标签、包装二氧化碳减量标签、碳中和标签、包装碳中和标签、二氧化碳排放减少倍数标签，以及 100%可再生电力标签。

图1　碳信托公司提供的七种碳标签服务

资料来源：洪睿晨、李卓苒：《英国应对气候变化工作经验借鉴》，2020 年 7 月，http：//iigf. cufe. edu. cn/info/1012/1506. htm。

经过 10 余年的推广，越来越多的英国消费者认为，碳标签有助于他们更好地了解产品的碳足迹，以便做出更环保的选择，为此碳标签制度在消费端得到了越来越多的认可。目前在英国，碳标签制度已经在食品业、饮料业、生活用品等产品及包装，以及旅游行业等得以应用。尤其是在食品和饮料行业应用特别广泛。学者们指出，目前以英国为主的欧洲发达国家已经进入气候变化激进主义时代，食品和饮料品牌从关注卡路里向关注气候问题过度。2020 年由 GHD 发起的一项对 1002 名英国消费者的调研显示，80%的英国消费者赞成在例如能源账单、水费账单和旅行机票等公共服务上也引入碳标签。被调查者里，3/5 的人会为这类服务支付更多费用。其中，40%的消费者愿意额外支付 5%以上，74%的 18～24 岁消费者会支付更多。可以看到年轻消费群体对于碳标签的认同度要更高。

2. 保障机制

碳标签制度能够在英国首先启用，并被大力推广，分析其保障机制，主要由四个部分共同作用形成。其中最关键的保障机制是国家层面长期以来形成的气候变化战略。

为了应对气候变化，英国采取了气候立法（2008 年）、建立碳市场（2002 年）、征收碳税（2001 年）和开发碳金融产品等多种措施，在应对气候变化领域是全球的先行者。早在 2003 年 2 月，英国政府颁布《能源白皮书：创造低碳经济》中首次提出了低碳经济的概念，并首次在国家层面提出要"将实现低碳经济作为能源战略的首要目标"。2019 年英国政府修订了

《气候变化法案》，正式确立到2050年实现温室气体"净零排放"的目标，进一步成为全球主要经济体中率先以法律形式确立净零碳的国家。① 图2是英国应对气候变化相关政策发展的历程。

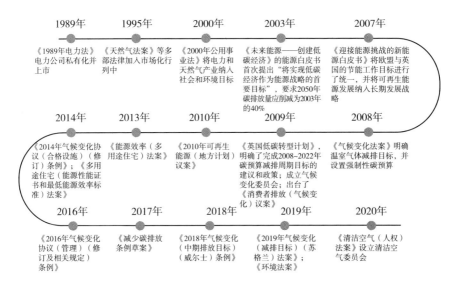

| 1989年 | 1995年 | 2000年 | 2003年 | 2007年 |

《1989年电力法》电力公司私有化并上市 ｜《天然气法案》等多部法律加入市场化行列中 ｜《2000年公用事业法》将电力和天然气产业纳入社会和环境目标 ｜《未来能源——创建低碳经济》的能源白皮书首次提出"将实现低碳经济作为能源战略的首要目标"，要求2050年碳排放量应削减为2003年的40% ｜《迎接能源挑战的新能源白皮书》将欧盟与英国的节能工作目标进行了统一，并将可再生能源发展纳入长期发展战略

| 2014年 | 2013年 | 2010年 | 2009年 | 2008年 |

《2014年气候变化协议（合格设施）（修订）条例》；《多用途住宅（能源性能证书和最低能源效率标准）法案》 ｜《能源效率（多用途住宅）法案》 ｜《2010年可再生能源（地方计划）议案》 ｜《英国低碳转型计划》，明确了完成2008~2022年碳预算减排周期目标的建议和政策；成立气候变化委员会；出台了《消费者排放（气候变化）议案》 ｜《气候变化法案》明确温室气体减排目标，并设置强制性碳预算

| 2016年 | 2017年 | 2018年 | 2019年 | 2020年 |

《2016年气候变化协议（管理）（修订及相关规定）条例》 ｜《减少碳排放条例草案》 ｜《2018年气候变化（中期排放目标）（威尔士）条例》 ｜《2019年气候变化（减排目标）（苏格兰）法案》；《环境法案》 ｜《清洁空气（人权）法案》设立清洁空气委员会

图2　英国应对气候变化相关政策发展史

2020年11月，英国政府推出了"Ten Point Plan for a Green Industrial Revolution"，总结了英国要实现脱碳经济在工业改革方面的10点计划，其中包含的关键措施例如支持氢气开发、碳捕获以及住宅能源效率和电动汽车投资。2021年10月，英国政府又正式推出了《净零战略：更环保地重建》国家战略文件。在该文件中，多次提到了产品标签的问题，并指出，英国净零碳路径中，不仅要在生产端依靠不断上涨的碳价激励产业脱碳行动实施，还要加强在消费端通过产品标签、监管标准等方式推动减排工作。在具体实施层面，英国政府也非常注重碳标签的推广工作，并为此积极筹集资金，通过建立碳基金、担保成立碳信托公司、建设绿色投资银行等多种方式助力包

---

① 洪睿晨、李卓苒：《气候金融｜英国应对气候变化工作经验借鉴》，中央财经大学绿色金融国际研究院官网，2020年7月8日，http://iigf.cufe.edu.cn/info/1012/1506.htm。

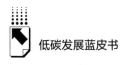

括碳标签在内的各种节能减排工作的开展。

第二大机制就是标准化机制。英国标准协会（BSI）成立于1901年，是全球领先的国家标准机构。经过120年的发展，该机构在标准研发、标准技术信息提供、产品测试、体系认证和商检服务五大方面的业务上都成为国际一流提供商。其中ISO 9000、ISO 14000等在全球的影响力都是非常深远的。BSI在碳标签的推进工作中起到了非常重要的作用。首先是国际惯例体系标准ISO 14064。该标准提供了一系列温室气体计算和验证准则，主要包括三部分，最早版本是2012年，更新版本为2019年，即ISO 14064-1：2019，ISO 14064-2：2019和ISO 14064-3：2019。第一部分详细规定了企业温室气体清单的设计、开发、管理和验证指南；第二部分规定了项目一级温室气体减排的具体要求；第三部分规定了温室气体规范验证的具体要求。ISO 14064的出台为英国以及各国开展碳足迹验证（Carbon Footprint Verification，CFV）提供了标准基础。2018年，BSI又出台了ISO 14067标准，主要是针对产品碳足迹测算的指导。另外，PAS 2050也是碳标签制度推广的重要基础性标准，该规范是由Carbon Trust和英国环境、食品和乡村事务部（DEFRA）联合发起，是BSI为评价产品生命周期内温室气体排放而编制的一套公众可获取的规范。PAS 2050不仅在英国，在全球范围内也被企业广泛用来评价其产品和服务的温室气体排放。以现有的ISO 14000系列和PAS 2050等环境标准为基础，2009年，BSI又在世界标准日这一天（10月14日）宣布制定公共可用规范PAS 2060，即碳中和承诺标准。该项标准由BSI协同英国能源和气候变化部、马克斯思班塞（Marks & Spencer）、欧洲之星（Eurostar）、合作集团（Cooperative Group）等知名机构共同开发制定。可见，BSI标准协会的存在，以及通过与合作方合作开发的方式，助力了英国作为标准首发国在碳标签制度上的不断完善，以及在具体工作上的快速开展。

除了以上两大保障机制，还包括以碳信托为主的碳标签评价公司提供的专业化服务，为企业切实开展碳标签工作提供了智力支持与保障。英国消费端群体对绿色环保低碳产品的消费需求日益提升，其购买意愿和购买力都足以支撑高质低碳产品的消费。在这几方面的共同助力下，企业不再把碳标签等低碳行为看作是一种负担，而是成为迎合消费群体、符合政府发展规划的重要战略措施之一。

（二）德国

1. 德国碳标签制度的发展

德国于2008年2月针对私人消费品开展了产品的碳足迹试点项目，由位于柏林的一家独立智库Thema1、世界自然基金会、应用生态研究所和波茨坦气候影响研究所共同发起，有9家大公司作为合作伙伴加入，试点的产品包括食品、电信和网络服务等15个类别。2008年7月，德国产品碳足迹试点项目（Product Carbon Footprint）开始启动，该项目的最终目标是减少温室气体的排放、为企业搭建碳足迹评价与交流的平台、构建绿色低碳消费市场。自碳标签制度推出以来，多家企业积极响应，如巴斯夫股份公司（BASF）、德国汉高公司（Henkel）、德国朗盛集团（DSM）等数十家公司。2009年1月，德国从具体产品案例出发，汇报碳标签实施情况和发展历程，从具体产品应用中分析碳标签制度的经验和不足，并撰写分析报告；同年2月，德国产品碳足迹试点项目正式推出其碳标签，如图3所示，同样以"足迹"作为基本形态，标有CO_2与Footprint两个英文单词，加贴于参加德国产品碳足迹试点项目的企业产品之上。但是与其他国家不同的是，德国加贴碳标签的产品仅仅表明其通过了碳足迹的认证，并没有标注具体的排放量。发展至今，德国碳标签在产品类别方面，几乎涵盖B2C所有产品和服务，如冷冻速食、洗发露、包装纸、传单等。

2. 保障机制

碳标签制度之所以能够在德国广泛应用，分析其保障机制，主要是由以下三个方面构成。

第一，政府和公共部门的发起和推广。德国碳足迹试点项目是由世界自然基金会（World Wide Fund for Nature，WWF）、应用生态学研究所（Institute for Applied Ecology，IAE），以及波茨坦气候影响研究所（Potsdam

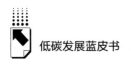

图 3　德国碳标签图案

资料来源：Liu，T.，Wang，Q.，Su，B.，"A Review of Carbon Labeling：Standards, Implementation，and Impact"，*Renewable and Sustainable Energy Reviews*，2016，53.

Institute for Climate Impact Research，PIK）和 Thema1 智囊团联合发起，可见政府部门对此重视程度高，研发团队实力雄厚。

第二，企业的积极参与。德国碳足迹试点项目吸引了巴斯夫股份公司、德国朗盛、德国汉高公司、REWE 集团（REWE Group）在内的数十家德国企业积极参与，于 2009 年 1 月召开总结报告会，针对每个产品提供案例分析报告，并总结整个项目实施经验。可见，龙头企业对此项目的积极参与带动了全社会企业对此项目的认可和接纳。

第三，标准化机制。碳足迹的认证主要基于 ISO 14040/44 环境管理生命周期评价原则与框架，并且以 PAS 2050 产品碳足迹方法标准作为参照指导。

（三）瑞典

1. 瑞典碳标签制度的发展

瑞典碳标签制度首先开始于食品领域。给食物贴碳排放标签的做法是受瑞典 2005 年一项研究成果的启示。该研究认为，瑞典 25% 的人均碳排放可最终归因于食品生产，为此瑞典农民协会、食品标签组织等开始给各种食品标注碳排放量。若产品达到 25% 的温室气体减排量，将在每一食品类型中加以标注，该计划包括果蔬、奶制品和鱼类产品。2008 年，正式推出名为 Climate Marking in Sweden 的碳标签，暂无标识。发展至今，在产品类别和范围方面，瑞典碳标签目前主要面向 B2C 食品，如水果、蔬菜、乳制品等。该碳排放标签明示食品的"碳排历史"，从而引导消费者选择健康的绿色食品，以减少温室气体排放。

2. 保障机制

瑞典碳标签的推广应用主要得益于以下两方面的保障机制，尤其是政府长期以来形成的保障措施。

第一是政府的各方面战略措施。首先，打造生态智能行为模式。政府建议瑞典消费者机构积极促进更加生态智能的消费和生活方式，鼓励消费者从环境角度选择最佳替代品。其次，发展共享经济。共享经济是以各种方式共享商品和服务，可以提供更多的选择和更低的价格，为可持续消费提供更多机会。政府已指示调查以规划共享经济，分析不同用户的法律地位，并研究是否需要采取措施促进共享经济的积极发展。最后，为了使生态标签产生强大的影响，除了获得消费者的信心外，它必须跟上市场发展的步伐。政府打算促进有效的、独立认证的生态标签计划，在国际上也能在公司和消费者中获得良好的吸引力。政府在即将采取措施之前就生态标签的潜力和要求咨询相关行为者。

第二是标准化机制。在测量标准方面，加贴碳标签的产品必须完成生命周期评价并发布第三类环境声明（EPD），但可凸显碳排放，主要表明产品碳排量达到标准要求。

（四）瑞士

1. 瑞士碳标签制度的发展

瑞士碳标签（Climatop）于 2008 年初推出，主要面向产品与服务。Climatop 是 Ökozentrum 和 myclimate 在 2008 年创立，由独立机构 Ökozentrum Langenbruck 认证 B2C 和 B2B 市场所有经济部门的特别气候友好型产品和服务。Climatop 标签主要通过以下两种方式降低排放量：一是影响消费决定，通过产品与服务上的碳标签引导客户（B2C、B2B）选择环境友好产品，加快向低碳消费型社会转变；二是优化产品设计，通过选择环境友好产品带来的公平竞争，优化产品和服务设计。Climatop 标签主要加贴于产品包装上，在销售点及网站上展示。Climatop 标签以圆形与 CO_2 共同组成，表示该产品在碳足迹控制方面宣告领先，即减量 20%（见图 4）。Climatop 标签的评价范围涉及产品及服务的全生命周期，已查验的产品包括环保购物袋、有机原料蔗糖、奶油、洗衣液、洗衣粉、卫生纸、洗碗巾、电池等，其碳足迹计算以 LCA 为基础设定标准。

图 4　瑞士 Climatop 碳标签图案

资料来源：裴晓东：《国际碳标签制度浅析》，《大众标准化》2011 年第 1 期。

生态标签不仅要提高消费者的认知，还要紧跟市场发展的步伐。瑞士政府为获得国际公司和消费者的吸引力，预计推出独立认证的生态标签计划，实施之前咨询相关机构生态标签的潜力和具体要求。

气候中性商品（Climate Neutral Commodity，CNC）倡议于 2021 年在瑞士日内瓦由全球商品交易中心的专家在商品交易咨询公司（Commodity Trading Advisory）的帮助下提出，旨在推动全球大宗商品行业向碳中和转型，促进产品利益相关者构建可持续供应链，满足日益增长的可持续发展战略需求。该倡议提出进行"一站式"服务，测量、抵消商品交易的碳足迹，并通过独立的第三方机构审核发布新标签。

2. 保障机制

制度标准化是瑞士碳标签实施的重要保障。在产品认证方面，产品的碳足迹基于国际标准 ISO 14040 并由独立专家验证，每一项认证都基于生命周期评估，记录产品所有与气候相关的排放，从原材料的提取到制造、运输、使用和最终处置。该评估还辅以环境可持续性研究。只有对环境的影响不超过其竞争对手的产品才有资格获得标签。

（五）法国

1.法国碳标签制度的发展

法国碳标签制度初期由私人企业发起，其后国家政府制定法律法规推动碳标签的实施。2008年6月，法国著名零售商连锁超市 Casino Group 率先引入 Casino Carbon Index 碳标签，应用于自有品牌，如组合地板、罐装饮料、咖啡等产品。该标签以绿叶为主要设计元素，包装背面的图案为一把绿色标尺，以不同色块反映产品碳排放量，并明确标示产品生命周期内每100克的二氧化碳排放值，旨在向消费者传递产品整个生命周期内的环境影响信息。2011年，该公司与法国环境与能源管理署（ADEME）以及法国标准化协会（AFNOR）合作推出 Environmental Index，该标签以三片树叶为主要设计元素，标注每100克产品的环境影响较之于每个法国人平均日消耗食品总量环境影响的比例。该标签的计算比例包括三部分：温室气体排放量、水消耗量与水污染。法国另一家连锁超市 E. Leclerc 于2008年引入碳等级标签——Bilan Carbone 碳标签，分为A、B、C、D、E、F、G共7个等级，每个等级都有其专有的颜色条，主要应用于本品牌食品（见图5）。

2010年，法国政府出台"新环保法案"，强制要求市场上销售的所有产品都披露其全生命周期的碳信息。至此，法国成为世界上第一个将碳标签编进法典的国家。2011年7月1日起，法国强制企业披露碳信息。2018年11月28日，法国政府颁布实施新"低碳标签"的法令。该低碳标签通过认证在法国领土实施的自愿减排项目，为国家低碳战略做出贡献。2019年4月23日，该标签正式提交生态转型部，主要开展对象为农林业。法国南部洛泽尔的森林管理协会（Association Syndicale Libre de Gestion des Forêts de la Terre de Peyre）开展森林碳标签试点项目。

2020年，由 Carbon Trust 委托 YouGov 开展的一项对法国、德国、意大利、

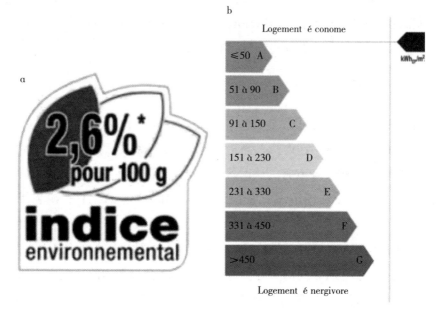

图5　Casino Indice Carbon 碳标签图案（a）与 Bilan Carbone 碳标签图案（b）

资料来源：Liu, T., Wang, Q., Su, B., "A Review of Carbon Labeling：Standards, Implementation, and Impact", *Renewable and Sustainable Energy Reviews*, 2016, 53.

荷兰、西班牙、瑞典、英国和美国超过1万名消费者的调查结果显示，有2/3的消费者选择支持产品上标注碳标签。其中，法国有80%的消费者表示赞同。

法国碳标签制度和法律法规逐渐完善，制定不同的认证方法和标准，行业覆盖范围不断扩大，包含食品、饮料、服装、纺织品、家具等多个产品品类。但是，法国存在多个不同评估标准和认证方法，不利于碳标签的统一管理。

2.保障机制

与其他国家不同，法国是较少数实施强制型碳标签制度的国家。因此，议会颁布的法律法规是法国碳标签实施的重要保障机制。此外，标准化的制度也不容忽视。

（1）法律法规

"新环保法案"要求自2011年7月1日起，凡是在法国制造、出售以及使用的产品必须标注碳足迹，试运行时限至少一年。法国议会曾批准一项气候法案，该法案对包括服装和纺织品在内的商品和服务引入强制性的"碳标签"，旨在让消费者了解自身购买行为对环境的影响。2018 年，法国环境与能源管理署（ADEME）推出一套碳标签等级制度，服装碳标签从 A 到 E 进行分级，其中 A 是可持续性最大的，E 是可持续性最小的。据欧洲媒体报道，生态转型部宣布，类似计划将在 2023 年成为强制性计划。2021 年 4 月，法国国民议会通过"在产品上添加碳排放分数标签"（CO$_2$ Score Label）修正法案，且率先在纺织服装业试行，试行时间不超过 5 年，如果证明法案有效，将推广至家居、酒店、电器等行业。

（2）制度标准化

法国的碳标签是一个多指标标签体系，标签上除碳足迹外还显示其他环境因素（如水足迹），其评价方法基于 BPX30-323 标准——《多环境指标体系评价的一般准则与方法》，该标准规定环保标签的最佳实践和一般方法论。据易碳家了解，法国环境与能源管理署和法国标准化协会负责该标准的推行。[①] Casino Carbon Index 碳标签和 Environmental Index 均依据该标准。而 Bilan Carbone 碳标签依据 ISO 14040/14044 标准进行碳足迹评估。

二 美国碳标签制度及其保障机制

1. 美国碳标签制度的发展

美国的碳标签主要有四种类型。第一种为 2007 年由 Carbon Fund 公司推行的用于 Carbon Nature 碳中和标签——无碳认证标签（Carbon Free Label）。此标签主要用于对碳中和产品碳认证，表明公司在产品生产过程中，不会产生二氧化碳气体的承诺，但没有具体的二氧化碳数值。组织通过确定产品的碳足迹，尽可能地减少碳排放量，并通过第三方验证的碳减排项目抵消剩余排放量。第二种是 2007 年美国 Climate Conservancy 推行的气候意识碳标签

---

① 《探析国内外产品碳足迹评价与碳标签体系认证标准的政策历程》，碳排放交易官网，2013 年 2 月 18 日，http://www. tanpaifang. com/tanzuji/2013/0218/15289_2. html。

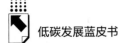

（Climate Conscious Label），公司开发此标签是为了提升消费者的低碳环保意识，对消费者的购买过程进行引导，旨在促使消费者选择低碳产品，从而达到低碳环保效果。第三种为2007年美国Timberland公司推出的私有碳标签——Timberland绿色指数。该公司是以户外运动产品为主营业务的公司。Green Index于2007年推出，计算范围涵盖产品原料到最终成品过程的温室气体排放。指标设定的环境影响数值范围为0~10，该指标设定的最低环境影响刻度为0，最高环境影响刻度为10，根据气候影响、化学品和资源的碳排放量平均值计算而得。2008年，Green Index就被用于全线户外产品，并在2012年底将该指标运用于该公司全部鞋款。第四种是2009年推行的美国公共碳标签计划——食品碳标签，主要应用于诸如一些保健品和经过认证的有机食品等食品行业，是由加利福尼亚州出台的"加州参议院标签法案"所提出，其目的在于提供更多的碳信息，引导消费者购买低碳产品。

2. 保障机制

第一大机制就是标准化机制。在测量标准方面，无碳认证标签的计量标准为GHG Protocol、PAS 2050和ISO 14044；气候意识碳标签数值由产品生命周期评价方法计算得到；食品碳标签标识数值也由LCA为基础计算得到；Timberland公司自设算法，Green Index指标设定的最低环境影响刻度为0，最高环境影响刻度为10，而环境影响的最终刻度值为气候影响值（Climate Impact，for shoe/10，score = 10 = 10）、化学品类值（Chemicals，0 uses = 0，1 = 2.5，2 = 5，3 = 7.5，4 = 10）和可持续物料比例值（Resources，wt of non-recycled，organic or renewable material/weight of shoe）的均值。[1]

第二大机制是政府政策。美国实施碳标签采取自下而上的推行政策，先由企业或者非营利组织自发推行碳标签制度，然后由国家层面出台相应政策来管理碳标签的实施。在产品类别方面，以B2C为主。在产品范围方面，

① 张露、郭晴：《碳标签推广的国际实践：逻辑依据与核心要素》，《宏观经济研究》2014年第8期。

无碳认证标签已认证产品有行动电话、组合地板、罐装饮料及咖啡豆等。

第三大机制是法律机制。美国的碳标签制度在立法层面上曾经处于空白的状态，幸运的是2009年通过了两部低碳法案：《低碳经济法案》《美国清洁能源与安全法案》，使得碳标签制度的实施有了法律的支撑。然而美国的碳标签制度并没有在全国范围内全面开展，只是在几个州推广实施，其中的代表就是加利福尼亚州，并且实施效果显著。美国根据不同的碳标签类型采用不同的计算方法和认证标准，主要包括PAS2050的国家标准、ISO14044以及GHG Protocol国际标准。

三　亚洲部分国家碳标签制度及其保障机制

（一）韩国碳标签制度及其保障机制

1. 韩国碳标签制度的开展

韩国碳标签制度由韩国环境部门主管，于2008年7月开始试运行，最初有10家公司参与由政府支持的碳标签试点项目，产品涵盖家用电器、饮料、食品、航空、家具等行业。2008年12月，韩国根据碳标签制度试行阶段的评价结果，于2009年2月正式推出韩国碳足迹标签CFP（Korea Carbon Footprint Label），由韩国环境产业技术研究院（KEITI，韩国环境部的附属机构）负责运行，此时，涉及约145种产品，其中非耐用类产品99种，非耗能耐用类产品13种，制造类产品10种，服务类7种，耗能耐用类产品16种。截至2017年底，已有285家公司的2438种产品获得认证。2021年，认证对象已涵盖办公用品、家具电器、建筑材料、汽车用品等165个产品类别，韩国碳足迹标签的增长速度超过任何其他亚洲国家的CFP标签。

CFP标签证书中包含整个生命周期温室气体的排放记录，包括制造、运输、分配、使用和处置。CFP系统由两个步骤组成：第一是获得碳足迹证书，第二是获得低碳产品证书。第一步，当计算产品全生命周期中的所有温室气体排放量时，向产品颁发碳足迹证书，全生命周期意味着"从摇篮到坟墓",包括原材料的获取、制造、运输、分销、使用和处置。第二步,获得第一步(碳足迹)证书的产品,如果产品的温室气体排放量减少且低于同类产品的平均排放量,或者产品达到温室气体减排目标,则颁发低碳产品证书,如图6所示。

图6 韩国碳足迹证书(左)与低碳产品证书(右)

资料来源:https://carbonfootprintinternational.com/republic-of-korea。

2. 保障机制

韩国碳标签制度的顺利启用并推广至越来越多的产品,分析其保障机制,主要由四个部分共同构成。

第一是政府的完备政策、激励措施和标签监督。首先,在政策制定方面,韩国 Eco-Product Institution 通过制定环保产品标准、构建评估系统、向公众提供环保产品和环境趋势信息,促进生产生态产品,构建生态产品消费体系。其次,在激励措施方面,消费者如果使用带有 CFP 标签的材料进行建筑,可以获得绿色建筑认证的加分;如果使用带有 CFP 标签的产品,消费者将被推荐给政府和公共组织的气候变化奖励系统,以此获得有关气候变化和温室气体的免费有用教育。最后,在标签监督方面,主要分为对认证产品的监督和对生态标签非法使用的调查。通过对生态标签的后续监督管理,向消费者提供适当的产品环保资料,巩固对生态标签计划的信任,并传播绿色消费文化,建立绿色消费和可持续生产消费体系。

第二是标准化机制。政府请第三方独立组织按其制定的以下标准对产品进行验证：一是 ISO 14040、ISO 14064、ISO 14025 标准，二是 PAS 2050 标准，三是韩国第三类环境声明标准，四是如 GHG 议定书等其他规范。

第三是非营利组织的推动。Eco-Product Institution 为非营利性组织，旨在通过生产与消费环保产品，促进社会的可持续发展。CooL（CO_2 Low）Label 就是由 Eco-Product Institution 推出的碳标签。此标签与 CFP 类似，也分为两种：首先，通过碳足迹分析的企业可以获得第一种标签，即以数值的形式标示产品温室气体排放量的标签；在获得第一种标签后，企业可确定产品的碳减排目标，当企业达成既定的碳减排目标时，可获得第二种标签，表明企业的产品的确为低碳产品。

第四是消费者需求的促进。随着消费端群体对低碳环保产品需求的日益提升，企业也会根据其喜好开发和生产环保产品，并在生产和消费污染较少的产品上贴上环保标签，消费者可以通过企业提供的产品环保信息来参加环保活动，这又反过来进一步促使企业根据消费者的生态产品偏好开发和生产生态产品。

在这四个方面的助力下，企业更愿转挑战为机遇，把碳标签等低碳行为视为符合政府发展规划、迎合消费群体、创造企业新增长点的重要战略措施之一。

（二）日本碳标签制度及其保障机制

1. 日本碳标签制度的开展

日本是继英国、欧盟、美国之后，较早实施碳标签制度的国家之一。2008 年 4 月，日本经济产业省（Ministry of Economy Trade and Industry，METI）成立碳足迹制度实用化、普及化推动研究会，同年 10 月，经济产业省发布自愿性碳标签试行建议，其主要负责方是日本政府经济产业省，由第三方机构负责监管和评定工作。随后，经济产业省公布碳标签准则 TSQ0010，确定较为科学的产品碳排放核算方法、碳标签适用产品及统一的碳标签图案等内容。2009 年，日本开始进行碳标签认证及推广工作，依据 TSQ0010 为 94 种不同的产品授予碳标签。2010 年 7 月，日本对碳标签试行

工作再次进行修订，依据产品种类规则（PCR）对产品碳排放的量化标准和标识做出一般性规定。日本碳标签制度的推广和普及，主要是由政府的行政部门发起，随后得到企业的支持和推广，政府和部门机构在碳标签制度的运行中起到决定性作用。2010年至今，Sapporo啤酒厂、Aeon超市、Lawson便利店以及松下电器等多家企业先后宣布加入碳标签计划，这些公司的产品需要经过碳足迹验证并且加贴碳标签之后才获准进入市场。2011年4月，日本农林水产省开始实施农产品碳标签制度，旨在鼓励生产和消费环保农产品。日本农林水产省网站设有根据农药、物资、电力等使用量计算二氧化碳排放量的系统，并针对大米、蔬菜等不同品种制定出标准排放量，用于指导生产。农林水产省还提供指南详细说明实施碳标签制度的具体方法。

日本碳足迹标签图案是一个厨房的天平，该标签详尽地标注产品生命周期中每一阶段碳足迹，表明产品碳排放量，主要涵盖食品、饮料、家用电器、日化用品等10个行业（见图7）。以马铃薯为例，从马铃薯的种植、加工、装配、运送到上架，甚至包装回收或者垃圾处理过程，每个环节产生的碳排量均清晰可见，让消费者了解商品对环境的影响程度，并在环保理念的驱动下购买低碳产品。此外，日本制定统一的碳标签制度，避免一些企业因竞争使用内部核算碳排放，导致较低的不准确的碳排放数据。

图7 日本碳标签图案

资料来源：http：//www.li-on.biz/? action＝Cms&n_id＝387。

日本政府认为，实现低碳社会需要国民对社会改造方向的理解、支持与参与。日本《低碳社会行动计划》指出，全球变暖是人类活动和消费行为所导致，实现低碳化社会需要全民参与。除在家电、汽车、住宅、办公大楼等领域开展节能"领跑者计划"外，日本率先在消费领域实施"碳足迹"制度，让消费者明晰产品温室气体排放量，实现产品全生命周期碳排放的可视化，为消费者选择低碳产品和服务提供依据。此外，日本政府大力宣传低碳环保，随处可见详细且实用的低碳宣传海报和指导手册，增强消费者的环保意识，同时提高对碳标签的认知。如朝日啤酒罐上印有低碳标签，消费者每消费一罐啤酒，酒厂需拿出 1 日元用于低碳社会教育。一项调查显示，有 90.1% 日本人认为应实现低碳社会，说明建设低碳社会的政策已深入人心。

2. 保障机制

日本政府为应对气候变化和减少温室气体的排放，积极倡导和引领碳标签制度的推行，制定碳标签相关的国家准则和产品规则，发挥关键性的作用。因此，政府低碳发展战略和规范性标准是日本碳标签制度的两大重要保障机制。

作为《京都议定书》诞生地，日本是较早实施低碳发展战略的主要发达国家之一。早在 1998 年，日本颁布《全球气候变暖对策推进法》；2004年，日本在"面向 2050 年的日本低碳社会情景"研究计划中，明确制定2050 年实现低碳社会的目标；2007 年开始推行碳税；2008 年 6 月，日本首相福田康夫以政府名义提出著名的"福田蓝图"，再次提出"低碳社会是日本发展的目标"，宣布日本 2050 年碳排放量将在 2020 年基础上减少30%~80%。随后发布并实施"低碳社会行动计划"，其内容之一就是量化产品碳排放，并在产品上贴碳标签，通过"可视化"方式向消费者明示产品整个生命周期的碳排放量，从而限制碳排放。2020 年 10 月，日本首相菅义伟在临时国会上宣布，日本力争 2050 年实现碳中和，"将以经济与环境的良性循环为成长战略的支柱，尽全力建成绿色社会"。2030 年计划实现碳排放总量较 2018 年减少 25%，即从 2018 年 10.6 亿吨降至 9.3 亿吨；

2050 年实现二氧化碳排放总量和吸收量相等，达到净零排放，实现碳中和目标。2020 年成立"实现脱碳社会国家与地方协调会"，由内阁官房长官任议长，相关政府机构大臣和地方政府负责人参与，旨在商讨制定大众生活和社会领域如何实现碳中和的路线图，以及中央政府与地方如何协调行动的方案。

日本根据 ISO 14044 编制并发布国家标准《日本温室气体排放评价指南》（TSQ0010：2009），为日本产品碳足迹量化评价与标识规定一般原则。该标准根据产品种类规则进行设计，即在一个已定的方法论内，对某一产品或产品类别的碳足迹计算规定特殊的规则和假定。标准 TSQ0010 较详细地阐述不同生命周期阶段应收集的原始活动数据和次级数据，以及不同阶段利用收集数据进行碳排放计算的公式。此外，明确提出排除（cutoff）原则，对于碳排放贡献率小于 1% 的过程或材料，如果数据无法获得可以忽略。这对于家用电器的碳足迹评价非常重要，因为家用电器是由数目众多（可达数百种）的零部件组成的，涉及的制造过程和原材料也众多，如果所有过程的数据都要收集，那此类碳足迹评价几乎无法完成。

四 澳大利亚碳标签制度及其保障机制

1. 澳大利亚碳标签制度的开展

1978 年，环保认证标志是从联合国内部名为"蓝色天使"的计划开始，为产品提供认证和发放环境标志的服务。澳大利亚鉴定产品环保性能的标签称为"良好环境选择"，如图 8 所示。"良好环境选择"标签意在为消费者提供清晰、科学的关于产品对于资源和环境的环保信息。生态标签指定机构为所有市场参与者提供环保认证服务，价格根据企业的承受能力而定。澳大利亚环保认证标志涵盖的服务业和产品非常广泛，涉及行政服务、清洁服务、信息技术、建筑涂料、农副产品、包装、生活以及办公用品等各个方面。先由申请者与非营利组织 GECA（Green Environmental Choice Australia）

联系选择适合其产品的环境标签，然后递交申请，申请资料包括产品的详细成分、原材料特性、市场受众以及产品样品和图样等，GECA 对这些资料进行保密。

图 8　澳大利亚碳标签图案

资料来源：https：//geca. eco/，https：//www. ipaustralia. gov. au。

澳大利亚于 2001 年通过"温室友好倡议"率先为希望提供碳中和产品的公司使用"碳补偿"产品碳标签（见图 8）。2010 年，国家碳抵消标准（National Carbon Offset Standard，NCOS）取代了"温室友好倡议"。国家碳抵消标准旨在为自愿碳市场提供一致性和信心，主要有两个功能：首先，它设定了计算、审核和抵消组织或产品的碳足迹以实现"碳中和"的最低要求；其次，它就什么是真正的、额外的自愿抵消提供了指导。

2. 保障机制

（1）标准化机制

澳大利亚的最低能源标准（Minimum Energy Performance Standards，MEPS）是一种能源使用效率的强制标准。在澳大利亚零售超市做过的类似试验结果显示，消费者在购买价位相同的产品时，更倾向于购买低碳足迹的商品。同时实验人员还在当地媒体加大了对于碳足迹和碳标签的宣传力度。在试验的 3 个月中，消费者对于低碳产品的消费有所增加。与此同时，消费者对于低碳商品的选择促进了商品的生产者在生产、加工、运输等各个环节中努力降低碳排放，即努力减少自身所生产商品的碳足迹，从而对节能减排起到良好而正向的激励作用。

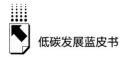

（2）健全法律法规

澳大利亚碳信用单位（Australian Carbon Credit Units，ACCU）立法通过，将针对某个设施的减排量发放的 ACCU 重新计入该设施的净排放量，从而确保不会多次计算减排量。如果设施使用 ACCU 作为保障机制下的抵消，设施的净排放量相应减少。

B.10
2021年跨国企业推行碳标签的举措及成效

王璟珉　刘玉玺　段瑞凤*

摘　要： 随着欧盟及北美国家先后制定了严格的碳关税制度，"碳标签"很可能成为全球商品贸易的通行证，因此，碳标签制度受到越来越多公司的重视，并为其碳标签方案的推出而积极布局。许多跨国公司已推出了完善的碳标签制度。本报告选取了四家国际知名的且在实施碳标签方案上比较成熟的跨国公司，包括依云、Quorn Foods、联合利华、利乐包装，通过搜索其集团官网，关注其最新动态，总结了四家跨国公司的企业简介、产品介绍、碳标签制度缘起以及碳标签方案推行效果，并且发现，四家跨国公司自实施碳标签制度以来，在降低企业碳排放、节约企业成本、助力企业可持续发展等方面效果显著。本报告通过研究以上优秀案例，希望能为我国企业推行碳标签方案提供借鉴。

关键词： 碳标签　碳排放　跨国企业

一　依云：达能公司饮用水产品碳中和与碳标签认证

（一）企业及产品介绍

1. 集团介绍

依云矿泉水公司由法国跨国公司达能集团（Danone）所有，为仅次于

---

* 王璟珉，工学博士、经济学博士后，山东财经大学教授、硕士生导师，研究方向为低碳经济与责任战略；刘玉玺、段瑞凤，山东财经大学工商管理学院硕士研究生，研究方向为绿色管理与责任战略。

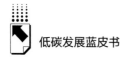

雀巢饮用水公司的销量世界第二的饮用水公司（以体积计算）。

2. 产品介绍

依云天然泉水来自世界上独一无二的地质遗迹——法国阿尔卑斯山的心脏地带。在超过 15 年的时间里，这种天然泉水在岩石间穿行，富含人体必需的矿物质。该品牌 25 年来一直致力于保护水源的自然环境，努力为后代保护依云天然泉水的卓越品质。

（二）企业采取碳标签制度缘起

2015 年，在联合国气候大会签署《巴黎协定》前，法国跨国公司达能集团就承诺到 2050 年实现全价值链的碳中和（Carbon Neutral）。作为在全球 140 多个市场拥有众多消费品牌的跨国公司，为实现这一目标，达能决定首先通过旗舰产品天然矿泉水品牌——依云来证明其气候决心和行动。达能承诺到 2020 年依云将在全球范围内实现碳中和。

（三）碳标签推行方案

1. 主要推行产品

为了减少碳排放，依云采取了各种努力措施，包括重视产品运输和包装（两者共占其碳排放总量的 80%）；在法国新建碳中和生产工厂；定下 2030 年前所有水瓶采用百分百可再生材料的目标，以及在优惠组合装中使用特殊黏合剂代替塑料薄膜来紧固水瓶。

2. 推行内容

依云为了实现碳中和，在产品全生命周期中采取以下三个关键步骤：测量自身排放量、减少浪费和排放、抵消其自身碳排放。

3. 实现步骤

（1）轻量化。依云改变了包装设计，使最终产品的重量更轻。这对其碳排放有重大影响。例如，依云 1.5L 规格的包装轻量化使瓶子的碳足迹在 1993~2018 年减少了 17%。

（2）使用可再生塑料（RPET）。与原始瓶子相比，这可以节省多达

50%的碳排放。为了减少碳排放，依云在过去10年中提高了其RPET使用率。在全球范围内，其30%的产品系列外包装现在由RPET制成，而一些瓶子现在百分百由RPET制成。

（3）装瓶场地使用可再生能源。依云于2017年在装瓶场地实现了碳中和，这是达能第一家生产工厂和法国最大的食品生产工厂实现该目标。这主要是投资2.8亿美元升级装瓶设施的结果，并可百分百地由可再生能源供电。2015~2019年，装瓶厂的碳足迹减少了90%。

（4）交通模式发生重大变化。大约50%的依云产品是从工厂直接通过火车运输的。例如，以运送到英国为例，火车的碳足迹现在比卡车低7倍。

（5）除了企业碳减排行动计划外，自2018年起，依云还与生计碳基金合作（Livelihoods Carbon Fund）在全球植树已达1.3亿棵，助力于保护和恢复水生态系统和当地社区，其中8500万棵是红树林，用于改善脆弱的沿海生态系统。这些树木吸收大气中的二氧化碳，由此产生的碳信用使依云在美国和加拿大的产品实现碳中和。未来几年，依云持续的减排行动，加上通过生计碳基金购买碳信用，将使其品牌在2020年前实现全球范围的碳中和。

（四）碳标签实施后的效果

2017~2018年，依云每升产品的总工业能耗已经减少了29%。依云位于法国埃维昂莱班（Évian-les-Bains）的改造装瓶厂，以及所有在北美地区销售的产品实现了碳中和。这是依云第一个实现碳中和的业务单元，已在2017年9月获得碳信托国际标准PAS 2060的碳中和认证，2020年4月，依云获得Carbon Trust全球碳中和认证。达能目前在美国和加拿大销售的依云瓶子上显示了碳信托足迹标签，以向客户展示其碳中和状态。

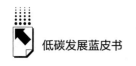

二　Quorn：英国大型食品公司产品碳标签之路

（一）企业及产品介绍

1. 企业介绍

Quorn Foods 成立于 1985 年，是世界领先的肉类替代产品制造商。该公司总部位于英国，隶属于菲律宾食品公司 Monde Nissin。Quorn Foods 将其一系列产品出口到全球市场，包括几个欧洲国家、美国、南非、菲律宾、泰国、澳大利亚和新西兰。自 2012 年以来，Quorn Foods 已将其每个工厂的碳足迹减少了 33%，并将其产品每吨用水量减少了 16%。此外，该公司 80%的包装是完全可回收的。该公司承诺到 2030 年在其自身业务中实现净零碳的临时目标，到 2050 年，在其整个供应链中实现净零排放。

2. 产品介绍

所有 Quorn 产品的主要成分是真菌蛋白，这是一种发酵的无肉超级蛋白，天然富含蛋白质和纤维，饱和脂肪含量低，使用的土地和用水量比生产动物蛋白减少 90%，产生的碳排放量比生产动物蛋白少 90%。

（二）企业采用碳标签制度缘起

Quorn Foods 的一系列产品为消费者提供了动物蛋白的替代品，生产动物蛋白替代品是因为 Quorn 认识到快速增长的客户群与环境问题息息相关。Quorn 一直在追求可持续性发展，这也是研发真菌蛋白的关键驱动因素。

为了展示其产品的环保依据，Quorn 于 2012 年首次与碳信托合作，根据标准 PAS 2050 独立认证其产品的碳足迹在减少。Quorn 通过在认证产品的包装上使用碳信托足迹标签，包括 Quorn 肉末和鸡肉风味的产品，它还在其网站上和可持续发展报告中展示了这些详细信息。同时，该公司希望了解其核心产品在全生命周期内与动物蛋白碳排放的比较情况，为此，碳信托独立验证了 Quorn 为其产品在世界不同地区所开发的碳排放足迹模型，使这些模型在与肉类的生命周期足迹进行比较时具备可信度，因此该公司声称 Quorn 的牛肉替代产品碳足迹可比牛肉低 13 倍、鸡肉替代产品可比鸡肉低 4 倍。Quorn 是世界上第一家通过碳信托实现快速发展并引入第三方碳足迹认证的无肉食品制造商，是第一家通过"碳信托气候领导力框架"的食品制造商，以帮助 Quorn 确定实现净零排放的路线图。

（三）碳标签推行方案

1. 主要推行产品

Quorn 的碳足迹标签出现在一些英国最受欢迎的食品中，包括 Quorn 薄荷、Quorn 脆金块和 Quorn 香肠，以及 2019 年推出的创新产品，如 Quorn 无鱼圆角、Quorn 终极汉堡和 Quorn Wonder 谷物。Quorn 所有的产品都在英国生产。

2. 推行内容

Quorn 正在为其前 30 名销售产品引入碳足迹数据。新的标签将更好地让人们了解他们购买的食品对环境和气候变化的影响。由碳信托认证的"从农场到商店"的碳足迹数据将提供给其顶级销售商，这些销售商拥有其产品总量的 60%。碳足迹数据最初可在 Quorn 网站上获得，但从 2020 年开始已标注在产品包装上。

3. 实现步骤

新标签将在"农场购物"的基础上提供碳排放数据，并将于 2021 年在公司 60% 的产品上按数量推广。在新标签推出期间，Quorn Foods 在其网站上发布了 30 种产品的碳足迹信息。

为了确保数据的准确性，Quorn 食品公司正在从碳信托公司确定第三方验证。Quorn 和碳信托多年来一直在合作研究 Myco 蛋白与牛肉相比的气候益处，Quorn 成为第一家签署"碳信托气候领导力框架"的主要食品制造商。该框架旨在帮助企业制定路线图，使之符合或尽可能于法定期限前实现净零排放。

（四）碳标签实施后的效果

仅 2018 年，Quorn Foods 的产品就比肉类同类产品节省了 200000 吨二氧化碳，而所有 Quorn 产品中独特的肌蛋白的温室气体影响比牛肉低 90%。

通过将重点放在减少其产品的排放上，Quorn 成功地将业务增长与排放脱钩，在 2012~2017 年实现每吨产品 26% 的减排，尽管同期产量增加了约 30000 吨。产品足迹也有助于确定 Quorn 供应链中温室气体排放较多的区域，这使得该公司能够采取措施，更有效地与供应商接洽，并在其运营控制之外减少排放。

三 联合利华：超7万种产品的碳标签实践

（一）企业及产品介绍

1. 企业介绍

联合利华集团是继雀巢和宝洁之后全球最大的快速消费品行业领先企业之一，目前拥有 400 多个品牌，在 190 多个国家和地区畅销，涉及食品和家庭用品、个人护理两大领域。每天有来自全球各地的 25 亿消费者使用其产品，2020 年创造 510 亿欧元的营业收入，成为一家名副其实的全球性公司。2021 年，联合利华跻身《财富》世界 500 强排行榜第 175 位。

一百多年以来，联合利华坚持企业集中化、产品集中化和品牌集中化的发展战略，肩负让可持续生活常态化的使命，坚信使命带领品牌发展、引领公司永续和引导人们成长的驱动，成为全球可持续发展商业领导者。凭借已完成的十年可持续行动计划积累的经验，联合利华企业正联合供应商、客户和消费者为应对气候变化和开创美好未来共同行动。

2. 产品介绍

联合利华产品涵盖食品、个人洗护和家庭护理领域的 14 个品类，拥有 400 多个品牌，是全球最大的冰激凌、茶饮料、人造奶油和调味品生产商之一，也是全球最大的洗涤、洁肤和护发产品生产商之一。秉持健康、营养丰富、可持续的理念，生产低脂低糖并且含有必要营养物质的食品，结合当地消费者的需求偏好不断创新食品口味和包装。主要有和路雪、立顿、家乐、Becel 等食品品牌，其中家乐是最大的食品品牌，涵盖汤类、肉羹类、调味品、面条和现成膳食产品。联合利华的个人洗护和家庭护理类产品销售覆盖全球的绝大多数国家和地区，成为市场的主导者和部分品类的领头羊。使用更加清洁环保的化学原料生产性能和性价比高的产品，创造一个干净、清洁的未来。个人洗护品牌主要有多芬、力士、旁氏、清扬、Axe、凡士林等，家庭护理品牌主要有金纺、奥妙、cif 等。

（二）企业采取碳标签制度缘起

为应对气候变化，作为利益相关方的企业应当树立可持续发展战略并积极地采取各种减排行动。联合利华制定 2030 年实现企业自身碳中和、2039年实现整个价值链净零排放的低碳发展目标。碳标签的实施将有助于企业实现减排目标，通过对产品原料、制造、包装运输、回收等全生命周期碳足迹的核算，清晰地了解各个环节产生的二氧化碳量并有针对性地制定合理的减排策略，同时有助于碳减排技术的研发和推广，实现自身碳中和发展战略。从供应链角度出发，带动上游生产商和下游供应商的碳减排活动，促使价值链实现碳中和。联合利华以公平、包容和多元化为原则建立的友好合作的供应链将成为实现碳标签的关键因素。此外，在消费者层面，年轻消费者因较高的受教育水平对气候变化的认知水平高，更加关注气候变化影响。碳标签的推行便于消费者了解产品碳足迹，对比不同产品对环境的影响，改变购买决策，使其选择环境友好型产品。

（三）碳标签推行方案

2020 年 6 月，联合利华宣布预计将在未来的 2~5 年内为其生产的75000 种产品添加碳标签，该碳标签将显示制造和运输过程中温室气体的排放量，推动消费者进行绿色消费。

2021 年中，联合利华计划未来 6 个月内测量 30000 种产品的碳足迹，涉及产品的生产、加工、包装、运输和冷藏等一系列过程。联合利华表示，将使用已获批准的实际排放数据库中的工业碳排放平均值和产品现有的碳排放测量值来确定产品的碳足迹，该碳标签的准确率约为 85%。关于采取何种形式的碳标签还存在争议，一是采用二氧化碳当量的精确值表达方式，但消费者理解可能存在困难；二是采取简单直观的"交通信号灯系统"的方式，类似于在欧洲气候基金会倡议下推行的生态评分标签。

2021 年底，联合利华在美国和欧洲开展部分产品的碳标签试点，多芬保湿霜、立顿茶、Q Tips、Hellmann 蛋黄酱、Marmite 和 Magnum 冰激凌等产品将贴上碳标签，促进消费者进行绿色消费。先在一定范围内开展碳标签试点，并逐步扩展到联合利华产品畅销的所有国家。

（四）碳标签实施后的效果

碳标签制度将有助于企业实现 2030 年自身碳中和和 2039 年价值链净零排放的目标，进一步促进企业的可持续发展。同时，树立良好的企业形象，加强品牌市场地位。而且可能将迫使竞争对手采取碳标签行动，促进食品碳标签标准的统一和推广。

四 利乐包装：创造碳中和的食品包装

（一）企业及产品介绍

1. 企业介绍

瑞典利乐公司是为全球牛奶、果汁、饮料等液态食品提供产品包装系统的大型供货商之一。目前，在全球范围内拥有 48 家包装材料厂和 12 家包装机器装配厂，共 60 家公司，为食品生产商提供产品的加工、包装及包装设计、分销服务的国际性公司。利乐公司在生产过程中坚持"4R"原则，即原料可再生、设计减量化、包装可回收利用以及对环境和社会的责任感，实现企业的可持续发展。2020 年，利乐公司制定 2030 年实现运营中的净零排放，2050 年实现整个价值链净零排放的战略目标，推动可持续发展的进程。

2. 产品介绍

利乐无菌包装是由纸、聚乙烯塑料和铝箔组合而成的六层复合纸包装，能有效隔绝空气和光线，延长产品的保质期避免产品的浪费，同时制造、运输和存储无须冷藏，有利于节能减排。利乐公司针对饮品包装的性能、外观、容量、成本等不同，推出不同类型的纸包装以满足顾客差异化的需求。包装主要分为常温类纸包装和冷藏类纸包装，常温类纸包装有利乐传统包、利乐无菌砖、利乐无菌枕以及利乐威无菌包；冷藏类纸包装有利乐砖、利乐冠和利乐皇三种。相较于常温型，冷藏型纸包装适用于储存条件更高的产品。

（二）企业采取碳标签制度缘起

为应对气候变化，各个国家政府和行业正按照 IPCC 设定的全球平均气温升高 1.5 摄氏度目标而积极采取碳减排措施。全球食品供应价值链占全球温室气体排放总量的近 1/3，农业、食品的加工分销产生了巨大的碳足迹。利乐公司希望通过改善产品包装和加工设备等减少企业碳足迹，创造一个更加可持续发展的未来。

利乐公司在减少温室气体排放方面具有悠久的历史。自 1999 年以来，利乐收集企业有关能源使用和温室气体碳排放的年数据，采取 Sphera 公司的领先温室气体管理方法。2005 年至今，每年制定气候目标。2020 年，实现温室气体减排量比 2010 年减少 19%。利乐把环保绩效看作企业绩效的重要组成部分，采取各种措施致力于包装的可再生和减少环境污染，承担对社会公众和自然环境的企业责任。

（三）碳标签推行方案

1. 主要推行产品

为减少碳排放，利乐公司主要推行的产品有可再生植物基包装纸、纸质

吸管、可回收纸箱等。

2. 推行内容

为实现 2030 年企业自身运营的净零排放和 2050 年整个价值链的净零排放目标，利乐主要从以下几个方面推进：优化包装设计减少食物浪费，寻找可再生环保包装材料，减少能源消耗并提高能源效率，安装太阳能光伏发电实现可再生能源发电，纸质包装回收循环利用，加强供应链合作共同减排等。

3. 实现步骤

（1）碳足迹计算方法改进。2018 年起，利乐与碳信托进行了密切合作。利乐公司曾自主研发了一款纸包装碳排放计算器，计算纸包装在原料获取、生产制造过程中的碳足迹，并由碳信托认证其符合国际标准 PAS 2050、ISO 14044 和 ISO 14067。不同的包装表示商品产生不同的温室气体排放量，消费者通过了解外包装的差异性选择购买环境友好型产品。利乐获得在合格的包装上使用 Carbon Trust 标签的权利。此外，还有 FSC™ 和 Bonsucro 认证等环境标签。开展生命周期评价（LCA），用于评估产品从原材料的提取到加工、制造、分销和回收处理整个生命周期的所有阶段对环境产生的影响，该方法的使用可以追溯到 20 世纪 80 年代中期。

（2）包装材料改进。利乐公司的利乐皇®包装是世界上第一款完全可再生的饮料纸盒包装，全部使用可再生、可循环利于和可追溯的生物基材料，来自具有 FSC™ 认证制版和 Bonsucro 认证的蔗糖聚合物。根据国际标准 PAS 2060，该包装已被认证为碳中和包装。通过提高能源效率和减少产品生命周期的碳排放以降低温室气体排放量，通过生物质等可再生能源项目的投资抵消碳排放从而实现碳中和的目标。投资的碳抵消项目有巴西 Ceara 可再生能源生物质项目、柬埔寨滤水器项目等。

（3）包装设备创新。2020 年，收购 COMET 公司的 eBeam 设备，保证达到相同灭菌效果的同时替代过氧化氢灭菌，生产过程中减少大约 1/3 的能源消耗。同时，简化的回收过程也在一定程度上减少了水资源和包装的浪费，减少 31% 的能源消耗、56% 的水资源消耗和 66% 的总碳足迹。利乐还采用 AirTight 和 Encapt^TM 技术的分离机设备，提高运行效率的同时减少大约 40%的能源消耗。最新的节能创新项目是用于冷乳液分离的设备，与基准相比，每批次能源消耗减少 21%，每千克产品温室气体排放量减少 45%。

（4）可再生能源的使用。为了减少能耗和自身运营的碳足迹，自 2016 年起发展可再生能源电力，迄今为止已安装大约 3.5 兆瓦的太阳能光伏。2020 年可再生能源的使用率高达 83%，为实现 2030 年可再生能源发电 100%的目标更近一步。

（5）构建包装回收价值链。与客户、回收商、废物管理公司和当地政府合作，增加纸箱包装回收设施，进行包装纸箱的回收和循环利用。积极响应新塑料经济，推出纸质吸管代替塑料吸管，扩大生产规模满足全球的需求。通过可回收的可再生材料、简化材料结构和增加纸基的方式研发可持续的食品包装，最大限度地减少对化石能源的依赖，用可再生能源代替化石能源。

（四）碳标签实施后的效果

2020 年，因应对气候变化行动和森林管理的突出贡献，利乐得到 CDP 双"A"评分，并且成为包装行业唯一连续五年进入 CDP 领导层的公司。此外，每年定期进行碳排放计算，可以提高企业的环境透明度，促进企业可持续发展目标的达成。2020 年，利乐成为第一个获得碳信托授予的碳中和标签的包装公司，通过采用无菌可再生包装和创新低能耗包装设备减少包装过程中产生的温室气体排放量。2020 年，销售 135 亿件植物基包装产品和 75 亿个植物基瓶盖，给消费者提供更多环保产品的选择，减少个体碳足迹。

案 例 篇

Case Reports

B.11
企业碳标签推行优秀案例

邬彩霞*

摘　要： 绿色标识作为践行低碳发展的重要载体，正在引起国际社会的广泛关注。碳标签是对人为活动直接或间接产生的温室气体进行量化及评估，并以标签的形式告知消费者产品的碳信息，形成集数据与管理于一体的综合指标评价体系。目前，全球已有多个国家的政府部门和行业协会开始探索产品碳标签、企业碳标签的推广活动，多维度搭建企业绿色信用体系，充分发挥微观主体在全球碳减排行动中的积极作用。随着"碳标签"热度增加，越来越多的企业肩负起社会责任，积极推动产业低碳转型，致力于减少产品生产过程中的排放量，涌现出一批企业推行碳标签的优秀行业案例。

关键词： 碳标签　电子电器　机械制造　生态环保

* 邬彩霞，经济学博士，山东财经大学教授、硕士生导师，研究方向为低碳经济、环境与贸易政策等。

一 电器电子行业企业碳标签典型案例

（一）向"碳"而行——TCL 的碳标签之路

"双碳"目标背景下，TCL 王牌电器（惠州）有限公司以实际行动，积极支持国家战略，在不断提升产品质量的同时，全面推动低碳绿色发展。在 2021 年 7 月召开的第四届中国低碳之路高峰论坛上，中国电子节能技术协会向 TCL 王牌颁发了中国电器电子产品国内首张"碳标签评价证书"，TCL 也成为中国第一个电器电子产品（电视机）"碳标签"评价获证企业。TCL 是中国电器电子产品低碳认证管理及电器电子行业"碳标签"的先行者及践行者。

1. 企业信息

TCL 王牌电器（惠州）有限公司成立于 1994 年 9 月，是 TCL 实业控股股份有限公司、TCL 电子控股有限公司（前 TCL 多媒体）全资子公司，主要生产 19″–110″ 的 LCD 液晶彩电及相关组件，是国内唯一具备"液晶面板+模具+PCBA+注塑+模组+整机"一体化的科技企业。企业具有国内、外授权的认证检测资质实验室，拥有 18 条整机总装线、10 条 PCBA 线、9 条模组生产线，年产模组 1600 万台、整机 2000 万台；25 条 SMT 生产线，每天产能 2500 万点；注塑机年产能 2250 万件；制造流程中拥有一流自动化设备和先进绿色环保制造工艺，均处于世界领先水平。

随着中国"双碳"目标的确立，近年来 TCL 王牌公司积极以"用户满意"为中心响应客户、政府机构和社区等要求，全面开展节能减排、绿色环保和低碳制造/工厂/产品及社会责任等可持续发展项目，获得绿色供应链示范、绿色工厂、绿色设计产品等多项低碳绿色环保荣誉和资质。同时，作为创新型科技制造企业，在不断提升产品质量的同时，始终注重低碳绿色环保经济发展。2021 年 7 月，TCL 王牌获得国内首张电器电子产品"碳标签评价书"，成为中国第一个电器电子产品（电视机）"碳标签"评价获证企业。为助推中国电器电子低碳科技创新发展，助力"双碳"目标在电器电子行业加速实现，TCL公司勇于承担绿色企业社会责任，不断规范探索，引领探索从低碳绿色环保产品落实到碳标签产品，接受社会及用户监督，努力成为中国电器电子行业"双碳响应气候变化的先行者"。

2. 企业推行碳标签的历程及实施现状

TCL响应国家号召，坚持低碳绿色环保战略。TCL王牌属于制造业，在TCL低碳绿色环保战略引导下，重点通过生产过程减排，提供高可靠性产品、高效技术等节能降耗的方式和方法，推进TCL王牌生产低碳绿色环保产品。作为中国电器电子制造行业龙头企业，已明确"低碳、绿色设计制造是TCL发展的重要战略"，TCL充分进行转型风险与机遇分析，着眼未来，识别短期的成本增加风险和长期机会。低碳绿色环保战略不仅是作为TCL大国品牌承担绿色社会责任的担当，同时也会给公司带来TCL品牌提升、低碳节能产品口碑和销量增加，并获得量利双收等财务效益。

TCL承接低碳绿色环保的使命，努力成为中国"碳标签"体系的践行者。积极参与中国标准化研究院、中国电子技术标准化研究院、中国碳博会、工信部低碳技术创新联盟、工业固体废弃物产学研合作联盟等碳研究国内外平台组织的"碳标签""碳中和"研讨与实践；积极参与气候变化政策研究、"碳标签"等低碳绿色环保标准制定、相应技术评估推广及低碳领域的相关实践和企业低碳发展国内外合作等项目。

3. 企业碳标签的典型特点

（1）全面系统的低碳发展规划

TCL"双碳"规划将分四步走。第一步，进行产品"碳足迹"核算。核算范围涵盖"从摇篮到坟墓"（即从取得原材料，经生产、使用直至废弃的整个过程）和部分"从摇篮到大门"（即从原材料开采到制造成产品的过程）已基本完成。启动设定科学碳目标，升级企业碳管理策略。第二步，实现产品"碳标签"。已开始着手"碳标签"首批试点，有10款产品获得"碳标签"，这些体现产品"碳足迹"水平的标签将成为"低碳产品"的身份标识。第三步，碳中和。预期用3~5年时间，通过节能减排、"碳汇"、植树造林等形式抵消自己产生的温室气体排放量，实现正负抵消，达到相对零排放。第四步，通过碳中和技术研发和应用，预期用 3~5 年实现零碳产品，同时将"碳资产"通过"碳交易"给公司带来"真金白银"的经营效益。"碳交易"的意思是如果企业低碳环保做得好，是可以交易剩余"碳资产"而获得巨大经济收益的。例如特斯拉 2020 年首次获得盈利 7.21 亿美元，这不是销售电动汽车的利润，盈利的主要原因是 2020 年特斯拉出售"碳排放额度"获得了 16 亿美元，实际上卖车还是处于亏损状态。目前，全美国有 11 个州要求汽车制造商在 2025 年前需要销售一定比例的零排放汽车，如果这些公司做不到，就必须从其他符合这些要求的汽车制造商那里购买碳排放额度，特斯拉就是最大受益者之一。

（2）完善的循环管控体系

TCL 王牌紧紧围绕制造低碳绿色环保产品、绿色环保设计的核心，形成从绿色运营→绿色生产→绿色产品→绿色回收的循环管控体系。公司在 QEHS 等体系方针指导下明确公司的低碳绿色环保发展战略方针，并依据 QC080000、ISO 14001、ISO 50001、ISO 14064 等标准要求在绿色工厂、绿色设计、绿色供应链、清洁生产中进行标准、流程的践行，公司相继通过了 ISO 9001、QC080000、ISO 14001、ISO 45001 和 ISO 50001、ISO 14064 等 14 个标准体系管理认证。

TCL 王牌积极主动由"被减排"走向"自觉减排"，并开展组织温室气体核查工作，已经系统地建立组织的碳核查体系。2018 年开始依据 ISO 14064 温室气体管理体系标准，每年对公司的年度温室气体排放量进行核算，并输出年度温室气体排放量报告，建立 ISO 14064 温室气体管理体系，并通过了 SGS 第三方机构碳足迹量化与核查认证。

TCL 王牌低碳绿色环保生态设计系统，通过新产品预演、规划、研发、专题技改及绿色制造项目等一系列措施的有效推进，开展产品绿色环保低碳设计，形成产品绿色设计系统方案，拥有开展产品生命周期评价的基础能力，并能够根据评价结果进行产品优化和改进，提升绿色环保产品品质、提升生产效率，降低产品成本及对资源、能源的消耗，对绿色环保产品进行全

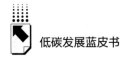

生命周期的系统管控，从而提升企业的经营能力及社会形象。低碳绿色环保生态设计涵盖从原材料获取→生产运输→安装使用→废弃处理的全生命周期绿色生态设计。

4.经验总结

产品绿色设计重点考量减少原材料和使用可再生材料、减少能源及资源消耗、提升能源及资源效率以及再利用和再循环四个维度，以此更好地推进绿色环保，实现低碳设计。

TCL王牌"碳标签"按照"一品一签"规划，2019～2021年公司共申报65V2D、49C6、55D8等30款绿色设计产品并通过工信部审核及公示。

（1）TCL王牌液晶电视66.7%产品能效等级为2级，被动待机功率小于0.5W。

（2）工业可回收材料含量为大于80%，消费后回收材料含量大于15%，可生物降解材料含量大于11%；材料的回收再利用率大于75%，再利用循环率大于65%；塑胶料和包装材料中再生材料的含量均大于80%。达到了中国、欧盟WEEE指令的回收率指标。

（3）TCL环保要求100%符合欧盟及中国RoHS、REACH、CA65等国内外环保法律法规要求。检测产品（包括其包装材料）中铅、汞、镉、六价铬、多溴联苯、多溴二苯醚的含量满足GB/T26572规定的限量要求。

（4）液晶电视机（65V2D为例）产品为绿色设计产品，其生命周期评估累积贡献碳排放994kgCO$_2$e、单位碳排放868kgCO$_2$e/m^2。

TCL王牌积极响应客户、政府机构、社区等低碳要求，全面开展节能减排、绿色环保制造和低碳工厂/低碳产品，勇于承担社会责任，并获得众多荣誉：2016年获得中国工信部公布的第一批绿色制造体系建设示范单位，2017年获得推动行业绿色发展先进单位，2018年获得国家八部委批准第一批供应链创新与应用试点企业，2019年获得沃尔玛Gigaton Project"十亿吨全球温室气体减排项目"、沃尔玛可持续发展"Giga-Guru奖"（TCL王牌是13家获奖单位中唯一一家电制造企业），2021年获得电视行业的首批"碳标签"认证。

（二）LED 灯照亮低碳未来——明朔科技的碳标签之路

我国石墨烯应用产业的发展对推进节能照明产品的低碳发展具有非常重要的意义。2018 年 8 月，在中国电子节能技术协会低碳专业委员会举办的《中国电器电子产品碳标签》团体标准的启动会上，湖州明朔光电科技有限公司被授予"碳标签"团体标准的工作组副组长单位。此后，明朔科技率先发起大功率 LED 道路照明领域的"碳标签"标准起草工作，并基于明朔石墨烯散热技术在大功率 LED 的创新性应用，积极发挥在大功率 LED 道路照明领域的技术优势，为国家节能环保积极贡献企业力量。

1. 企业信息

湖州明朔光电科技有限公司是一家以 RLCP 型石墨烯复合材料为核心技术，专业提供大功率 LED 照明设备及照明综合解决方案，以及石墨烯复合材料在其他领域应用的高新技术企业。公司总部基地位于浙江省南浔高新技术产业园区，属于"南太湖精英计划"引进项目，拥有明朔（北京）贸易有限公司、唐山明朔电子科技有限公司、湖州名望照明科技有限公司三家全资子公司。

公司依托强大的新材料研究能力，与北京理工大学和浙江大学的产学研一体化战略合作，在绿色照明和城市大数据运营的硬件上成为行业领军企业。依托新材料发明专利 RLCP 型石墨烯复合材料，专业提供节能环保的大功率 LED 照明设备及照明综合解决方案，打造智能制造 C2M，高度定制化的高新技术工厂成为城市基础设施大数据运营服务的硬件平台和未来城市的数据节点解决方案提供商。

新材料、绿色照明、城市数据运营平台是公司发展持续追求的核心竞争力。科技、品质、便利、节能是公司所有产品和服务的基本要求。明朔人致力于成为石墨烯复合材料应用领域的实干者、节能环保产业的守路者、大数据运营行业的布道者、未来城市的创领者。

2. 企业推行碳标签的历程及实施现状

2018 年 8 月，在中国电子节能技术协会举办的《中国电器电子产品碳标签评价规范》团体标准的启动会暨研讨会中，明朔科技作为标准起草工作组副组长单位应邀出席会议，并成为"碳标签"团体标准的工作组副组长单位，承载行业赋予的认可与使命。近年来，明朔科技致力于节能低碳技术的发展，基于明朔石墨烯散热技术在大功率 LED 的创新性应用，在大功率 LED 道路照明领域具有明显的技术优势，为国家节能环保做出很大贡献。同时，为进一步规范大功率 LED 道路照明行业在节能减排方面的标准化发展，推广低碳环保产品在行业内的应用，明朔科技作为行业技术领导者，作为"碳标签"团体标准的工作组副组长单位，率先发起大功率 LED 道路照明领域的"碳标签"标准起草。

全球气候变暖越来越威胁到人类社会的可持续发展，积极应对气候变暖问题和发展低碳经济成为世界各国的共识，近年来，西方各国相关组织都已经制定或正在制定碳标签的评审标准。碳标签标准的制定可以使公司、客户和其他利益相关方在第一时间采取对于环境有益的恰当决策。碳标签标准制定后，在企业展开认证，在行业内树立产品碳标签的标杆，鼓励低碳消费，打造绿色产业链。明朔科技致力于节能环保，积极推进碳标签标准落地执行，引导行业绿色发展，逐步实现环境可持续发展。

3. 企业碳标签的典型特点

（1）路灯改造

湖州明朔光电科技有限公司早在 2017 年就对一些路段开始改造，通过石墨烯复合散热材料的作用，大大减小了模组的体积及重量，更适合保留原有钠灯灯壳进行无损改造，只需拆卸灯壳中的反光罩和变压器即可，将石墨烯模组放入原有灯壳内，有效地利用原有灯壳资源，拆卸下的部件能回收及利用，获得石墨烯联盟（CGIA）颁发的"2017 石墨烯产业典型应用示范工程"。

典型项目 1——明朔科技助力沂源县提升城市管理精细化水平。

2019 年 1 月，山东省沂源县与明朔科技签订《能源托管合同》，由明朔科技负责对沂源县主城区和经开区下辖的所有路灯采用"石墨烯 LED 路灯""石墨烯风语智慧路灯"进行升级改造，共计 5000 余套。2019 年 6 月份完成主城区和经开区的路灯改造，经过两年半的运维，明朔科技的石墨烯路灯为沂源县的城市管理精细化水平提供了新思路，并得到了淄博市委全面深化改革委员会办公室的大力表扬。

典型项目2——牡丹江经开区大型EMC项目。

该项目首批对江南新城八面通街以南区域，宁古塔街、兴凯湖路等20多条干道的钠灯进行了节能改造，在不更换原有钠灯灯壳的情况下，将3500多盏高压钠灯全部更换为明朔科技1900K色温的石墨烯LED路灯，既保留了原有灯具造型的美观又提升了城市夜晚照明质量。与传统钠灯相比，石墨烯散热LED路灯更加节能、环保，综合节电率高达60%以上，使政府公共电费支出大幅减少。这是牡丹江市首个"政企合作"的石墨烯散热LED路灯节能改造项目，最大的好处就是节能减排。路灯的日常管理和维护工作全部由明朔科技负责，政府不需要"拿一分钱，出一份力"便能让城市的路灯高效亮起。

典型项目3——北京通州区28条道路首亮石墨烯路灯。

通州区项目累计改造路灯灯壳超过10种，模组超过16000个，总功率超过100万瓦，光效达到135LM/W以上。由于石墨烯在导热等性能上更好，相比普通LED路灯节省了不少散热面积，因此比以往的LED路灯可节能20%~30%，比普通的钠灯更是可以节能70%。这在节能减排和降低雾霾等方面有着卓越的贡献。

（2）产品优势

明朔科技石墨烯散热的创新解决方案可通过石墨烯散热技术，提升系统散热效率，有效地降低光源的芯片温度及胶面温度，从而提高效能，降低光衰，保证产品寿命；通过多颗COB+多自由曲面复合式结构透镜的方式可进一步提升散热效率，提高效能，降低透镜表面亮度，减小散热器体积；通过对玻璃透镜光学设计的不断优化及创新性尝试，在满足相关国内、国际标准的前提下，可进一步提高配光效率及光品质；根据COB光源的特性及应用匹配特性，从发光效能、光学配光匹配、散热方式匹配等角度出发，定制相关COB光源的原材料及封装形式，进一步发挥产品的优势特性。

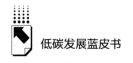

典型项目 4——明朔"空中路长"助力南浔大桥亮灯通车。

2020 年一季度前，新建的"三高"连接线将完成安装 110 余台智慧灯头，通过全路段的道路视频大数据收集分析，实现 7×24h 道路、车辆、人员状态及行为的识别管控，城市管理者正通过科技与现代化管理手段确保人们能够以最快、最节能、最安全的方式出行。南浔大桥项目共部署 200 余盏明朔科技石墨烯散热 LED 模组路灯，此外在浙江省首个道路交通 PPP 项目"三高"连接线上近 900 盏路灯也采用了该款路灯，现已全线亮灯，亮度高、照度均匀，为人们夜间行驶提供充分的安全保障，相比传统钠灯节能率高达 70% 以上，每年将为政府节电 72.3 万度，二氧化碳减排 721 吨。该款产品利用石墨烯复合材料散热技术，实现强散热、高光效、长寿命等突出性能，属行业领先。

（3）模组结构

明朔科技石墨烯散热的创新解决方案可通过石墨烯散热技术及散热器的结构设计，提升系统散热效率，有效地降低光源的芯片温度及胶面温度，从而大大减小了散热器的体积及重量，以模组的形式进行更换，使安装和后期维护更加方便省时。明朔科技石墨烯复合散热材料的作用，分别从提高热传导、储热均温、增强热辐射散热三个方面综合提升散热效率 30% 以上，同时结合专业的散热器结构设计，系统性解决 COB 光源热密度集中的问题，从而发挥 COB 光源的优势特性，保证使用寿命的同时，大幅提升产品性能。

4. 经验总结

明朔科技注重产品生产周期每个环节的低碳控制，从原材料选择、生产制造、使用维护到回收处置覆盖产品生命全周期。

（三）经验总结与展望

1. 主要经验

（1）原材料选择低碳环保、高品质、长寿命且具循环利用的原始器件。

（2）与浙江大学共建石墨烯智能工厂，定制化柔性生产线最大限度解放劳动力，快速响应市场定制化需求。

（3）使用阶段的节能低碳，以及可替换式的安装维护方式，不仅提高原有灯壳的利用率，而且降低置换成本。

（4）产品大部分部件具备循环利用条件。

2. 未来展望

基于全球气候变暖及环境恶化的大背景，普及低碳技术以及低碳产品的使用已经是大势所趋。碳标签制度的产品覆盖范围不尽相同，而电器电子行业是各国实施碳标签制度的重点领域。继 LED 照明产品成为全国首个碳标签产品以后，碳标签在电器电子产品中得到迅速推广，该行业也为碳标签标准体系建设、推广碳标签走进企业和消费者起到了不容置疑的引领作用。

TCL 王牌公司在全球领先之道在于：以低碳绿色环保战略为牵引，明确低碳绿色环保后继行动计划，逐渐建立符合气候科学的碳减排目标，获得竞争优势；将科学碳目标作为企业韧性经营计划的一部分，以实施企业低碳转型和推动落实宏大的应对气候变化措施；科学节能、减排降耗和绿色低碳，通过 ISO 14064：2018 版的认证；绿色低碳的节能电视产品提升到 90% 以上；绿色低碳举措逐渐推广到 TCL 电子空调、冰箱、洗衣机和健康电器等产品上；主导和参与电器电子行业组织碳核查规范、电器电子企业碳标签评价要求等低碳绿色环保的标准制定。TCL 电视产品荣获中国首张"碳标签评价证书"也更加表明了 TCL 对低碳绿色环保发展的高度重视，彰显了TCL 在电器电子产品行业的大国品牌竞争力。

我国石墨烯应用产业及其低碳贡献在于：明朔科技石墨烯散热 LED 照明产品及智慧灯头系列产品实现全生命周期的低碳足迹，将大力推进节能照明产品的重要性与紧迫性。目前，我国仍有约 2500 万盏的高压钠灯存量，市场占有率约 50%，光效低、耗能高，年耗电量约 502 亿度，年二氧化碳排放量高达 3916 万吨。明朔科技致力于节能低碳技术的发展，基于石墨烯散热技术在大功率 LED 的创新性应用，着力推广石墨烯新材料 LED 路灯节能产品。石墨烯散热 LED 路灯较传统钠灯节能率高达 70%，较普通矩阵式LED 路灯节能 20% 以上。同时集低碳、智慧、互联于一身，依托"风语"智慧灯头，集视频监控、IP 语音广播、物联网网关及 AP 无线 WiFi 于一身，

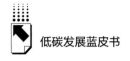

大幅降低智慧城市基础设施建设成本、城市大数据采集及运维管理成本等，进一步促进节能低碳。节能亮化城市之美，低碳共享智慧之城。

电器电子行业作为碳标签实践的沃土，充分发挥先行示范的优势。截至2019年9月，中国低碳委联合各方共发布六项关于电器电子的团体标准，未来，碳标签认证将从原有的电器电子产品扩展延伸到其他行业，如交通、纺织、美妆、食品等，实现日常生活中的每一类产品都能对应一张碳标签。

二 机械设备行业典型案例

（一）鹏鹞环保碳标签之路

"双碳"目标背景下，鹏鹞环保股份有限公司（以下简称"鹏鹞环保"）以实际行动，积极支持国家战略，专注环保行业发展，全面推动低碳绿色发展。2016年国务院发文要求各地推广装配式建筑，提出了装配式建筑在建筑中的占比要求，钢结构建筑与装配式建筑现已成为主流的结构形式。立足于国家发展战略，鹏鹞环保推出 PPMI 装配式工艺结构，打破了传统污水厂只能"建造"的观念，使之进入"智造"的时代，是污水处理厂建设方式的革命。

1. 企业信息

鹏鹞环保创立于1984年，作为中国环保的开拓者一直专注环保行业，引领着中国环保行业的发展。公司地处全国闻名的环保之乡——江苏省宜兴市高塍镇，是国内最早也是最有影响力的环保水处理综合服务提供商之一。经过30多年的持续创新和专业化经营，鹏鹞集团已成为一家集研发设计、设备制造、工程总承包、环保水务/固废处理/生态农业项目投资及运营管理于一体的企业集团。现已完成各类投资建设项目2000余项，是国家级企业集团、国家重点高新技术企业、中国环保骨干企业。鹏鹞环保股份有限公司的发展一直贯穿了创新的主线，对推动宜兴乃至中国环保产业的发展也产生了积极的作用。

目前公司的主要业务集中于市政污水处理和供水处理两方面，污水处理业务主要负责对城市管网收集的污水进行集中处理后达标排放或作为再生水回用；供水处理包括取水、自来水制作及输送，公司将处理后的自来水通过主管网输送到各加压泵站。此外，污泥处理（污水处理的分支领域）、餐厨垃圾处理等业务正在逐步开展之中。

2. 企业推行碳标签的历程及实施现状

公司自成立以来一直专注于环保水处理，具备技术研发、咨询与设计、工程承包、投资及运营管理、环保设备定制为一体的完整产业链，已完成环保水处理项目1300余项，可生产30多个系列、300多个品种的环保设备。目前公司着重发展大中型水务投资运营类项目，在全国多地拥有18个投资运营项目，其中南昌污水处理项目、南通供水项目日均处理能力分别达到40万吨和60万吨。

公司具有住建部颁发的环境工程设计专项（水污染防治工程）甲级设计资质，江苏省住建厅颁发的环境工程（固体废物处理处置工程）专项乙级设计资质，江苏省住建厅颁发的市政公用工程施工总承包二级资质、环保工程专业承包一级资质、建筑机电安装工程专业承包二级等专业资质，中环协（北京）认证中心认证的城镇集中式污水处理设施运营服务一级中国环境服务认证证书；控股子公司中铁城乡环保工程有限公司具有住建部颁发的市政公用工程施工总承包一级、机电工程施工总承包一级建筑业企业资质，江苏省住建厅颁发的公路工程施工总承包二级、铁路工程施工总承包三级、建筑装修装饰工程专业承包二级建筑业企业资质。为目前环保行业少数同时具备上述资质的企业之一。

3. 企业碳标签的典型特点

（1）PPMI装配式钢结构

PPMI装配式污水厂相对于传统的钢筋混凝土污水厂具有较大的优势。采用优质304不锈钢，通过模块化设计，应用数字化、智能化制造手段，生产出高度标准化、高质量的预制组装板块及模块化水处理单元，运输到项目现场即可快速拼装集成为目标构筑物。该系统打破了传统污水厂只能"建

造"的观念，使之进入"智造"的时代，是污水处理厂建设方式的革命。PPMI 具有施工周期短、使用寿命长、投资少、可移动、可回收、占地小等优点，是一种真正经济又环保的污水处理厂建造方式。

PPMI 装配式钢结构，更符合绿色施工、节能环保等要求。工厂化预制的模块化、集成化装配式污水处理厂采用不锈钢结构，由工厂化预制生产，机械化安装，效率高，施工周期短；独特的不锈钢弧形结构可靠稳定，水力条件好，抗腐蚀性强，寿命长。施工现场降低对环境的负面影响，包括降低噪音、防止扬尘、减少环境污染、清洁运输、减少场地干扰、节约水、电、材料等资源和能源，遵循可持续发展的原则。

（2）模拟碳标签测算

以 2019 年开工建设、2021 年 4 月投入商业运营的周口市沙南污水厂三期作为对标评价对象，同等污水处理规模下模拟 PPMI 整体工艺结构，日处理量为 5 万吨/天。考虑污水处理厂内部设备构成和工艺结构基本一致，处理同等规模污水时产生的碳足迹大小基本相同。因此，对 PPMI 装配式污水处理厂不锈钢池体结构和传统的钢筋混凝土污水厂钢筋混凝土池体结构的碳足迹大小进行核算和对比。

时间边界。时间边界涵盖评价对象"从摇篮到坟墓"的全生命周期，直到最终的报废处理。

排放源边界。包括周口市沙南污水厂三期池体结构原辅料生产、原辅料运输、产品建造、运营维护、拆除、回收以及废弃物处理全过程，具体包括建造区域、建造辅助区域、物料运输、回收的能耗和物耗（原料、辅料、包装材料）。其中购买原材料直接运输到周口进行建造。

生命周期模式。本次产品碳足迹的评价是针对评价产品和对标产品全生命周期过程的 GHG 排放的跟踪计算，因此采用 B2C 的生命周期模式。

4. 经验总结

将鹏鹞环保 PPMI 装配式污水厂池体结构与同等规模下传统的钢筋混凝土污水厂池体结构的碳足迹进行比较，评价范围包括生产、拼装/建造、拆除、回收等环节。考虑污水处理厂内部设备构成和工艺结构基本一致，同等污水处理规模产生的碳足迹大小基本相同。因此，本次评价仅对 PPMI 装配式污水厂不锈钢池体结构（以下简称"评价产品"）和传统的钢筋混凝土污水厂钢筋混凝土池体结构（以下简称"对标产品"）的碳足迹大小进行核算和对比。

通过碳足迹评价，得出以下结论。

（1）核算单位产品碳足迹，有利于绿色企业的认证与实施。

（2）通过量化评价产品与对标产品的碳足迹，有利于验证评价产品的低碳效果，从而在当下市场宣传方面占得先机。

（3）通过对比用于产品生产的各项能源、资源、物料碳足迹数据，找出影响产品碳足迹的关键要素，有利于有针对性地升级生产技术和改造生产工艺，优化供应结构，从而实现节能、降耗、减排目标。

（4）通过此次核算，最终让企业明确自身碳排放现状，寻找节能减排机会，最终建立绿色环保的竞争优势。为低碳产品认证、碳排放核查、排污权交易做信息储备。

（二）海天塑机集团有限公司的碳标签之路

"双碳"目标背景下，海天塑机集团有限公司以实际行动，积极支持国家战略，专注低碳行业，全面推动低碳绿色发展。2021 年，《中共中央 国务院关于完整准确全面贯彻新发展理念做好碳达峰碳中和工作的意见》提出深度调整产业结构要求，推动产业结构优化升级。制定能源、钢铁、有色金属、石化化工、建材、交通、建筑等行业和领域碳达峰实施方案。以节能降碳为导向，修订产业结构调整指导目录。开展钢铁、煤炭去产能"回头看"，巩固去产能成果。加快推进工业领域低碳工艺革新和数字化转型。开展碳达峰试点园区建设。加快商贸流通、信息服务等绿色转型，提升服务业低碳发展水平。为造福民众，实现企业社会责任，立足于国家发展战略，海天塑机集团有限公司专注于开发适应不同行业需求的机器设备，具有高效节能特点的创新型驱动解决方案及相关技术，满足当前多个重要工业领域的切实所需，也符合未来工业的发展方向，并为推动全球的可持续发展以及环境

保护做出了卓越的贡献，更为客户创造了低碳竞争优势。

1. 企业信息

海天塑机集团创建于1966年，经过50多年的创业开拓，现已发展成为总资产超百亿的大型跨国公司。集团下辖两个上市公司（海天国际控股有限公司和宁波海天精工股份有限公司）、海天驱动、海天金属、海天智联五大制造企业及其70余家海内外子公司。2020年度集团总产值超过150亿元，产品及客户遍布全球130多个国家和地区。

海天塑机集团有限公司主导精密高效、节能环保的注塑机产品，集注塑机的生产及销售于一体。公司以技术强企，拥有国家认定的企业技术中心和博士后工作站，旗下有"长飞亚""海天"两大品牌面向高中低市场，可覆盖塑料加工行业的各个领域。

"务实、开拓、创新、持恒"的海天精神是集团文化的根基所在；"人本、成本、规模化资本"的"三本"管理理念引领着海天人一次次抓住发展的机遇、做大做强。海天不忘初心，始终胸怀"实业报国"理想，以"装备中国、装备世界"为己任，不断打造出高品质、具有国际竞争力的产品，服务全球客户。

2. 企业推行碳标签的历程及实施现状

碳标签作为产品在供应链层面低碳等级的衡量者，代表了企业产品碳足迹评价标准体系的健全，为企业提供了明确的全生命周期碳足迹水平的低碳转型升级方向，从而提高企业产品碳足迹评价和通报的透明性和一致性，帮助相关方更好地了解企业产品的碳排放情况。2022年，海天塑机集团注塑机产品获得"产品碳标签评价证书"。公司从标准化制定到对橡胶塑料注射成型机产品碳足迹的计算（涵盖了从生产到使用阶段特定时间周期内），不仅帮助企业通过对比各项能源、资源、生产过程碳足迹数据，找出影响产品碳足迹的关键要素，从而针对性地升级改造原材料获取、生产、加工技术工艺，优化能源、产业结构，实现节能、降耗、减排目标，还帮助公司明确自身碳排放现状，制定和实施贯穿产品生命周期的温室气体排放管理策略和行动，最终建立绿色低碳的竞争优势，为碳排放核查、碳排放权交易、绿色企业认证等做信息储备。同时，碳标签也可被看作一种荣誉，用于表彰在产品生产过程中坚持实现碳披露及低碳减排的企业，从而引领低碳风尚。

3. 企业碳标签的典型特点

（1）注塑机

海天注塑机50余年的研发、制造经验是海天国际持续发展壮大的重要基石。"海天"品牌清晰定位于标准化注塑机的研发与生产，服务于通用型应用领域。目前拥有 MA、JU 和 VE 三大产品系列，锁模力从 600 至 66000kN，为这一领域的客户提供了重要市场竞争优势，赢得了客户的广泛信赖（见图1、图2、图3）。

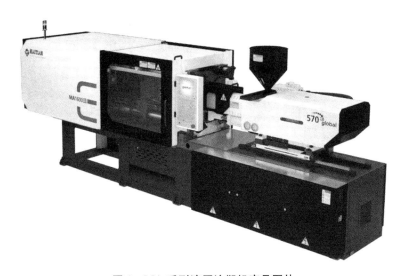

图1　MA 系列液压注塑机产品图片

（2）模拟碳标签测算

功能单位：以生产1台注塑机产品为功能单位。

系统边界：对橡胶塑料注射成型机产品碳足迹的计算涵盖了从生产到使用阶段特定时间周期内。

排放源边界：生产阶段包括热处理、机加工、表面处理等工序。项目所需的各种原料由项目负责公司海天塑机集团有限公司进行货车运输。

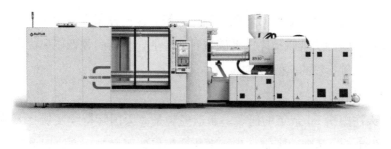

图 2　JU 系列液压注塑机产品图片

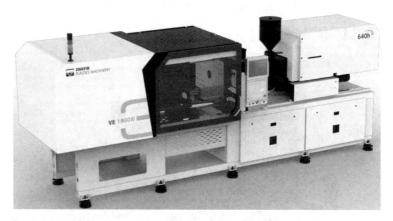

图 3　VE 系列电动注塑机产品图片

生命周期模式：本次产品碳足迹的评价是针对评价产品和对标产品全生命周期过程的 GHG 排放的跟踪计算，因此采用 B2C 的生命周期模式。

（三）经验总结与展望

1. 经验总结

（1）核算单位产品碳足迹，有利于绿色企业的认证与实施。

（2）通过量化评价产品与对标产品的碳足迹，有利于验证评价产品的低碳效果，从而在当下市场宣传方面占得先机。

（3）通过用于产品生产的各项能源、资源、物料碳足迹数据，找出影响产品碳足迹的关键要素，有利于有针对性地升级生产技术和改造生产工艺，优化供应结构，从而实现节能、降耗、减排目标。

（4）通过此次核算，最终让企业明确自身碳排放现状，寻找节能减排机会，最终建立绿色环保的竞争优势。为低碳产品认证、碳排放核查、排污权交易做信息储备。

2. 未来展望

目前机械设备行业要求绿色施工，低碳节能以及装配式要求也进一步加强，鹏鹞环保所采用的装配式钢结构集成模块建筑和海天塑机集团有限公司所生产的注塑机得到快速推广，受到更多的青睐，为我国资源化发展和低碳节能发挥了重要作用。鹏鹞环保和海天塑机集团要继续立足于"双碳"发展的目标，顺应绿色发展趋势，继续大规模推出工厂化预制的模块化、集成化装配式污水处理厂和低碳建材产品，争取为我国资源化发展和低碳节能发挥重要作用。

随着国家"双碳"目标的提出，企业确立碳标签制度也尤为重要。碳标签制度作为可视化的绿色通行证，是产品在供应链层面低碳等级的衡量者，代表了企业产品碳足迹评价标准体系的健全，为企业提供了明确到全生命周期碳足迹水平的低碳转型升级方向，从而提高企业产品碳足迹评价和通报的透明性和一致性，帮助相关方更好地了解企业产品的碳排放情况。这既能够有效刺激消费和产业升级，驱动产业和消费供给侧结构性改革，推动高质量发展；也有助于培育龙头企业，打造民族品牌，走向国际市场，有效应对所谓的"绿色贸易壁垒"。

机械设备行业以自身技术推动碳标签制度的发展。一方面，碳标签可以促使该行业其他企业不断改进技术，在机械设备生产过程中更多使用绿色、清洁能源，从产品的生产源头设备减少碳排放；另一方面，作为行业引领者，率先实行碳标签制度更能得到社会主流价值观的认同，既响应了政府号召，有利于企业赢得更多优惠政策，又提升了行业生产和服务的环境标准。未来机械行业也将在鹏鹞环保股份有限公司和海天塑机集团有限公司等公司的引领下，不断加大科技研发投入力度，进行生产制造全过程的低碳转型，陆续实施碳标签制度，实现机械设备行业的高质量发展。

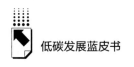
三 环保产业典型案例

（一）邦得科技控股集团碳标签之路

"双碳"目标背景下，邦得科技控股集团有限公司以实际行动，积极支持国家战略，专注环保行业发展，全面推动低碳绿色发展。2016年国务院关于印发《"十三五"节能减排综合工作方案》的通知，提出了强化建筑节能的要求，实施绿色建筑全产业链发展计划，推行绿色施工方式，推广节能绿色建材、装配式和钢结构建筑。为造福民众，实现企业社会责任，立足于国家发展战略，邦得科技控股集团专注于绿色低碳多功能涂层系统及绿色低碳多功能涂层金属板超低能耗建筑内外装饰全系统化的研发、生产、应用及服务，不断开拓全新的超低能耗绿色建造空间。

1. 企业信息

邦得科技控股集团坐落于长三角经济带核心区——苏州太湖之滨素有"湖光山色、洞天福地"之称的国家5A级旅游区光福古镇，注册资本32198万元，旗下拥有全资、控股子公司14家。

集团定位城市碳中和与零碳建筑产业集群一站式整体解决方案引领者，依托国家绿色环保、节能减排及"碳达峰、碳中和"等相关政策，紧跟国家新型低碳产业发展浪潮，专注于绿色低碳多功能涂层系统及绿色低碳多功能涂层金属板超低能耗建筑内外装饰全系统化的研发、生产、应用及服务，不断开拓全新的超低能耗绿色建造空间。如今，已形成包括零碳城市规划设计和零碳绿色建筑设计、新材料科学研究院、新材料生态应用实验室、低碳多功能涂层生产、低碳多功能涂层金属原材料生产、数字化智慧智能制造中心、数字化产品应用中心为主导的七大内循环产业链，其应用范围覆盖海陆空全领域。

2. 企业推行碳标签的历程及实施现状

公司自设立以来一直专注于绿色低碳多功能涂层系统及绿色低碳多功

涂层金属板制家具和超低能耗建筑内外装饰全系统化的研发、生产、装配式安装及服务，不断开拓全新的超低能耗绿色建造空间。集团低碳多功能涂层金属板运用在湖北麻城法雨山潮音寺、苏州地铁墙板、北京丰荣航空办公楼外立面、常熟福江禅寺、北京冬奥会首钢冰球馆、苏州大学绿色建筑国际研究中心、山东财经大学低碳学院绿色低碳空间等绿色低碳建筑项目。邦得诸多工程案例的完成，充分说明了低碳多功能涂层金属印花复合板与低碳多功能涂层金属印花装饰板，在不同场景、不同建筑风格上都能完美运用。随着冬奥会的召开，"绿电"点亮冬奥场馆、低碳完成"水冰转换"、氢燃料车保障交通、临时设施拆除后仍能重复利用……北京冬奥会坚持走绿色、低碳、可持续发展之路，"绿色办奥"深入人心。北京冬奥会所产生的碳排放将全部实现碳中和。筹办 6 年多来，通过低碳场馆、低碳能源、低碳交通、低碳办公等措施，最大程度减少碳排放，同时采取林业碳汇、企业捐赠等碳补偿方式，保障了北京冬奥会碳中和目标的顺利实现。邦得也因自身的低碳多功能涂层金属新材料有幸走进了绿色奥运，首钢冰球馆外装幕墙系统运用，外墙铁红的钢铁记忆与现代科技感植入幕墙当中，温馨暖心。外装幕墙不仅起到节能保温的作用，而且在室外的寿命可达 30 年不变色，施工过程中无尘无污染，工期效率提高了 40%，对比传统幕墙成本节约 1/3。在满足低碳的同时，邦得坚持走涂层研发，提升源头创新动力；坚持自己原材料基地生产，保障原材料备货能力；坚持深化团队设计，解决客户想法落地；坚持自己成型加工，保证产品质量可控；坚持自己施工队伍安装，让一站式服务进行到底。"五个坚持"是邦得全产业链系统的体现，也是邦得面对客户能按时完成工期和坚持质量第一的保障。企业于 2022 年 2 月 24 日完成了碳足迹声明和碳标签评价，被中国电子节能技术协会授予"低碳产品供应商"称号。

3. 企业碳标签的典型特点

（1）多功能涂层金属板制家具板 Q235

邦得装配式多功能涂层金属板制家具和内外墙装饰板具有强度高抗冲击、高耐候性、耐磨抗划伤、可再生回用、防潮防霉、不变形的优点。还可以根据客户的特殊需求定制特殊功能（自洁净、防菌、漫反射、保温隔热、防静电等）。装配式多功能涂层金属板制家具还具有结构强度高、可多次拆装搬迁的特点。

装配式多功能涂层金属板制家具和内外墙装饰板健康安全环保，绝对不含甲醛等有害成分，是零甲醛和零苯产品，当天安装即刻入住。而且装配式装修大大缩短工期，时间成本、人工成本及环境成本大大降低。Q235 家具板结构见图 4。

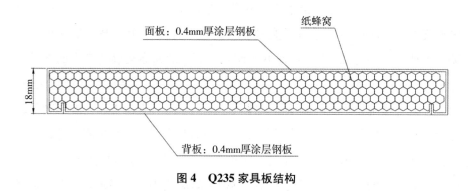

图 4　Q235 家具板结构

（2）模拟碳标签测算

功能单位：本报告以生产 $1m^2$ 的多功能涂层金属板制家具板 Q235（厚度为 18mm）产品为功能单位。

系统边界：系统边界涵盖评价对象"从摇篮到坟墓"的全生命周期，直到最终的报废处理。

排放源边界：本项目首先对 0.4mm 涂层金属板进行开卷、激光切割或塔冲裁切、折弯等处理，然后安装三合一组件、铰链和护角，之后在面背板内侧上胶水，面板内预埋木方和充填纸蜂窝，最后背板扣合到面板，然后冷压固化后，经过检验就可入库储存。

项目所需的涂层金属板原料，由项目负责公司邦得科技控股集团有限公司用 10 吨量级卡车前往距离 30 公里的涂层金属板公司自行运输。

生产过程中产生的边角料，可利用部分制作装饰线条，无法利用的部分就会以废钢材卖给回收站，综合材料利用率可达91%。

生命周期模式：本次产品碳足迹的评价是针对评价产品和对标产品全生命周期过程的 GHG 排放的跟踪计算，因此采用 B2C 的生命周期模式。

（二）经验总结与展望

1. 经验总结

（1）核算单位产品碳足迹，有利于绿色企业的认证与实施。

（2）通过量化评价产品与对标产品的碳足迹，有利于验证评价产品的低碳效果，从而在当下市场宣传方面占得先机。

（3）通过用于产品生产的各项能源、资源、物料碳足迹数据，找出影响产品碳足迹的关键要素，有利于有针对性地升级生产技术和改造生产工艺，优化供应结构，从而实现节能、降耗、减排目标。

（4）通过此次核算，最终让企业明确自身碳排放现状，寻找节能减排机会，最终建立绿色环保的竞争优势。为低碳产品认证、碳排放核查、排污权交易做信息储备。

2. 未来展望

随着国家绿色施工、低碳节能以及装配式要求进一步加强，邦得科技控股集团所采用的低碳多功能涂层装配式金属板制家具和内外墙装饰板得到快速推广，受到更多的青睐，为我国资源化发展和低碳节能发挥了重要作用。邦得科技控股集团要继续立足于"双碳"发展的目标，顺应绿色发展趋势，继续大规模推出低碳建材产品，争取为我国资源化发展和低碳节能发挥重要作用。

B.12
中国碳标签大数据平台建设成果

李 鹏 冯希利 俞 弦*

摘 要： 中国碳标签大数据平台，是中国电子节能技术协会建设并运营的
国内权威的碳标签认证评价与大数据能力开放平台。平台通过构
建碳标签认证评价规范管理体系，面向我国绿色制造和绿色消费
转型，为政府、企业、服务与科研机构及国际低碳贸易合作伙伴
提供碳标签评价标准的组织与发布、碳标签认证评价与检索、国
际贸易低碳风控、低碳技术成果引进与推广、各级政府低碳数字
化监管、城市碳积分运营体系、企业经济减碳运营、低碳工业市
场分析研究等“一站式”平台化服务。

关键词： 碳标签大数据 碳标签认证 低碳数字基础平台

一 平台简介、作用和价值

以国家碳达峰、碳中和目标为引领，伴随供给侧结构性改革协同推进，
充分发挥数字科技创新力，持续挖掘低碳经济发展潜力，培育打造富有中国
特色的重点行业碳达峰碳中和公共服务平台，重点营造绿色消费场景和创新
绿色服务供给模式，支撑碳达峰碳中和目标任务如期实现。为了进一步强化
碳市场对我国碳达峰过程的引导功能，加速低碳产业结构转型，科学指导以

---

* 李鹏，中国电子节能技术协会执行秘书长，研究方向为低碳经济、工业系统节能等；冯希
利，南京数源碳科技有限公司联合创始人，研究方向为双碳市场政策与产业标准体系；俞
弦，产业互联网平台资深运营顾问，电力自动化高级工程师，研究方向为能源、电力等领域
数字资产化管理与线上平台化流通运营。

经济减碳、数字减碳为驱动力的碳中和发展路径，市场迫切需要政府发挥行业标准指导作用，加快建立、赶超西方国家的低碳数字化工业体系，并首先重点建设面向低碳制造业和绿色消费服务业的碳足迹标准、认证和评价能力。

（一）政府服务价值

中国碳标签大数据平台是国内最具权威性的绿色制造和绿色消费行业碳标签评价标准的组织发布和认证评价的门户。通过广泛、深入的行业运营，平台正逐步规范我国碳足迹评价和碳标签认证行业氛围，成为我国各行业、地方的低碳工业产业结构调整过程的重要配套体系。同时，平台碳标签认证评价动态数据闭环运管模式，正在从产品、服务、经营三个维度，快速汇聚各地方、各重点绿色制造、绿色消费行业的数据。在基础数据源上，中国碳标签大数据平台通过智能化数据分析和服务模式创新，结合行业和地方双碳路径，充分融入清洁能源消纳责任、新型电力系统市场机制建设、低碳数字城市、数据交易市场、碳市场、充换电服务等重要减碳场景，从市场服务、行业监管、政策制定、产业扶持和技术创新（撮合）五个市场管理环节，系统规划贴合各级政府监管需求的低碳经济数字基础设施平台，打造标准、可靠、有序的政府监管与决策配套工具，全力协助各行业、各级政府的低碳经济发展，将低碳经济数字化服务能力打造成碳达峰的重要配套和碳中和核心动力。

（二）产业价值

平台持续跟踪重点碳减排行业的技术发展，持续迭代更新行业重点产品、服务的碳标签认证、评价标准。通过平台的产业碳标签地图和碳标签计算器等市场化推广的运营服务，正有效引导和推动制造和消费服务企业，通过消纳非化石电能、调整绿色供应链、生产工艺技术升级和低碳经营管理等方式，在完成低碳产业结构调整的同时，升级企业 ESG 核心竞争力。平台的国际低碳贸易风控中心，同步为我国庞大的出口制造业企业提供覆盖全产业链的低碳贸易风险预警和覆盖全产业链的处置预案支撑。平台的数据能力开放中心，通过可靠的碳标签行业基础数据源运管体系，为绿色制造和消费

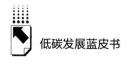

低碳发展蓝皮书

领域低碳产业转型和绿色金融服务提供持续量化评价能力，成为产业低碳发展政策、打磨低碳商业模式的重要服务基础设施。

（三）社会价值

中国碳标签大数据平台将绿色制造、绿色消费的标准认证体系与低碳城市建设深度结合，通过积极协助建设低碳数字城市运营体系，在地方政府的规划中，广泛链接优质线上服务平台，引入线上消费流量的经济价值与社会价值传导效率，打造"上游消纳清洁能源""中游获取碳标签认证""下游转化兑换碳积分"，引导"终端用户消费碳积分"的"城市碳积分"流通场景，并积极探索融入数字人民币流通机制，构建鼓励培养全民低碳消费和生活的碳普惠运营体系，引导城市在保证市场消费力的同时，加速低碳消费转型，为碳中和目标储备广泛的社会基础。

二　平台主要功能

中国碳标签大数据平台（以下简称"平台"）由中国电子节能技术协会等单位共同发起建设，是全国碳达峰、碳中和的专业服务平台，服务于政府部门、各类涉及碳排放的企业单位及终端消费者。中国碳标签大数据平台服务定位见图1。

碳标签是为了缓解气候变化、减少温室气体排放、推广低碳排放技术、把商品在生产过程中所排放的温室气体排放量在产品标签上用量化的指数标示出来，以标签的形式向消费者展示产品碳信息的一种结构化方式。商品所标示的碳标签可以直观地表达该产品的温室气体排放量，从而为消费者积极选择购买低碳产品，鼓励消费者转变消费习惯提供便捷方法。

中国碳标签大数据平台支撑中国碳足迹评价标准制定、标准查询及标准申报；实现产品、服务、企业及场景的碳足迹认证，辅导企业进行减碳工作，撮合企业与授权测评机构进行接洽；传播中国低碳知识，培育中国低碳经济理念，培养低碳各层次专业人员，服务中国低碳工作；汇集全球碳标

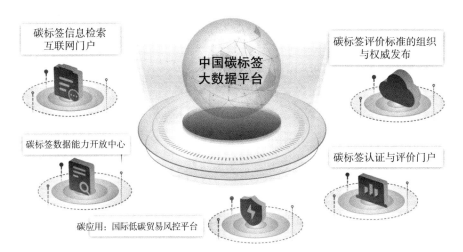

图 1　中国碳标签大数据平台服务定位

准、碳政策信息,帮助出口企业积极应对低碳绿色壁垒。中国碳标签大数据平台功能架构见图2。

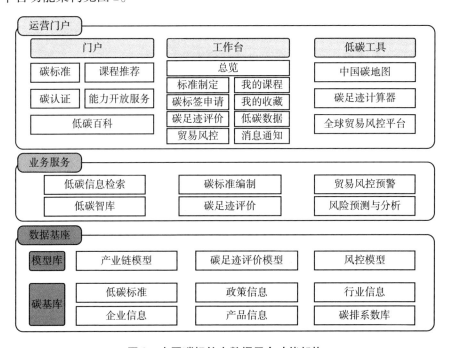

图 2　中国碳标签大数据平台功能架构

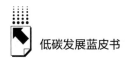

（一）碳标签评价标准的组织与权威发布

平台通过研究产业链结构、积累碳基库形成具有引领中国碳中和发展作用的碳足迹指导标准，面向全社会提供低碳标准需求收集、标准规划、编制组织、线上公示与资料下载等"一站式"标准服务。协助政府、监管机构为新标准定位、技术创新、社会经济服务等提供指引，协助各类企业、评价机构线上学习低碳标准和相关资料，为其开展各项低碳活动提供基础依据，对于有关标准的疑问或诉求，通过需求提报，直接触达政府和监管机构，组织低碳专家、科研院校、行业龙头企业等，参与标准规划与制定，通过平台线上协作，有序推进低碳标准的制定。平台线上服务包括以下几个方面。

（1）标准检索：平台提供电器电子、化学化工、家居用品、食品饮料等细分领域，从产品、服务、企业和场景4个维度，提供碳足迹评价标准的查询，资料下载，标准需求提报。

（2）碳足迹计算：平台收录中国、美国、英国、日本、韩国等主流碳足迹标准及数据字典库，提供各细分领域、多维度碳足迹计算功能，提供机构、企业、科研单位和专家在线自测和评价分析。

（3）碳标准在线编制：平台提供碳标准编制线上组织服务，具备碳标准专家团队在线组织，碳标准需求在线审核，碳标准编制在线评审，碳标准编制进度信息披露，碳标准公示等功能。

（二）碳标签认证与评价门户

平台为各行业企业单位提供碳标签科普与认证、碳足迹自测、精准科学减排、低碳咨询、需求提报等服务；为评价机构提供低碳服务需求收集、需求精准匹配、碳足迹计算辅助工具等服务；为政府、监管机构实时监管全国低碳数据、低碳技术应用和低碳市场服务提供数据支撑。通过评价流程线上化，实现碳标签大数据的闭环增长。

（1）碳标签认证：提供了企业碳认证申请流程指引，支持在线申请碳标签，申报材料填报，申请核查机构，查看当前认证进度；评价机构也可快速了解碳认证辅导需求，匹配认证意向，在线评价报告填写，认证指导。

（2）碳标签评价：为企业提供在线碳标签评价工作，具备在线评价申请、评价初审、文件评审、评价总结会、发放评价、存续功能。

（三）碳标签信息检索互联网门户——碳标签地图

平台的碳标签地图汇集各行业低碳企业数据和碳标签信息，沉淀高价值产业链模型，构建全行业碳标签地图。协助政府和监管机构发现可重点治理的产业链薄弱环节。为研究低碳产业储能、低碳技术应用成效和低碳发展趋势等提供数据分析支撑；协助企业找准定位，精准实施碳减排工作；协助减碳技术机构进行低碳技术研发和升级；协助低碳金融机构发现低碳市场服务点，实现金融支撑有效性。

（1）产品供应链碳足迹数据检索：为国内外机构提供产品、业务、服务及场景碳足迹信息检索，依据碳足迹评价模型，支持产业链碳足迹数据追踪检索，针对供应链上高碳消费环境进行预警，提供供应链环节的优化与治理。

（2）低碳技术应用数据检索：为国内外机构提供低碳技术信息检索，评估分析低碳技术的成效、覆盖范围及发展趋势，促进低碳技术普及与大规模应用，为政府和监管机构构建低碳技术全景展示图，制定企业减排规划、碳金融服务、城市碳普惠。

（四）国际低碳贸易风控平台

平台提供国际低碳贸易风控模块，获取全球各国低碳贸易政策资讯、出口产品标准等各类信息，经过专业筛选和分析解读，快速识别贸易壁垒并预警，同时提供风险应对策略、提升我国出口贸易竞争力；为政府和监管机构构建全行业国际贸易信息库，实现低碳标准的国际化，推动中国产品走向国际市场；为出口企业提供资讯解读、风险预警、风险预测和应对策略咨询服务，协助企业尽早识别风险和完善产品提升国际竞争力；为专家、服务咨询公司提供全方位的贸易信息检索和风险分析、应对策略发布

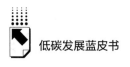

功能。

（1）产品出口贸易信息检索

平台支持从国家和行业两个维度，检索全球贸易政策和资讯。企业通过关注行业，获得实时的预警信息推送，查看风险、政策等信息的权威解读。

（2）风险预测与应对策略

平台支持出口企业进行贸易风险预测和应对策略服务。结合企业自定义填写的产品出口信息，通过贸易风控模型测算，得出风险值、风险类型等风险分析数据，并为企业推送专业应对策略和专业匹配度高的咨询服务。

（五）碳标签数据能力开放中心

平台的碳标签数据能力开放中心构建全行业碳标签数据服务平台，实现低碳数据共享等相关工具云上服务，为政府、监管机构、低碳企业、评价机构、服务机构等提供低碳数字产品和低碳数据服务。

（1）低碳数字产品应用

平台提供全球低碳贸易风控、碳标签地图、碳足迹计算和低碳智库四个产品，支持按地域、行业、产业链等多维度构建数据应用。

（2）碳数据服务

平台通过标准化开放接口，提供碳足迹监管数据、低碳技术应用、行业低碳趋势分析、国际贸易风险预警及辅助决策等数据服务，助力城市碳普惠政策执行，提供低碳消费监管和平台运营等服务。

三　平台典型应用场景

（一）面向行业监管，创新国家和地方分级低碳产业链数字化监管体系

实现碳中和，需要鼓励工业生态的创新，以实现低碳产业结构调整。而促进生态创新需要公共政策干预，更需要多个政策部门协同，形成合力。中

国碳标签大数据平台率先推动权威认证和评价标准体系的专业协同，创新打造具有低碳工业时代特征的碳链数字资产运营模式。平台在为绿色制造和绿色消费领域企业的碳足迹核算和碳标签评价认证工作中，认证、追踪各产业链的低碳产品与服务碳足迹，健全行业碳标准体系和碳链数据库基础设施。同时，结合各级政府行业监管缺乏权威标准和量化分析能力的管理痛点，平台系统性挖掘平台"碳产业链"数字资产价值，引进图存储和图计算等智能化技术手段，结合产业背景、地域属性、地方规划、环境质量等多维度分析因素，创新国家和地方分级低碳产业链数字化监管体系。

平台实现碳足迹收录与碳标签认证一网通办，为政府提供实时和可靠的低碳产业链分析数据源。通过打造线上、线下结合的高效标准编制协作模式，组织行业技术专家和低碳领域专家库，持续推出并迭代修编行业碳标签评价认证标准。以标准为基础，平台创新从碳足迹注册评估到碳标签认证评价的"一站式"全流程线上服务，碳排企业注册和产品登记后，即可通过线上对比优选服务机构，履行具体产品的碳足迹评估服务。平台将为碳排企业提供丰富、翔实的三方机构服务信用数据参考，并为企业提供服务阶段在线提醒和跟踪。

在低碳咨询领域创新"线下调研、线上计算与填报"的闭环全流程咨询服务模式，咨询服务机构可在线完成碳足迹的录入与提交，认证服务全流程实现线上闭环，既有效降低了碳排企业办理碳标签认证业务的学习成本，提高了平台审核、风控效率，又实现了碳标签数据结构化规范管理。有利于平台提高对咨询服务线上监管和存证，也为平台低碳数据基础设施运营储备了可靠、准确的基础数据源。根治了传统低碳咨询服务评价过程中"流程不透明、尺度不统一、核对不便捷、数据不量化"的"四不"硬伤，大幅提高了企业、咨询机构和平台间的协作效率。更系统性地组织起低碳产品的碳足迹模型与量化评价标准编制工作，加速了评价认证机制面向碳排产品全产业链覆盖进程。为各级政府提供科学、权威且具时效性的低碳产业链分析数据源及运营保障。中国碳标签大数据平台发布液晶电视低碳产业链地图见图3。

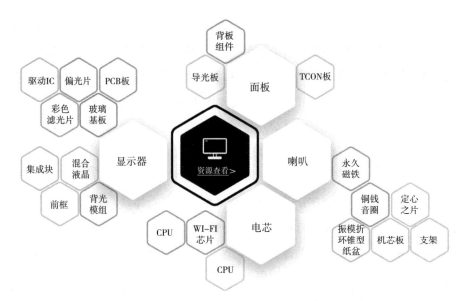

图3 中国碳标签大数据平台发布液晶电视低碳产业链地图

协助各行业监管部门，构建垂直工业产业链的碳标签监管地图。平台的碳标签监管地图，能够协助各级行业监管部门完成一系列更科学、更量化的监管和决策任务：①对低碳技术引进推广和产业政策执行成效的量化、精益分析；②能够对重点排放监管企业、地区持续进行在线跟踪评价分析；③平台的低碳产业模拟仿真系统，能够协助行业政府量化模拟评估仿真低碳市场的发展趋势；④在政府制定低碳监管和激励政策过程中，平台能够为行业监管部门提供更科学和严谨的辅助决策支持，协助政府制定行业减碳计划与阶段目标；⑤平台针对政策执行过程存在的执行风险，提供预判政策执行风险和编制管理预案服务；⑥平台将协助行业监管部门分析行业电碳排放占比，宏观分析行业自身技术路线或碳捕捉路径配比，发现并推广产业链典型减碳技术、工艺和管理经验。

协助各级地方政府，打造面向本地重点减碳产业的碳标签监管地图，各级地方政府在上述政策制定、执行跟踪、应急处置、产业结构转型等"碳监管地图"服务外，还将从平台获得更多适用于地方碳排放监管服务：①可通过平台计算和发布地方综合碳排放指数，评价地方重点减碳行业的全国减排水平，协助引进先进减碳技术与经验，改善区域重点行业综合碳标签评价指标；②发掘地方低碳工业在产业链中的技术优势，引导完善区域产业布局，面向产业链下游扩大低碳产品应用市场；③结合地域性专项低碳创新应用场景，协助政府引进绿色金融与技术创新机构。

（二）面向绿色制造，协助工业企业低碳经营，规划经济减碳路径

实现"绿色制造"是我国实现碳中和目标的关键环节，也是企业 ESG 行业竞争力建设的攻坚任务。钢铁、水泥、化工等高耗能制造业的碳排量，合计占全国碳排放量 30% 以上。结合我国碳排放过程的经济性分析，在各行业制造过程中，源于非电的碳排放占比越高，其有效减碳成本的投入也同比增高，减排难度就越大。

中国碳标签大数据平台面向各制造行业碳排放结构建模分析，重点分析产业链新技术、新工艺创新的低碳经营投资回报率，协助制造企业优化绿色供应链，调整用电交易策略，并动态调整"最优"经济减碳策略。

平台为非电碳排放占比高的企业提供技术减碳情报与技术撮合。根据企业需求紧迫程度，平台将持续跟踪各重点行业生产制造过程的减碳工艺和技术创新动态，结合行业供应链产品碳足迹与碳标签评价大数据，为制造业企业提供高时效性、精准且可借鉴的行业创新减碳情报。一方面协助需求方高效完成减碳工艺引进的投入产出分析和执行决策，另一方面通过碳标签认证与评价信息，定位创新技术、工艺的技术提供方，协助完成技术专利估值，并撮合低碳技术供需合作。

平台为电碳排放高的制造业企业，提供"电碳交易"经济减碳策略。平台正逐步将"能耗"和"绿电"两个关键指标引入更多制造业产品碳标签评价标准。通过平台与电力交易辅助服务机构的数据合作，为制造业企业提供适用于全部电力交易市场化省、市、区域的低碳经济用能策略。根据用能企业当地能源结构和市场机制，为企业提供"风光"储建设规划，通过"云边协同"方式，持续为企业迭代最优的微网调度策略和电力市场现货交易策略，并通过参与电力中长期交易市场，设置电价浮动对冲保护。同时，

针对企业产品碳标签认证差额，平台将协助企业主动参与"绿色电力"的市场化交易，通过中长期与现货结合的交易策略，获得绿色产品的碳标签认证。为了进一步提升企业减碳经济性，平台还将通过对接虚拟电厂和参与需求侧响应市场，协助企业控制减碳成本，实现经济减碳。

平台为出口型制造企业提供全球低碳贸易风控服务。我国是制造业出口大国，随着国际低碳贸易形式日益严峻，我国以动力电池、电子产品等为代表的出口制造型企业的出口竞争力将面临欧盟、美、日、韩等国贸易壁垒冲击。在协助企业减碳运营的同时，平台充分发挥自身在国际碳标签互认、对标中积累的信息优势，应用知识图谱数据挖掘技术，深入分析平台企业客户的整体信息（货品类目、出口国家、风险因素、政策走向等），自动追踪全球低碳贸易相关事件与影响因素信号，为国内出口制造企业提供实时、精准的国际贸易分级风险预警，并结合贸易风险类型和产品行业特性，为企业用户配置多种应对策略及执行对比分析，为我国出口制造业企业参与国际低碳贸易保驾护航。中国碳标签大数据平台发布全球低碳贸易风控（碳应用）见图4。

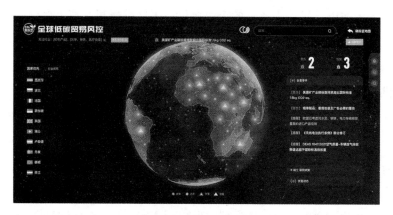

图4 中国碳标签大数据平台发布全球低碳贸易风控（碳应用）

（三）面向绿色消费，协助服务商低碳运营转型，引导低碳产品消费氛围

消费是工业生产碳排放的终端，除生活中能源消耗造成的直接碳排放

外，消费碳排放主要源自居民生活中进行的消费、购买的服务等造成的间接碳排放。据统计，我国消费碳排放约占总排放量的 40%，且随着生活水平提升，这一比例还有上升的可能性。在社会消费活力增加的过程中，通过数字化运营创新打造绿色消费场景，能够为我国碳中和进程提供有效助力。

中国碳标签大数据平台运营的碳足迹及标签数据资产，具备全域覆盖低碳生产和消费环节的机制优势。平台将面向绿色消费领域，充分发挥低碳产品和低碳服务碳标签评价体系优势，沿着核心商品和服务消费场景碳足迹（标签）链条，健全绿色消费品碳标签覆盖范围，创新绿色服务场景的碳标签评价标准，协助服务低碳运营转型，引导低碳产品的消费氛围，构建并推动绿色消费场景的碳普惠生态可持续发展。

完善绿色消费积分体系、倡导居民绿色消费观。平台将碳足迹数据赋能商家，同时通过与城市碳积分、"双碳大脑"等区域性碳普惠生态开展系统性数字融合，普及节能低碳的消费理念，引导居民选择绿色电子产品、绿色农副产品、绿色家具等各类获得碳标签认证的绿色生活必需品，构建良性碳普惠绿色产品消费生态。

与充换电平台为代表的线下运营商合作，履行企业绿色服务的社会责任。双方联合开展"低碳运营服务认证评价"标准编制和运营合作，协助服务运营机构适时引进光伏、储能等分布式清洁替代能源，引导机构积极参与新型电力市场，优化电力现货与中长期价格对冲交易机制，广泛参与绿色电力交易市场、需求侧响应市场、虚拟电厂等分布式能源（负荷）商业模式创新。逐步掌握经济降碳的运营平衡点，收获平台运营服务碳标签等级认证，创新打造并推广"绿色零碳服务"场景示范运营案例，构建企业 ESG 核心竞争力。

随着数字城市的快速发展，鼓励绿色消费，落实碳普惠政策，已成为我国广大一、二线城市的"双碳"建设共识。中国碳标签大数据平台赋能绿色消费场景的数字化示范案例，广泛适用于低碳工业园、绿色生态办公区、低碳公交运营、零碳充换电站、城市碳积分等各类绿色消费场景。其示范效应对保持需求侧经济活力同时，推动国家需求侧绿色低碳产业转型，积累了重要示范经验。

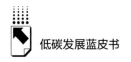

（四）面向绿色金融，协助机构精准评估低碳市场，引导技术和产业投资

绿色金融区别于传统金融，不仅要"服务"实体经济，还要承担"引导"实体经济发展的任务，我国绿色信贷、绿色债券等金融产品已初具规模，ESG 投资评级标准也逐步建设完善。但国家整体绿色投融资配比度不高、绿色标准不统一、信息披露缺少机制保障。

中国碳标签大数据平台，拥有绿色制造、绿色消费产业的权威碳足迹数据，随着参与平台碳标签认证工商业企业数据和产品名录的持续增加，能够通过数据能力开放平台、数据交易平台等方式，为信贷、保险、投资等金融机构提供系统、科学、可信的标准数据源。

协助金融机构跟踪碳工业市场发展，助力构建绿色金融体系，逐步将中国碳标签大数据平台打造成国内体系最完善、分析维度最丰富、行业覆盖最广泛的数据资产基础设施。结合平台在行业监管、绿色制造、绿色消费等领域的规划沉淀与数据能力开放合作案例，为金融服务机构提供多维度的"低碳工业市场研报"服务。针对绿色产品、低碳技术、绿色新业态等亟待绿色投资拉动的新业态投资商机，为金融机构提供"行业适用性分析""技术领先性""业务创新性""市场容量""核心竞争力"等系列投资分析服务，协助投资资本管理机构更深刻地了解国家各时期的低碳工业市场发展状态，更准确地把握市场投资商机。基于上述低碳工业市场数据资产及分析能力，平台能通过金融风控服务提供商，或者直接与金融机构合作，共同面向市场推出绿色借贷、绿色债券等多种类型的金融服务产品，为绿色金融服务市场的快速发展储备低碳基础数据资产运营管理能力。

（五）面向数字低碳城市，协助低碳城市数字运营，构建城市碳普惠商业生态

绿色城市是目前国际社会普遍倡导的发展理念，我国绿色城市的发展过程中存在一系列问题，尤其是在国内电动汽车持续升温、行业产业结构快速调整的形势背景下，我国城市公共交通设施新能源普及率不足。积极的因素是近年数字城市的持续快速建设，为城市低碳运营模式转型提供了充沛的创新动力和丰富的推广应用场景。

创新城市碳积分兑换与资源消纳运营模式，构建城市低碳数字监管机制。随着全国性碳市场快速发展，碳配额、国家核证自愿减排量（CCER）正逐步成为供给侧高碳排企业重要的可流通生产资料。而在更广泛的制造、消费和城市服务领域的减碳过程中，快速涌现出以"碳积分"为运营媒介，以城市、县区为流通范畴的数字低碳可持续发展生态。中国碳标签大数据平台的碳标签认证与评价体系，能够为城市碳积分运营提供贯穿绿色产品、流通和消费服务多个环节的量化评估数据支持和体系保障，直接为城市碳积分数字运营体系的建设和运营赋能。

城市碳积分运营以城市绿色出行、低碳园区为典型应用场景，逐步覆盖生活园区和低碳商业圈，平台协助地方政府组织城市低碳消费供应链体系，选择绿色能源消纳作为低碳价值传导主线，上游对接以绿色电力交易和分布式光伏（风电）等为代表的负荷侧清洁能源交易与服务机构，衔接中游以整车制造、公共出行、共享服务、充电服务、车辆后市场服务为代表的城市绿色出行服务产业链。面向下游零售、物流、电商平台构建的终端消纳场景，为居民提供碳积分钱包为核心的绿色消费和低碳出行服务。

平台协助地方数字城市运营平台，根据碳标签认证的绿色产品和服务的消费行为，分配相应额度的碳积分到居民碳积分钱包。地方政府根据地方分布绿色能源配比和清洁能源消纳配合，等比发放并鼓励全社会消纳碳积分。通过政策激励、积分补贴、数字货币、荣誉宣传、自愿消纳等辅助方式，组织地方碳积分消纳商业联盟，通过银行商城、电商抵扣、出行打折等形式，在引导居民获得碳积分的同时，为碳积分消纳企业消费导流，鼓励企业消纳碳积分并折算进地方清洁能源消纳配额指标，最终打造活跃、规范的碳积分普惠渠道，加速与产业联盟的碳积分市场流通，构建城市低碳生活服务生态。

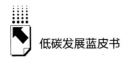
绿色出行是城市低碳生活的重要消费场景，其产业链贯穿绿色电力的分布式生产与用电交易、电动汽车和充换电设施制造、充换电服务后市场等城市碳积分运营全域，已具备较好的市场基础和产业链成熟度，是重要的绿能消纳与社会减碳途径。城市低碳出行碳积分消费场景见图5。

地方政府在平台协助下，推动本地充换电服务商、整车制造等上游制造和服务企业完成服务和产品碳标签认证与评价。平台引进低碳经济用能服务等技术与策略，协助企业达到认证评价标准。

中游绿色出行服务商，通过城市数字化平台，或直接与碳积分运营中心的数据对接，围绕居民绿色出行订单，自动将城市碳积分充入居民碳积分钱包。

下游碳积分消费联盟单位（含公共交通运营机构），可通过线上电商、服务折扣、商品抵扣的方式消纳居民碳积分钱包的碳积分。碳积分消纳商圈除了获得政府碳积分用户引流外，还可获得政府绿色能源消纳配额等相关政府扶持。

平台在支撑城市碳积分生态构建过程中，会协助地方政府建设城市碳积分运营中心，具体负责个人碳积分钱包的管理、碳积分商业链条的统筹和消纳。同时协助建设区域碳积分市场监管平台，对碳积分的分发、消纳进行实时跟踪、审计和风控。

（六）国际碳标签检索门户，合作引进低碳技术成果，体现大国担当

平台的国际版门户中，面向国际贸易合作伙伴提供碳标签、碳标准在线检索专栏服务：①通过该专栏，我国注册的贸易合作伙伴，能快速检索我国最新碳标签评价标准，并提出碳标签互认洽谈申请；②非注册企业，均可检索我国出口绿色产品碳标签认证评价信息，并能够在注册登录后，查询相关产品的详细评价结果和调整履历；③国际低碳技术科研机构和服务商，能够通过国际版门户，检索中国碳标签进出口政策，分析国内低碳技术需求，并

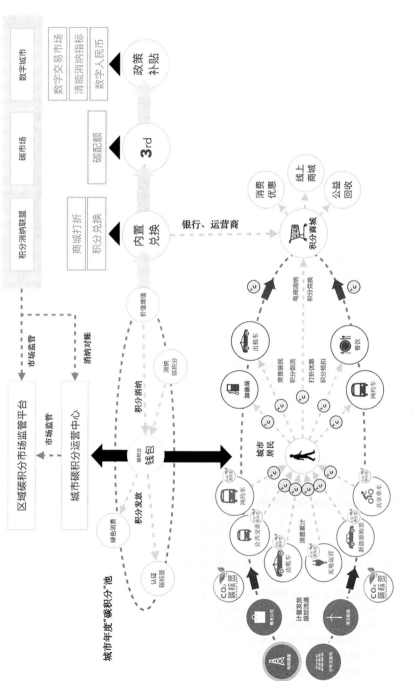

图 5　城市低碳出行碳积分消费场景

申请参与技术引进和商务洽谈；④国内低碳制造和服务企业，可通过国际版门户，订阅相关行业的低碳技术升级与应用最新动态，并申请对接和引进国际低碳技术成果。中国碳标签大数据平台（国际版）服务窗口见图6。

图6　中国碳标签大数据平台（国际版）服务窗口

附　　录

Appendixes

附录1　中国碳标签平台简介

中国电子节能技术协会

中国电子节能技术协会成立于 1986 年，是民政部批准的国家一级协会，是民政部组织评定的 AAA 级中国社会组织。协会受工业和信息化部和民政部的业务指导和监督管理，是在全国范围内开展行业节能、低碳、环保与资源综合利用技术活动的专业性的社会团体。

中国电子节能技术协会低碳经济专业委员会——中国低碳经济发展促进会

2010 年，在国家发展改革委指导支持下，由 16 位院士及 60 多家国企央企、行业领军企业、科研机构、行政部门及部属事业单位联合组成国内首个致力于低碳经济发展推进和研究的低碳智库组织——中国低碳经济发展促进会，2016 年经职能重组，正式更名为低碳经济专业委员会，是国内最早

317

开展低碳经济发展的专业推进和研究机构。委员会致力在低碳经济发展、区域低碳城市规划与建设、产业低碳转型、低碳评价认证体系化建设、国际应对气候变化及国际贸易领域发挥产学研和政府间的纽带和桥梁作用，并在中国碳标签评价、低碳经济领域信息化、国际贸易、人才培训、标准制定、鉴定认证、技术创新和科技成果产业化形成有效支撑。

低碳经济专业委员会是低碳智库、低碳城、碳中和大数据研究院、中国碳标签产业创新联盟等多个国家级平台建设依托机构，是中国国际低碳学院、中国循环经济工程技术协同创新中心、系统节能技术研究院发起及建设单位，是《国际可持续发展百科全书》编译单位，承担中国国际低碳科技博览会、中国低碳之路（国际）高层论坛组委会秘书处职能。

中国碳标签产业创新联盟

中国碳标签产业创新联盟成立于 2019 年 8 月，秘书处设立在中国电子节能技术协会低碳经济专业委员会，由中国电子节能技术协会联合工业和信息化部中国中小企业发展促进中心、中国绿色碳汇基金会、中国消费品质量安全促进会、中国低碳经济发展促进会、中国电器科学研究院、中国建筑材料工业规划研究院、中国电子技术标准化研究院、中国质量认证中心以及联想集团、英利集团、远大科技集团等相关单位共同发起，聚合政、产、学、研、社各界资源，按照自愿、平等、合作原则成立的致力于各产业低碳产品评价认证、低碳人才教育、区域低碳产业综合体建设、分类产品低碳评价标准制定及低碳技术交易及产业化应用的产业合作组织。

碳中和大数据研究院

碳中和大数据研究院于 2021 年 4 月成立，中国电子节能技术协会充分发挥其引领作用和平台作用，积极落实碳达峰碳中和的工作部署，按照建设"一院一室一中心"（碳中和大数据研究院、碳中和大数据应用工程实验室、碳中和大数据中心）目标，联合多个单位共建碳中和大数据研究院，共同开发碳中和大数据云平台。汇集低碳领域内更多的减排技术及碳排放计算工具；帮助企业掌握产品碳排放数据、推进产业结构升级；提高全社会节能减排意识、推进碳排放交易平台经济发展。碳中和研究院作为低碳政策的实践者，将用数据落实碳标签推广、低碳技术成果转化和节能降耗政策，为国家碳中和目标努力奋斗。

碳标签评价管理办公室

碳标签评价管理办公室成立于 2022 年 2 月，秘书处设立在中国电子节能技术协会低碳经济专业委员会，从顶层设计、标准制定、评价认证、教育培训形成了"一站式"碳标签服务评价体系，开发了"中国碳标签评价服务信息平台"，实现了信息化评价管理流程，使参与评价企业、评价机构能够实时清楚地掌握评价所依据的标准、评价流程、评价所处阶段等。

碳标签评价管理办公室主要任务是：在工业和信息化部、生态环境部和国家发展改革委等部委的政策指导下，制定和完善各个行业碳标签评价标准及管理规范，开展碳标签评价，碳足迹追溯解决方案的研究和实施，建设全国统一的、可观的、科学的、信息化管理的碳标签评价体系和碳足迹核算与溯源平台，协调协会各专委会开展有关碳标签评价工作。

B.14
附录2 已获碳标签企业

已获碳标签企业

（排名不分先后）

安徽朗越能源股份有限公司

湖州明朔光电科技有限公司

TCL王牌电器（惠州）有限公司

江苏博亚照明电器有限公司

江苏开元太阳能照明有限公司

鹏鹞环保股份有限公司

江苏泰源环保科技股份有限公司

三川智慧科技股份有限公司

景德镇市焦化能源有限公司

江西赣锋锂业集团股份有限公司

上饶中材机械有限公司

海天塑机集团有限公司

正大蛋业（山东）有限公司

苏州邦得新材料科技有限公司

泉州隆欣工艺品有限责任公司

雅迪科技集团有限公司

上海汇坤饮料设备工程有限公司

无锡康明斯涡轮增压技术有限公司

河南中材环保有限公司

青岛海信激光显示股份有限公司

浙江绿源电动车有限公司

广东宝华农业科技股份有限公司

约克（无锡）空调冷冻设备有限公司

江森自控空调冷冻设备（无锡）有限公司

固力发集团股份有限公司

浙江百固电气科技股份有限公司

利亚德光电股份有限公司

开化县齐溪镇大龙村股份经济合作社

浙江正泰电缆有限公司

惠州市新腾胜塑胶有限公司

中材（天津）重型机械有限公司

苏州巴洛特新材料有限公司

深圳市周大福珠宝制造有限公司

长春富维安道拓汽车饰件系统有限公司

河北鑫达钢铁集团有限公司　　河北中化鑫宝化工科技有限公司

浙江聚弘凯电气有限公司　　　浙江彬腾科技股份有限公司

维益宏基（浙江）电力股份有限公司　北京首钢朗泽科技股份有限公司

浙江天正电气股份有限公司　　深圳市洲明科技股份有限公司

河北中化滏恒股份有限公司

B.15
附录3 碳标签授权评价机构

碳标签授权评价机构

（排名不分先后）

中国质量认证中心

中国环境科学研究院

广州赛宝认证中心服务有限公司

北京赛西认证有限责任公司

方圆标志认证集团有限公司

北京中创碳投科技有限公司

中碳绿林宝低碳科技有限公司

杭州青绿蓝环境技术有限公司

杭州超腾能源技术股份有限公司

中国国检测试控股集团股份有限公司

广州能源检测研究院

龙源（北京）碳资产管理技术有限公司

深圳市绿创人居环境促进中心

深圳市计量质量检测研究院

南京大学（溧水）生态环境研究院

中澈（北京）环境能源科技发展有限公司

中春环保科技（上海）有限公司

国信认证无锡有限公司

深圳市冠智达实业有限公司

中节能衡准科技服务（北京）有限公司

北京和碳环境技术有限公司

深圳市标准技术研究院

中国电器科学研究院股份有限公司

杭州万泰认证有限公司

北京联合智业认证有限公司

北京国建联信认证中心有限公司

宁波国际投资咨询有限公司

国网区块链科技（北京）有限公司

中国船级社质量认证有限公司

北京大陆航星质量认证中心股份有限公司

内蒙古碳合认证技术研究有限公司

信碳环境科技（北京）有限公司

天津旭然科技有限公司

广州检验检测认证集团有限公司

三峡电能（广东）有限公司

东一创欣（武汉）企业服务中心

北京科吉环境技术发展有限公司

谱尼测试集团股份有限公司

天津水泥工业设计研究院有限公司

四川中碳鑫旺达科技集团有限公司

北京联行网络科技有限公司

上海市建筑科学研究院有限公司

河北英博认证有限公司

清碳技术（无锡）有限公司

世纪万安检测认证（北京）有限公司

你好碳标签科技（深圳）有限公司

浙江万邦智能科技股份有限公司

广州绿石碳科技股份有限公司

无锡市低碳研究院有限公司

北京卡本能源咨询有限公司

中机寰宇认证检验股份有限公司

广西一立碳和科技有限公司

奥邦检验认证集团有限公司

中诺认证有限公司

河南德能环保科技有限公司

江右认证集团有限公司

江苏新创源节能工程有限公司

成都兴城供应链集团股份有限公司

中标华信（北京）认证中心有限公司

联合赤道环境评价有限公司

中和六零碳（深圳）科技有限公司

上海霖洲环境科技有限公司

浙江省环境科技有限公司

上海碳汇咨询管理有限公司

天津企宏腾科技有限责任公司

深圳市毅然恒泰资产管理有限公司

江苏国森检测技术有限公司

北京亿欧网盟科技有限公司

北京正合绿势生态科技有限公司

深圳市源清环境技术服务有限公司

杭州久碳科技有限公司

绿鹏环境科技（深圳）有限公司

邦道科技有限公司

中电赛普检验认证（北京）有限公司

中国石油集团安全环保技术研究院有限公司 HSE 检测中心

零碳能源科技（山东）有限公司

浙江工信合能源信息技术中心有限公司

北京华通三可节能评估有限公司

天津锐锟科技有限公司

艾逊绥检测认证（上海）有限公司

天津建科建筑节能环境检测有限公司

山西领拓认证有限公司

天津泰达低碳经济促进中心有限公司

吉林星碳联环境科技有限公司

山东省产品质量检验研究院

宁夏可持续发展研究会

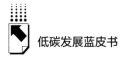

湖北光谷标准创新科技有限公司　　碳标签（浙江）科技有限公司

山西风行测控股份有限公司　　　　碳启城科技（上海）有限公司

山东利安捷国际认证服务有限公司　浙江亚锐低碳科技有限公司

中证（河北）节能技术有限公司　　上海泽履认证服务有限公司

华鉴国际认证有限公司　　　　　　中泰联合认证有限公司

中国电子工程设计院有限公司　　　浙江方圆电气设备检测有限公司

天津市中海油招标代理有限公司　　新世纪检验认证有限责任公司

国网（温州）新能源科技有限公司　中讯邮电咨询设计院有限公司

德凯质量认证（上海）有限公司　　浙江菲达环保科技股份有限公司

卡狄亚标准认证（北京）有限公司　海油总节能减排监测中心有限公司

青岛华中世纪认证有限公司　　　　北京东方纵横认证中心有限公司

河南政辰科技集团有限公司　　　　武汉凯迪电力环保有限公司

大地零碳工程咨询管理（山东）有限　滨海中日能源管理（天津）有限公司

公司　　　　　　　　　　　　　　天津排放权交易所有限公司

浙江科能企业管理有限公司　　　　深圳市智多兴投控科技有限公司

中科标制低碳科技发展（北京）有　中质信检验认证集团有限公司

限公司　　　　　　　　　　　　　深圳排放权交易所有限公司

北京埃尔维质量认证中心　　　　　四川国碳科技有限公司

江苏晟能科技有限公司　　　　　　东莞莞能绿色能源服务有限公司

河北先进环保产业创新中心有限公司　河南居安供热技术有限公司

榆林琅熠辰低碳科技有限公司　　　浙江联泰建筑节能科技有限公司

西安国信联合检验认证有限公司　　杭州瑞旭科技集团有限公司

浙江国发节能环保科技有限公司　　上海数离信息科技有限责任公司

陕西碳智汇林生态科技有限公司　　北京仟亿碳碳达科技有限公司

中碳汇资产运营（深圳）有限公司

Abstract

Annual Report on the Development of Chinese Carbon Label (2021 – 2022), compiled by the Low Carbon Economy Professional Committee of China Electronics Energy Conservation Technology Association—China Low Carbon Economy Development Promotion Association (i. e. , China Low Carbon Committee), is a phased achievement for the study of carbon label system in China. This Report summarizes the development status of carbon labels in China from 2018 to 2022 and conducts comprehensive and multi-dimensional theoretical studies and case analyses. The report is divided into seven chapters: General Report, Industry Reports, Investigation Reports, Assessment Reports, International References Reports, Case Reports and Appendix.

The carbon label systems in some foreign countries have been relatively mature, and they have been carried out on many products. In recent years, the low-carbon economy has not only brought opportunities and new impetus to the development of the world economy, but also created new green trade barriers to some extent. China's carbon label system has been researched and explored since 2018 and it will definitely become a mature one. However, companies do not fully appreciate the importance of carbon label assessments. Good awareness of buying carbon-labeled products has not formed among consumers. Up to now, China's carbon labels have been applied to various products, such as electrical appliances, machinery and equipment, building materials, agricultural and sideline products, chemicals, textiles, solid waste, etc. Some of these low-carbon products have been exported to other countries and areas, and their sales volume has grown tremendously.

The Report summarizes the impacts of implementing the carbon label system

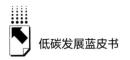

in China. First, the impacts on enterprises. Transformation under the "dual carbon goal" is a necessary step for enterprises and they will inevitably face some difficulties. Enterprises should try to eliminate the extra cost pressure in the process of emission reduction, enhance the ability of scientific and technological innovation, and find opportunities from the "dual carbon goal". Second, the impacts on consumers. Carbon labels can give consumers some necessary information about the products and these indications can help consumers to make a good choice. Third, the impacts on international trade. On the one hand, with the establishment of international carbon label system, the cost of export products increases, the competitiveness decreases, and some of our competitive advantages are losing. On the other hand, developed countries have more priority in the carbon label market. With the enforcement of the carbon label system, products exported to developed countries will be required to conform to their strict carbon footprint accounting standards and certification standards, which will restrict the export products to some extent. Therefore, the carbon label system will probably become a new type of trade barrier.

The Report suggests that a unified and standardized carbon label system should be established in China, including to determine China's carbon label management departments and supporting institutions, to form carbon label standards to meet the needs of both national and international markets, to formulate a unified carbon label system and its rules, and to create a professional carbon label and carbon emission factor database to ensure the accuracy of carbon footprint accounting.

Keywords: Carbon Label; Carbon Footprint; Low-carbon Development; International Trade

Contents

I   General Report

Abstract: Carbon labelling is a way of mitigating climate change, reducing greenhouse gas emissions and promoting low-carbon emissions technologies. The greenhouse gas emissions (carbon footprint) emitted during the whole life cycle of production, consumption and disposal of goods are informed on the product label with a quantitative index to the consumers. This report provides a detailed overview of the development of global carbon label with its history and current situation, gives an outlook of carbon labelling in China, and summarizes the impacts of carbon labelling on China's economy and society.

Keywords: Carbon Label; Carbon Footprint; Low-carbon Development; International Trade

II   Industry Reports

Abstract: China's electronic products have a massive market and a huge

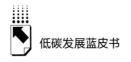

development potential. The electronic industry is one of the most innovative economic growth driving and permeable fields in the world today. Low-carbon certification is a significant grip to promote the achievement of the emission peak by 2030 and the carbon neutrality by 2060. This report concludes the development status and carbon emission characteristics of electronic products in China, expounds the importance of implementing low-carbon certification for electronic products, systematically summarizes the development process, coverage and standards of low-carbon certification of electronic products in major foreign countries, and puts forward the prospects and suggestions for the carbon labeling of electronic products in the future.

Keywords: Electronic Products; Carbon Footprint; Whole Life Cycle; Low-carbon Product Certification

B . 3 Carbon Label Report 2020−2021 in Transportation

Industry *Cheng Yu* / 064

Abstract: With the advancement of urbanization, the number of motor vehicles in China is increasing, becoming the fastest growing area of greenhouse gas emissions, and the total emissions account for about 15% of the national terminal carbon emissions. Promoting low-carbon certification in the transportation industry and developing green transportation are important for achieving the goal of "double carbon target". In this report, the current situation and characteristics of carbon emissions and low-carbon certification in the transportation industry are expounded clearly, and the carbon footprint accounting methods of different modes of transportation and the problems in low-carbon certification are analyzed in detail. Finally, combined with the experience of carbon label development at home and abroad, suggestions and prospects for the development of low-carbon certification in the transportation industry are put forward.

Keywords: Low-carbon Transportation; Carbon Footprint Accounting; Low-carbon Certification; Mode of Transportation

Abstract: The construction industry is important to social development. The total carbon emissions of the construction industry account for more than half of the China's carbon emissions. Therefore, the carbon reduction work of the construction industry is crucial to successfully achieve the "dual carbon goal". This report fundamentally analyzes the current situation of carbon emissions in the construction industry. The carbon emissions of the whole life cycle of buildings are described in detail. The national and international standards and policies for green buildings, building energy conservation and carbon reduction are systematically described. It is found that China's building carbon emissions are mainly generated from the production of construction materials and the energy consumption during the building operation. Carbon labelling in the construction industry is still in its infancy. With the continuous development of green buildings and the "dual carbon target" related policies, the establishment of carbon label mechanisms in the construction industry needs to be carried out in a variety of directions, such as the establishment of methodologies and benchmarking mechanisms, the research on assessment standards and the industry promotion.

Keywords: Carbon Footprint; Life Cycle Assessment; Construction Materials; Green Buildings

Ⅲ　Investigation Reports

Abstract: Based on the "30·60 goal", carbon neutrality has become the core of high-quality development of China's national economy and industrial upgrading. As the important participants in this change, enterprises need a

fundamental transformation, not only to reduce their own emissions, but also to achieve carbon neutrality with innovations and to create shared values in the process. Based on the investigation of a large number of enterprises, this report collects text data through the combination of questionnaire and semi-structured interview and then uses the three-level "data structure diagram" discourse analysis method to explain the data, so as to obtain the enterprises knowledge on carbon label. Then it analyzes the impetus and appeal of enterprises to carry out the carbon label certification.

Keywords: Carbon Label; Carbon Accounting; Carbon Management Accounting Theory; Enterprise Transformation

B.6 First-round Carbon Label Survey Report in Consumers in 2021 *Wang Xiaorui, Wang Jingmin and Xu Wei / 178*

Abstract: The public awareness of low-carbon life has been gradually improved with the introduction of "30 · 60 goal" in China. Consumers pay more and more attention to the carbon information of products. The carbon label is a way to show the greenhouse gas emissions of goods on the product label with a quantitative index, which aims to guide consumers to make low-carbon shopping choices and encourage consumers to consume sustainably. This report conducts a questionnaire survey on consumers in five cities and collects relevant data to study consumers' perception, purchase intention and payment intention of carbon-labeled goods and services, especially of the low-carbon electronic equipment premium. The report will help us to better understand the consumers' perception, behavior and environmental ethics under the "30 · 60 goal".

Keywords: Carbon Label; Consumer Perception; Consumer Behavior; Environmental Ethics

IV   Assessment Reports

Abstract: As the government outlines the carbon emission peak and carbon neutral strategy, the public low-carbon awareness has gradually improved, and the carbon emissions of products have attracted more and more attention. Trade barriers such as the EU's "Carbon Border Adjustment Mechanism" also require export companies to take the initiative to account and disclose their products' carbon emissions information. In order to intuitively disclose the carbon performance of products and encourage consumers to choose low-carbon products, the Low-Carbon Economy Professional Committee of China Electronics Energy Conservation Technology Association took the lead in publishing the carbon label evaluation standards for electrical and electronic products, which began the carbon label assessment and certification activities. This report introduces the establishment and implementation of product carbon footprint assessment and carbon label rating standards, and provides references for carbon labeling work in all industries to guide the low-carbon transformation of the industrial supply chain, to cultivate the green consumption concept, and to respond to the national carbon emission peak and carbon neutral strategy.

Keywords: Carbon Footprint; Carbon Label; Life Cycle Assessment; Star Rating

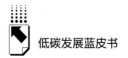

B . 8 Construction of 2021 Carbon Label Implementation

Effect Assessment System in Electrical and Electronic

Industry   *Yuan Yongna, Wang Jingmin and Yang Zhaofu* / 215

Abstract: As one of the important tools to promote low-carbon development, the establishment of an implementation effect assessment system is necessary to judge the effectiveness of the carbon label system. The adoption of a suitable method to evaluate the implementation effect of carbon label can influence the design of carbon labels, the formulation of low-carbon policy system and the assessment of whether carbon reduction targets can be achieved. This report constructs the assessment system, applicable conditions and policy implications of carbon label implementation effectiveness from the perspectives of carbon label system design, stakeholder response and economic linkage effects. With interviews, questionnaires and experimental methods, the report analyzes the problems arising from the implementation of carbon label in the electronics and electrical appliances industry in terms of accounting database, policies, enterprises, consumers and third-party certification bodies. And suggestions are made to strengthen the awareness of low-carbon development, enhance the training of low-carbon talents, and actively carry out international cooperation. The future senario of a reasonable and effective carbon label system is envisioned through the concerted efforts of relevant parties from the government, associations, enterprises and consumers.

Keywords: Carbon Label; Electronic and Electrical Industry; Implementation Effect Assessment; Stakeholder Response

Ⅴ International References Reprots

B . 9 2021 Carbon Label System and Implementation Guarantee

Mechanism in Some Countries *Wang Jingmin, Hu Kangying* / 246

Abstract: In 2007, The UK pioneered the carbon label system in the world. As the system was launched, more and more countries paid attention to it and applied it to their products. At present, carbon label system has been applied in 43 countries and areas around the world, including the United Kingdom, Germany, Sweden, Switzerland, France, the United States, South Korea, Japan and Australia. This report makes a detailed analysis of carbon label development process of the above-mentioned countries and analyzes the system of each country from the aspects of origination, organization-in-charge, label design, implementation object, coverage industries, and their effects, and concludes its guaranteed mechanism into four aspects: national strategy, certification standard, enterprise participation, and environmental awareness. This report can provide international reference for China, which is conducive to accelerate the exploration and practice of our carbon label system, as well as to help the green development and realization of the "30 · 60 goal".

Keywords: Carbon Label System; Carbon Footprint; Guarantee Mechanism

B . 10 Measures and Effects of Carbon Label Implementation

in 2021 Multinational Enterprises

Wang Jingmin, Liu Yuxi and Duan Ruifeng / 267

Abstract: As the European Union and North American countries have successively developed strict carbon tariff systems, the "carbon label" is likely to

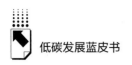

become the passport for international trade. Therefore, more and more companies attached importance to the carbon label system, and actively plan for the launch of their carbon label system. Many multinationals have introduced sophisticated carbon label systems. This report selects four well-known multinational companies that are relatively mature in implementing the carbon label system. They are Evian, Quorn Foods, Unilever, and Tetra Pak. It is found that the implementation of the carbon label system of the four multinationals has reduced their carbon emissions, saved enterprise costs, promoted sustainable development, and led to other aspects of the remarkable effects. This report can provide a reference for Chinese enterprises.

Keywords: Carbon label; Carbon Emission; Multinational Companies

Ⅵ   Case Reports

B.11   Excellent Cases of Carbon Label Implementation in

Enterprises   *Wu Caixia* / 278

Abstract: As a major means to practise low-carbon development, carbon labelling is arousing extensive attention in the world. Carbon label is a comprehensive index evaluation system integrating data and management to show consumers of the carbon information of products by means of labeling. It mainly quantifies and evaluates the greenhouse gas emissions generated by human activities directly and indirectly. At present, government departments and industry associations in many countries have begun to explore to promote the product carbon labels. They are committed to building a multi-dimensional enterprise green credit system, which can play a positive role in global carbon emission reduction. With the increased popularity of carbon label, more and more companies are taking up their social responsibility and actively promoting a low-carbon transformation of their industries to reduce emissions during the production of their products. A number of excellent industry examples of implementing carbon labelling have emerged.

Keywords: Carbon Labeling; Electrical & Electronics; Mechanical Manufacturing; Environmental Protection

B. 12 Construction Achievements of China Carbon

Lobel Big Data Platform   *Li Peng, Feng Xili and Yu Xian* / 300

Abstract: China Carbon Label Big Data Platform, launched and operated by China Electronic Energy Conservation Technology Association, is an open and authoritative carbon label certification and data using platform. The carbon label system facilitates China's green transition in manufacturing and consumption of products, so the platform aims to provide one-stop service in carbon label-related domains to government, business, industries, research institutes, international carbon-trading partners, risk controllers in international trade, to introduce and promote the low-carbon technology, to provide digital supervision of low-carbon efforts for governments at all levels, urban carbon credits systems, carbon reduction operations for businesses, and for low-carbon industrial markets analysis and researches.

Keywords: Carbon Label Big Data; Carbon Label Certification; Low-carbon Basic Digital Platform

VII Appendixes

社会科学文献出版社

皮 书

智库成果出版与传播平台

❖ 皮书定义 ❖

皮书是对中国与世界发展状况和热点问题进行年度监测，以专业的角度、专家的视野和实证研究方法，针对某一领域或区域现状与发展态势展开分析和预测，具备前沿性、原创性、实证性、连续性、时效性等特点的公开出版物，由一系列权威研究报告组成。

❖ 皮书作者 ❖

皮书系列报告作者以国内外一流研究机构、知名高校等重点智库的研究人员为主，多为相关领域一流专家学者，他们的观点代表了当下学界对中国与世界的现实和未来最高水平的解读与分析。截至 2022 年底，皮书研创机构逾千家，报告作者累计超过 10 万人。

❖ 皮书荣誉 ❖

皮书作为中国社会科学院基础理论研究与应用对策研究融合发展的代表性成果，不仅是哲学社会科学工作者服务中国特色社会主义现代化建设的重要成果，更是助力中国特色新型智库建设、构建中国特色哲学社会科学"三大体系"的重要平台。皮书系列先后被列入"十二五""十三五""十四五"时期国家重点出版物出版专项规划项目；2013~2023 年，重点皮书列入中国社会科学院国家哲学社会科学创新工程项目。

权威报告·连续出版·独家资源

皮书数据库
ANNUAL REPORT(YEARBOOK)
DATABASE

分析解读当下中国发展变迁的高端智库平台

所获荣誉

- 2020年，入选全国新闻出版深度融合发展创新案例
- 2019年，入选国家新闻出版署数字出版精品遴选推荐计划
- 2016年，入选"十三五"国家重点电子出版物出版规划骨干工程
- 2013年，荣获"中国出版政府奖·网络出版物奖"提名奖
- 连续多年荣获中国数字出版博览会"数字出版·优秀品牌"奖

皮书数据库

"社科数托邦"
微信公众号

成为用户

　　登录网址www.pishu.com.cn访问皮书数据库网站或下载皮书数据库APP，通过手机号码验证或邮箱验证即可成为皮书数据库用户。

用户福利

- 已注册用户购书后可免费获赠100元皮书数据库充值卡。刮开充值卡涂层获取充值密码，登录并进入"会员中心"—"在线充值"—"充值卡充值"，充值成功即可购买和查看数据库内容。
- 用户福利最终解释权归社会科学文献出版社所有。

数据库服务热线：400-008-6695
数据库服务QQ：2475522410
数据库服务邮箱：database@ssap.cn
图书销售热线：010-59367070/7028
图书服务QQ：1265056568
图书服务邮箱：duzhe@ssap.cn

基本子库
SUB DATABASE

中国社会发展数据库（下设 12 个专题子库）

紧扣人口、政治、外交、法律、教育、医疗卫生、资源环境等 12 个社会发展领域的前沿和热点，全面整合专业著作、智库报告、学术资讯、调研数据等类型资源，帮助用户追踪中国社会发展动态、研究社会发展战略与政策、了解社会热点问题、分析社会发展趋势。

中国经济发展数据库（下设 12 专题子库）

内容涵盖宏观经济、产业经济、工业经济、农业经济、财政金融、房地产经济、城市经济、商业贸易等 12 个重点经济领域，为把握经济运行态势、洞察经济发展规律、研判经济发展趋势、进行经济调控决策提供参考和依据。

中国行业发展数据库（下设 17 个专题子库）

以中国国民经济行业分类为依据，覆盖金融业、旅游业、交通运输业、能源矿产业、制造业等 100 多个行业，跟踪分析国民经济相关行业市场运行状况和政策导向，汇集行业发展前沿资讯，为投资、从业及各种经济决策提供理论支撑和实践指导。

中国区域发展数据库（下设 4 个专题子库）

对中国特定区域内的经济、社会、文化等领域现状与发展情况进行深度分析和预测，涉及省级行政区、城市群、城市、农村等不同维度，研究层级至县及县以下行政区，为学者研究地方经济社会宏观态势、经验模式、发展案例提供支撑，为地方政府决策提供参考。

中国文化传媒数据库（下设 18 个专题子库）

内容覆盖文化产业、新闻传播、电影娱乐、文学艺术、群众文化、图书情报等 18 个重点研究领域，聚焦文化传媒领域发展前沿、热点话题、行业实践，服务用户的教学科研、文化投资、企业规划等需要。

世界经济与国际关系数据库（下设 6 个专题子库）

整合世界经济、国际政治、世界文化与科技、全球性问题、国际组织与国际法、区域研究 6 大领域研究成果，对世界经济形势、国际形势进行连续性深度分析，对年度热点问题进行专题解读，为研判全球发展趋势提供事实和数据支持。

法律声明

"皮书系列"（含蓝皮书、绿皮书、黄皮书）之品牌由社会科学文献出版社最早使用并持续至今，现已被中国图书行业所熟知。"皮书系列"的相关商标已在国家商标管理部门商标局注册，包括但不限于 LOGO（▨）、皮书、Pishu、经济蓝皮书、社会蓝皮书等。"皮书系列"图书的注册商标专用权及封面设计、版式设计的著作权均为社会科学文献出版社所有。未经社会科学文献出版社书面授权许可，任何使用与"皮书系列"图书注册商标、封面设计、版式设计相同或者近似的文字、图形或其组合的行为均系侵权行为。

经作者授权，本书的专有出版权及信息网络传播权等为社会科学文献出版社享有。未经社会科学文献出版社书面授权许可，任何就本书内容的复制、发行或以数字形式进行网络传播的行为均系侵权行为。

社会科学文献出版社将通过法律途径追究上述侵权行为的法律责任，维护自身合法权益。

欢迎社会各界人士对侵犯社会科学文献出版社上述权利的侵权行为进行举报。电话：010-59367121，电子邮箱：fawubu@ssap.cn。

社会科学文献出版社